AUSSTELLUNGSKATALOGE
DER PRÄHISTORISCHEN STAATSSAMMLUNG
HERAUSGEGEBEN
VON HERMANN DANNHEIMER

BAND 17 · 1989

KATALOGE
DER STAATLICHEN MÜNZSAMMLUNG
HERAUSGEGEBEN
VON DER DIREKTION

Spätantike zwischen Heidentum und Christentum

EINFÜHRUNG UND KATALOG

VON

JOCHEN GARBSCH UND BERNHARD OVERBECK

MÜNCHEN 1989

Ausstellung der
Prähistorischen Staatssammlung München
in Verbindung mit der
Staatlichen Münzsammlung München
vom 20. Dezember 1989 bis 1. April 1990

Verantwortlich für Ausstellung und Katalogredaktion:
Jochen Garbsch (Prähistorische Staatssammlung)
Bernhard Overbeck (Staatliche Münzsammlung)

Gestaltung der Ausstellung: Michael Berger (Prähistorische Staatssammlung)

Umschlag Vorderseite: Licinius I., Innenmedaillon der Schale Kat.-Nr. S1
Umschlag Rückseite: Silbermedaillon Constantin I., Kat.-Nr. M145 Rs
Frontispiz: Silbermedaillon Constantin I., Kat.-Nr. M145 Vs

Fotonachweis:

Farbtafeln S. 21, 48, 50, 56, 61, 210 und 215
Manfred Eberlein (Prähistorische Staatssamlung)

Umschlag Rückseite, Frontispiz Hartwig Hotter (Staatliche Münzsammlung)

Umschlag Vorderseite, S. 22, 47, 49, 55 Hans Moosburger
(Bayerische Hypotheken- und Wechsel-Bank AG)

S. 62 Photostelle Bayerische Staatsbibliothek
Die Farbtafeln S. 75, 76, 163, 170, 210 und 215 sind mit freundlicher Genehmigung der Bayer. Handelsbank München Kalendern der Bank entnommen.
Die Schwarzweißfotos der Leihgaben wurden von den Leihgebern zur Verfügung gestellt, die Exponate der Prähistorischen Staatssammlung und der Staatlichen Münzsammlung wurden größtenteils von Manfred Eberlein bzw. Hartwig Hotter fotografiert.
Die insgesamt 13 Textstellen und Illustrationen aus dem Alten und Neuen Testament (S. 116—139) sind mit freundlicher Erlaubnis des Verlages entnommen aus der 1972 erschienenen Neuausgabe der Wittenberger Lutherbibel:
D. Martin Luther, Die gantze Heilige Schrifft Deudsch. Wittenberg 1545
(Copyright: Verlag Rogner & Bernhard GmbH, München).

232 Seiten mit 570 Abbildungen und 17 Farbtafeln

ISBN 3-927806-00-5
ISBN 3-927806-01-3 (Museumsausgabe)

Gesamtherstellung des Kataloges: prograph gmbH, München

Inhalt

Vorwort

In den Kämpfen der spätantiken Kaiser West- und Ostroms ging es vordergründig um die politische Vorrangstellung der beteiligten Herrscherpersönlichkeiten in der Alten Welt. Tatsächlich — und ganz gewiß auch für die Hauptakteure nicht erkennbar — wurden indessen bereits zu Beginn des 4. Jahrhunderts die Weichen für die weitere Entwicklung des Abendlandes für viele Jahrhunderte gestellt: Die Siege Constantins I. über Maxentius (312) und über Licinius I. (324) ebneten den Weg für die Ausbreitung des Christentums.

Mit einem der Hauptkontrahenten in diesen Machtkämpfen, dem oströmischen Kaiser Licinius I., dem letzten Exponenten des Heidentums, ist ein bedeutender Schatzfund in unmittelbare Verbindung zu bringen, der im Zentrum dieser Ausstellung steht; er ist Eigentum der Bayerischen Hypotheken- und Wechsel-Bank AG. Die neun Silberschalen, die teils Bildnisse des Kaisers und seines gleichnamigen Sohnes und Mitregenten, Licinius II. tragen, teilweise Gelübde-Inschriften anläßlich von Regierungsjubiläen, wurden bereits vor vielen Jahren erworben und befanden sich bisher in der Staatlichen Münzsammlung München. Ferner konnte durch die Bank 1988 eine zugehörige, bereits seit vielen Jahren in Privatbesitz befindliche Silberbüste des Kaisers Licinius I. angekauft und dadurch der ursprüngliche Fundzusammenhang wieder hergestellt werden.

Verbunden mit der Erwerbung dieses Kaiserbildnisses war die Entscheidung der Bayerischen Hypotheken- und Wechsel-Bank, den Gesamtkomplex als Dauerleihgabe in die Obhut der Prähistorischen Staatssammlung zu übergeben. Mit der Eröffnung der Ausstellung vom „Heidentum zum Christentum" wird — wie seinerzeit vereinbart — an der Wende der Jahre 1989/90 die Übergabe nun vollzogen. Dies ist Anlaß, dem Vorstand der Bank erneut sehr herzlich für dieses außerordentliche Entgegenkommen, ebenso aber auch für die wirtschaftliche Unterstützung der Ausstellung zu danken.

Eines der vielen Museumsprojekte der Prähistorischen Staatssammlung betrifft die Errichtung eines Museums für Mittelalterarchäologie auf der Herreninsel im Chiemsee (in Verbindung mit der Bayerischen Verwaltung der Staatlichen Schlösser, Gärten und Seen). Dort sollen anhand archäologischer Funde als besondere Schwerpunkte die Christianisierung Bayerns, die frühe Kirchenarchitektur und die frühmittelalterlichen Klöster dargestellt werden. Eine besondere Abteilung wird die spätantiken Wurzeln des Christentums in den Ländern rund um das Mittelmeer aufzeigen. In ihrem Zentrum könnte der „Licinius-Schatz" einen besonderen Anziehungspunkt bilden. Zunächst wird er jedoch im Anschluß an die Sonderausstellung in die Dauerausstellung der Prähistorischen Staatssammlung in München integriert werden.

Die Sonderausstellung ist eine echte Gemeinschaftsleistung zweier befreundeter Münchner Museen. Dies kommt auch im Katalog zum Ausdruck, dessen fundierte Beiträge — ebenso wie das Konzept der Ausstellung — von zwei Referenten der beteiligten Häuser verfaßt wurden. Ihnen, ihren technischen Helfern und Beratern und den zahlreichen Leihgebern der Ausstellung gilt unser besonderer Dank.

Hermann Dannheimer   Wolfgang Hess

Liste der Leihgeber

Folgenden Museen, ihren Direktoren und zuständigen Fachreferenten ist für großzügige Leihgaben sehr herzlich zu danken, desgleichen für die Überlassung von Fotovorlagen:

Augsburg	Römisches Museum	L. Bakker
Augst	Römerhaus und Museum	A.R. Furger
Bad Deutsch Altenburg	Museum Carnuntinum	W. Jobst
Bonn	Akademisches Kunstmuseum	W. Geominy
Hildesheim	Pelizaeus-Museum	A. Eggebrecht B. Schmitz
Ipswich	Ipswich Museum	S. Muldoon
Köln	Römisch-Germanisches Museum	H. Hellenkemper M. Riedel
Mainz	Römisch-Germanisches Zentralmuseum	K. Weidemann H.-W. Böhme E. Künzl
München	Museum für Abgüsse Klassischer Bildwerke	P. Zanker I. Scheibler
	Staatliche Sammlung Ägyptischer Kunst	S. Schoske
	Staatliche Antikensammlung	K. Vierneisel F.W. Hamdorf
	Bayerisches Nationalmuseum	J.G. Prinz von Hohenzollern H.P. Hilger
	Bayerische Staatsbibliothek	K. Dachs
Nürnberg	Germanisches Nationalmuseum	H. Bott W. Menghin
Stuttgart	Württembergisches Landesmuseum	C. Zoege von Manteuffel U. Klein

sowie mehrere Privatsammlungen

Einführung

Die Ausstellung der Silberbüste und der silbernen Largitionsschalen des Kaisers Licinius — Leihgaben der Bayerischen Hypotheken- und Wechsel-Bank AG — bringt eine Momentaufnahme von einem kritischen Zeitpunkt der Weltgeschichte: dem Sieg des Christentums über das Heidentum.

Um diesen Mittelpunkt sind die anderen Ausstellungsobjekte gruppiert: monumentale Porträts der Kaiser vom Anfang des 4. Jahrhunderts n.Chr. und zeitgenössische Münzen mit dem millionenfach verbreiteten Kaiserbild, archäologische Funde aus Bayern und keramische Zeugnisse für spätantikes Christentum und Heidentum.

Die Ausstellung will nicht in gleicher Weise wie die großen Ausstellungen *Age of Spirituality* 1977/78 in New York oder *Spätantike und frühes Christentum* 1983/84 in Frankfurt am Main ein allumfassendes Bild dieser Epoche zeichnen. Vielmehr versucht sie, durch die stärkere Einbeziehung der beiden Medien Münze und Keramik ein lebendiges Bild sowohl der agierenden Personen, der Kaiser, als auch der staatlichen Ideologie und der religiösen Vorstellungen der Zeit zu vermitteln.

Der Katalog erhebt nicht den Anspruch, ein wissenschaftliches Handbuch zu sein, sondern soll dem Besucher der Ausstellung die notwendigen Erläuterungen und Hinweise geben. Daher ist keine Vollständigkeit der Literaturangaben zu den einzelnen Objekten angestrebt, sondern es wird in der Regel die letzte wissenschaftliche Behandlung zitiert, mit deren Hilfe der interessierte Leser ohne allzu große Mühe weiterfindet.

Es hätte nahegelegen, den Münzen als allgegenwärtigen Propagandaträgern das elitäre Bildprogramm der zeitgenössischen Silbergefäße gegenüberzustellen. Dies hätte allerdings den vorgegebenen Rahmen der Ausstellung gesprengt, so daß wir uns auf einige wenige Nachbildungen solcher Silberschalen beschränkt und ansonsten auf die reliefverzierte Keramik als wohlfeile Umsetzung der gleichen programmatischen Botschaft konzentriert haben.

Der Verzicht auf Großobjekte wie Sarkophage, Plastik, Malerei und Mosaik verlangt vom Besucher und Betrachter größere Konzentration, sowohl bei den Münzen wie bei den teilweise nur fragmentarisch erhaltenen keramischen Zeug-

nissen, aber diese Konzentration wird gewiß aufgewogen durch den Gewinn an Detailinformation, der hier auf kleinstem Raum möglich wird. Außerdem sind Münzen und Keramik als die weitestverbreiteten Informations- und Propaganda-Träger gewiß als originale Geschichtsquellen ebenso ernst zu nehmen wie die monumentaleren und entsprechend selteneren Zeugnisse. Schließlich wendete sich diese Art der Quellen nicht nur an eine kleine soziale Oberschicht, sondern an einen sicher zahlenmäßig weit größeren Teil der römischen Untertanen. In vieler Hinsicht gibt das dieser Ausstellung ihren eigenen Wert und Reiz.

Die Verfasser haben Text- und Katalogbeiträge in folgender Weise aufgeteilt: B. Overbeck zeichnet für die historische Einführung, den Schatzfund (Katalog S 1—10), die Münzen (Katalog M 1—155) und die Amulette (Katalog A 1—13) sowie die Zeittafel und die beiden Karten verantwortlich, während J. Garbsch die übrigen archäologischen, insbesondere keramischen Texte (Katalog 1—314) verfaßte. Beide Autoren besorgten die Abbildungsvorlagen für ihre Katalogteile: Die Münzen fotografierte zum größeren Teil H. Hotter (Staatl. Münzsammlung), zum kleineren Teil M. Eberlein (Prähist. Staatssammlung). M. Eberlein fertigte auch die Aufnahmen der keramischen Funde und der Amulette sowie einiger Leihgaben. Die Fotos der meisten Leihgaben wurden freundlicherweise von den jeweiligen Eigentümern zur Verfügung gestellt. Speziell zum Schatzfund steuerte H. Moosburger (Bayer. Hypotheken- und Wechsel-Bank) einen größeren Teil der Abbildungsvorlagen bei.

Zu danken ist dem Verlag Rogner & Bernhard (Hamburg und München) für die großzügig erteilte Genehmigung, die im Katalog zitierten Stellen aus dem Alten und Neuen Testament nach der 1972 erschienenen Ausgabe von D. Martin Luther, Die gantze Heilige Schrifft Deudsch (Wittenberg 1545) einschließlich der zugehörigen Holzschnitte reproduzieren zu dürfen.

Last not least haben die Verfasser für die ebenso kurzfristige wie professionelle Herstellung des Kataloges den bewährten und engagierten Mitstreitern der Fa. prograph gmbH (München) zu danken: Cornelia und Peter von Cube.

Jochen Garbsch   Bernhard Overbeck

Kat.-Nr. M1

Kat.-Nr. M3 Vs

Kat.-Nr. M4 Rs

Die Spätantike im historischen Überblick

Einleitung

Bewegte Zeiten des Wandels sind für den Historiker und Archäologen ebenso interessant wie bisweilen für den Romancier. Sie bieten reichhaltigen Stoff für Forschung und auch Literatur. Des britischen Schriftstellers Evelyn Waugh Roman „Helena" kann uns ebenso viele Denkanstöße geben, wie die Betrachtungen eines Jakob Burckhardt oder Joseph Vogt zum politischen und persönlichen Phänomen Constantin. In den Romanen eines Felix Dahn („Ein Kampf um Rom") oder eines Stefan Andres („Die Versuchung des Synesios") entstehen lebendige Bilder der Spätantike, selbstverständlich aus dem Blickwinkel des Autors, doch voll von anschaulichen Szenen, wie sie die wissenschaftlichen Werke zur gleichen Materie, etwa Otto Seeck's „Geschichte des Untergangs der antiken Welt" oder A.H.M. Jones' „The Later Roman Empire" und E. Stein's „Histoire du Bas Empire" natürlich nicht enthalten.

Aber nicht nur Schriftsteller, basierend auf den Forschungen der Historiker, können jene Zeiten vor uns wiedererstehen lassen. Das Museum kann sie uns im wahrsten Sinne des Wortes „vor Augen führen": durch die Präsentation der Originalfunde einer Epoche, hier des 3. und 4. Jahrhunderts n.Chr. Diese Funde aus allen Gegenden des römischen Reiches sind Zeugen jener Zeit, atmen ihren Zeitgeist. Das gilt zum Teil sogar für recht banale Gebrauchsgegenstände, etwa Lampen oder Gewandschließen. Sprechende Zeitzeugen sind schließlich jene Objekte, die römische Inschriften tragen, Inschriftensteine, kostbare Gefäße und Schmuck, Keramik und vor allem Münzen. Denn das geprägte Geld hatte in der Antike, speziell der Spätantike, nicht nur wirtschaftliche Funktionen, sondern auch Mediencharakter. Die in Gold, Silber und Bronzelegierungen geprägten Münzen verherrlichten den Kaiser, berichteten über seine Taten, zeigten die von ihm verehrten Götter oder aber auch den einen Gott, trugen seine Titel und Namen und zeigten sein Porträt. Anhand einer Kombination von archäologischen Funden — teils aus kostbaren Materialien aus der Umgebung des kaiserlichen Hofs, teils aus dem täglichen Leben von Bürgern oder Soldaten — und von Münzen, die von Hand zu Hand gingen oder gehortet wurden, soll hier versucht werden, in jene bewegten Zeiten des Umbruchs Einblick zu geben, die der Historiker als die Weltkrise des 3. Jahrhunderts und dann als Spätantike bezeichnet. In dieser Zeit vollzog sich ein Wandel im religiösen Denken der Menschen, auch der Mächtigen.

Die Weichen wurden gestellt für eine neue, die christliche Epoche. Diese Entwicklung wird eines der Hauptthemen dieser Ausstellung sein. Um sie zu verstehen, bedarf es eines historischen Überblicks.

Von den letzten „Soldatenkaisern" zum Regierungsantritt des Diocletianus

Mit der Gefangennahme des Kaisers Valerianus auf seinem Feldzug gegen die Perser durch den Sasanidenkönig Shapuhr I. befinden wir uns auf dem Höhepunkt einer katastrophalen Entwicklung des römischen Reiches. Außer dem ständigen, meist gewaltsamen Kaiserwechsel und schweren wirtschaftlichen Krisen einschließlich fortschreitender Inflation als Gefahren von innen bedrohten von außen verschiedene Feinde die Grenzen, deren Befestigung teils schon gefallen war. Im Westen waren es germanische Stämme, besonders Alamannen und Franken, im Osten die Goten und vor allem der alte Reichsfeind Persien, dessen Heere unter der neuen Dynastie der Sasaniden eine Stoßkraft wie nie zuvor erlangt hatten.

259 oder 260 war nun Kaiser Valerianus in die Hände des persischen Erbfeindes geraten, eine in der Geschichte des römischen Reiches bisher einmalige, unvorstellbare Schmach. Der im Westen regierende Sohn des Valerianus, Gallienus, hatte keine andere Wahl, als das Schicksal seines Vaters zu ignorieren und selbst um den Thron und um den Fortbestand des Reiches mit allen zur Verfügung stehenden Mitteln zu kämpfen. Die Schwäche des Reiches nach außen hatte auch auf seine innere Verfassung die schlimmsten Auswirkungen. Zahlreiche Usurpatoren beanspruchten ihrerseits, von Teilen der allmächtigen Armee unterstützt, den Kaiserthron. Im Westen entstand so ein gallisches Sonderreich unter M. Cassianus Latinus Postumus. Auch im Osten gab es entsprechende Loslösungen vom zentralen Reich, von ihnen für Rom am gefährlichsten war zweifellos das Palmyrenische Reich, das sich durch die Notwendigkeit der ständigen Kämpfe gegen die Perser immer mehr verselbständigte. Trotz aller dieser Bedrängnis durch äußere Feinde entwickelte Gallienus in seiner für die unruhigen Zeiten unverhältnismäßig langen Regierungszeit bis zum Jahre 268 einen durchaus eigenständigen Kurs. Seine konsequent durchdachten Militärreformen waren eine Antwort auf die Bedrohungen

der Zeit. Kunst, Philosophie und heidnische Religion erlebten unter ihm nochmals eine späte Blüte. Er bewunderte die Kultur des Griechentums, war jedoch — im Gegensatz zu seinem Vater Valerianus — dem Christentum gegenüber tolerant. Selbst hing er der Lehre des Neuplatonikers Plotinus an. Dessen Jünger Porphyrius berichtet uns sogar, daß dieser große Philosoph aufgrund der engen Bekanntschaft mit dem Kaiser das Projekt der Gründung einer seinen philosophischen Idealen entsprechenden Stadt Platonopolis verfolgte (Porphyr., Vita Plotini 12). Betrachtet man die Motive auf den Münzen des Gallienus, fällt die Vielseitigkeit der Themen und die Bildfülle auf. Die Götter und mit ihnen verbundene Tierdarstellungen geben uns noch einmal reiches Anschauungsmaterial zum antiken heidnischen Pantheon.

268 fiel Gallienus vor Mailand einem Mordanschlag zum Opfer, der von seinem Nachfolger Claudius II. und dem späteren Kaiser Aurelianus mitveranlaßt war, nach mehr als 14 Jahren Herrschaft, ca. 8 Jahre davon als Alleinherrscher. Allein das war schon eine beachtenswerte Leistung, wenn man bedenkt, daß die — rein statistisch berechnete — Durchschnittsregierungszeit der Soldatenkaiser in diesen unruhigen Zeiten etwa zweieinhalb Jahre betrug.

Claudius II. war als Militär ein fähiger Kaiser, dem es gelang, große Erfolge gegen die germanischen Invasoren zu erzielen, speziell 269 durch seinen überwältigenden Sieg über die Goten bei Naissus, heute Niš in Jugoslawien. Als er im Jahre 270 an der Pest verstorben war, konnte sich sein Bruder Quintillus nur kurz gegen Aurelianus halten, der noch im gleichen Jahr vom Senat als legitimer Herrscher anerkannt wurde.

Wenn auch die Bedrohung von außen nach wie vor anhielt, so erwuchs doch dem Reich in Aurelianus eine machtvolle Herrscherpersönlichkeit, der es wenigstens gelang, die innere Zerrissenheit des Reiches zu überwinden. Zwar war er gezwungen, die gegen die Goten unhaltbar gewordene Provinz Dacia (im heutigen Rumänien) aufzugeben, doch konnte er gegen die bis nach Oberitalien eingedrungenen Alamannen, gegen Juthungen und Vandalen siegreich vorgehen. Konsequent bekämpfte er das unter der Kaiserin Zenobia faktisch völlig unabhängig gewordene Teilreich von Palmyra und konnte es 272 wieder vollständig dem Reiche einverleiben. Im Verlaufe dieser Kriegsereignisse, nämlich bei der entscheidenden Schlacht von Emesa, traditionelle Kultstätte des Sonnengottes Elagabalus, soll sich der Sonnengott auf die Seite Aurelians als Schlachthelfer gestellt haben. Dies ist der Anfang eines Staatskultes für Sol unter Aurelian. Der Sonnengott wird sein persönlicher Schutzgott und Herr des Reiches, eine Tatsache, die auch auf den Münzrückseiten deutlich zum Ausdruck kommt. Als dann im Jahre 274 sich Tetricus,

letzter der gallischen Kaiser, dem Aurelianus ergeben hatte, war das Reich wieder geeint, und der große Triumph des Kaisers in diesem Jahre war zweifellos gerechtfertigt. Aurelianus wurde 275 als Opfer der Verschwörung einiger seiner Offiziere ermordet, gerade, als er die Vorbereitungen zu einem Feldzug gegen die Perser traf. Die fünf Jahre seiner Regierung hatten sehr zu einer gewissen Konsolidierung, vor allem durch die Beseitigung der Sonderreiche, beigetragen. Im Herbst 275 einigten sich die Heere und der Senat auf einen neuen Kaiser, den schon 75 Jahre alten Consular M. Claudius Tacitus. Doch dieser starb schon im Juni 276 in Kleinasien nach einigen Erfolgen gegen die Goten. Nachfolger wurde sein Halbbruder, der Prätorianerpräfekt Florianus, der sich allerdings nur drei Monate der Herrschaft erfreuen konnte. Dann unterlag er dem erprobten militärischen Geschick des M. Aurelius Probus, der in Syrien und Ägypten zum Kaiser ausgerufen worden war. Die eigenen Soldaten töteten Florianus angesichts des erfolgreichen Vorrückens des Probus. Seine Herrschaft stand ganz im Zeichen der Grenzverteidigung, des Kampfes gegen germanische Eindringlinge im Westen — Probus kämpfte dabei auch in Raetien — und des Ausbaus der Befestigungen. Die friedliche Konsolidierung, darunter auch die Einführung des Weinbaus in den Provinzen, all dies war freilich nicht nach dem Geschmack der Soldaten, die gegen ihn meuterten und 282 bei Sirmium (heute Sremska Mitrovica in Jugoslawien) töteten. Nachfolger wurde sein Praetorianerpräfekt Carus, irgendwo an der oberen Donau zum Kaiser ausgerufen. Bald beteiligte er seine Söhne Carinus und Numerianus an der Regierung, zunächst als Caesares. Sein überaus erfolgreicher Feldzug gegen die Perser führte ihn bis nach Ktesiphon, der Hauptstadt des Sasanidenreiches, die er eroberte. Als er 283 unter mysteriösen Umständen — angeblich vom Blitz getroffen — starb, hatte er bereits Carinus zum Augustus erhoben, der nun die Herrschaft mit seinem Bruder Numerianus teilte. Dieser kehrte 284 vom Perserfeldzug nach Westen zurück, starb allerdings am Bosporus unter geheimnisvollen Umständen in seiner Sänfte. Diocles, Kommandant der Leibwache des verstorbenen Kaisers, wurde von den Truppen daraufhin zum Kaiser ausgerufen. Er nannte sich von nun an Diocletianus. Die Auseinandersetzung mit dem militärisch sehr fähigen Carinus folgte. Dieser hatte die Usurpation eines Julianus in Pannonien erfolgreich unterdrückt und rückte nun nach Moesien vor. Im Juli 285 kam es hier bei dem Fluß Margus (Morawa) zur Entscheidungsschlacht, die Diocletianus — verlor! Doch da wurde der siegreiche Carinus von einem seiner eigenen Offiziere getötet, und beide Heere erkannten nunmehr Diocletianus als ihren Kaiser an.

Kat.-Nr. M8 Vs

Kat.-Nr. M10 Vs

Kat.-Nr. M11 Vs

Kat.-Nr. M12 Vs

Kat.-Nr. M16 Vs

Kat.-Nr. M19 Vs

Kat.-Nr. M23

14

Von den diocletianischen Reformen bis zur Alleinherrschaft des Constantinus I.

Der oben dargestellte Verlauf der römischen Geschichte ist mehr oder minder eine einzige Aneinanderreihung von Kämpfen verschiedener Thronprätendenten, Verschwörungen, Meuchelmorden und Feldzügen gegen den äußeren Feind. Auch Diocletianus war durch eine solche Verkettung zum Kaiser ausgerufen worden, doch war er fest entschlossen, nicht Opfer des nächsten Thronräubers zu werden und sein Leben durch Meuchelmord zu enden. Ein umfangreiches Reformwerk sollte die gesamte Verfassung des Reiches verändern und das Herrschaftssystem stabilisieren. Einerseits teilte er im Jahre 293 das Reich in neue Verwaltungseinheiten (Diözesen) ein, die ihrerseits entweder zum Ost- oder Westteil des Reiches gehörten. Ein Kaiserkollegium wahrte dabei die Einheit des Reiches, lediglich die Zuständigkeiten waren regional abgegrenzt. Der Kaiser wurde zum absoluten Herrscher gegenüber seinen Untertanen (subiecti). Schon 286 hatte Diocletianus seinen alten Kampfgefährten Maximianus Herculius zum Mitkaiser im Rang eines Augustus ernannt. 293 wurde nun das tetrarchische System eingeführt. Den beiden Herrschern wurden noch zwei Unterkaiser und praesumptive Nachfolger (Caesares) beigeordnet: Constantius I. Chlorus dem im Westen regierenden Maximianus Herculius, Galerius Maximianus dem im Osten herrschenden Diocletianus. Dieser weltlichen Herrschaft wurde außerdem ein göttlicher Überbau gegeben. Der oberste Staatsgott Jupiter und Hercules waren die besonderen Beschützer der Kaiser, die sich einem dieser Götter als „Jovii" oder „Herculii" zuordneten. Zu all diesen Reformen kamen Verwaltungsmaßnahmen, wie die Regelung der Höchstpreise für Waren, einhergehend mit einem neuen Geldsystem, und auch eine strengere religiöse Reglementierung, die 303 mit dem Edikt des Diocletianus gegen die Christen und den Christenverfolgungen ihren Höhepunkt erreichte. Der Thronwechsel war ebenfalls genau reglementiert und sollte 305 erfolgen. Die Augusti sollten zurücktreten, die Caesares nachrücken und neue Caesares in ihr Amt eingeführt werden. In der Tat bewährte sich dieses eine Mal dieser verfassungsmäßige Machtwechsel. Diocletianus und Maximianus Herculius wurden als „Altkaiser", Seniores Augusti, in den Ruhestand versetzt, Constantius Chlorus und Galerius nahmen planmäßig ihre Stelle ein und ernannten als neue Caesares Flavius Severus für den Westen und Maximinus Daia für den Osten. Diese Herrschaftsteilung hätte vielleicht die nächsten, verfassungsmäßig vorgesehenen 20 Jahre gedauert, wäre das System nicht bereits 306 durch den Tod des Constantius Chlorus zu

Eburacum (York) in Britannien gestört worden. Schon als Caesar des Westens hatte Constantius diese Provinz, die unter den Usurpatoren Carausius und Allectus abtrünnig geworden war, dem Reiche wieder eingegliedert.

Der Tod des Constantius Chlorus löste nun eine Kettenreaktion aus, die zeigte, daß es in diesem künstlichen System einer verfassungsmäßig geregelten Nachfolge nicht möglich war, den dynastischen Gedanken, die Vererbung der Herrschaft vom Vater auf den Sohn, zu unterdrücken: Die Legionen des Westens riefen Constantinus, den Sohn des Constantius Chlorus, zum Nachfolger aus. Noch einmal konnte der rangälteste Augustus, Galerius, das System durch einen Kompromiß retten: Constantinus I. hatte sich mit dem Titel eines Caesar zu begnügen und herrschte nur in Britannien und Gallien, der bisherige Caesar Severus wurde Augustus für den übrigen westlichen Reichsteil. Doch noch im selben Jahr führte das Beispiel des Constantinus zu einer weiteren Rebellion. Maxentius, Sohn des Senior Augustus Maximianus Herculius, wurde in Rom zum Kaiser ausgerufen. Und dieser alte Kampfgefährte des Diocletianus griff selbst wieder zum kaiserlichen Purpur und kehrte mit seinem Sohn zu Rom an die Macht zurück. Nur Diocletianus ließ sich durch diese Ereignisse nicht bewegen, seinerseits die Staatsführung wieder zu übernehmen, sondern blieb im Ruhestand in seinem Palast zu Spalato (Split in Jugoslawien). Das alte Charisma des Heerführers Maximianus Herculius und die Loyalität der Soldaten zu seinem Sohn Maxentius waren in den folgenden Kämpfen stärker als die verfassungsmäßige Legalität, die der rechtmäßige Kaiser des Westens, Severus, vorweisen konnte. Er wurde auf seinem Vormarsch nach Italien von Maxentius besiegt und trotz des Versprechens, sein Leben zu schonen, in der Gefangenschaft getötet. Auch dem aus dem Osten des Reiches heranrückenden rangältesten Kaiser Galerius gelang es nicht, Maxentius zu beseitigen. Dessen Territorium umfaßte nun Italien, Spanien und Nordafrika, wobei die Provinz Africa sich freilich zeitweise im Aufstand gegen ihn befand. In allen diesen Machtkämpfen verhielt sich Constantinus, strategisch günstig in der nordwestlichen Peripherie des Reiches seine Macht ausübend, weitgehend neutral. Seine Haltung wurde erst klar, als Maximianus Herculius nach einem Streit um die Macht in Rom mit seinem Sohn an den Hof des Constantinus, der mit Fausta, der Tochter des Maximianus, verheiratet war, floh und dort gewissermaßen Asyl erhielt.

Diocletians Reichsreform hatte sich in ein turbulentes Chaos aufgelöst, und so wurde unter dem Vorsitz des Diocletianus im Jahre 308 eine Lösung der Machtkonflikte am Verhandlungstisch zu Carnuntum (Bad Deutsch-Altenburg, Niederösterreich) versucht. Zu einer grundsätzlich friedlichen Regelung führte das zwar nicht, doch konnte immerhin Maximianus Herculius ein zweites Mal zum Rücktritt bewegt werden, sein Sohn Maxentius wurde nicht als legitimer Herrscher anerkannt. Galerius als ranghöchster Augustus ließ einen Mann seines Vertrauens zum neuen Augustus der Mitte des Reiches anstelle des ermordeten Severus ernennen: Licinianus Licinius. Die Caesares Constantinus im Westen und Maximinus Daia im Osten wurden zu *filii Augustorum* ernannt und wurden dann ab 310 ebenfalls Augusti.

Diese Vielfalt verschiedener Kaiser zeigt, welch geringer Erfolg der Konferenz von Carnuntum beschieden, wie zerrissen das Reich nach wie vor war. Immerhin konnte Constantinus 310 einem Putschversuch des wieder nach der kaiserlichen Macht strebenden Maximianus Herculius vereiteln. Der von Constantinus I. sicher nicht geliebte Schwiegervater endete 311 wahrscheinlich durch Selbstmord.

Als 311 der rangoberste Kaiser, Galerius, im Osten verstorben war, blieben Constantinus I. im Westen, Licinius in Illyricum und Maximinus Daia im Osten als legitime Augusti übrig. Das zunächst neutrale Verhältnis des Constantinus zu Maxentius hatte sich im Verlaufe der Zeit immer mehr zu offener Feindseligkeit entwickelt, und als er dann im Frühjahr 312 in Italien einmarschierte, war erklärtes Kriegsziel die Befreiung von diesem Usurpator und Tyrannen. Mit dem 28. Oktober 312, dem Tag der Schlacht an der Milvischen Brücke vor Rom, entschied sich das Schicksal des Reiches und auch des christlichen Glaubens. „*Instinctu divinitatis et mentis magnitudine*", auf Eingebung der Gottheit und Größe des Geistes, führt Constantin auf seinem Triumphbogen im Jahre 315 den Sieg zurück, ein Sieg, der mit dem Zeichen des Christengottes errungen wurde. Eine neue Linie in der Politik der Kaiser gegenüber dem christlichen Glauben hatte 311 schon das Edikt von Serdica (Sofia) angedeutet, das Galerius kurz vor seinem Tode erlassen hatte und das die Haltung der Christen in Opferfragen nunmehr tolerierte, Christen lediglich zum Gebet für Kaiser und Reich aufforderte. Dies Edikt wurde auch von Licinius mitgetragen und bei den religionspolitischen Vereinbarungen zwischen Constantinus und Licinius 313 in Mailand weiterhin bestätigt. Die politische Übereinstimmung betraf nicht nur Religionsfragen. Constantia, Schwester Constantins, heiratete Licinius, um die Beziehungen weiterhin zu verstärken und auszubauen. Diese sollten immer wesentlicher werden: 313 schlug Licinius den in seinen Reichsteil vorrückenden Maximinus Daia bei Tzirallum in Thrakien, und noch im selben Jahr starb Maximin auf der Flucht in Tarsus in Kilikien. — Das Reich war somit in Westen und Osten, Territorium des Constantinus und des Licinius, geteilt. In Ost und West gleichermaßen herrschte Toleranz gegenüber der christlichen Lehre, denn die Toleranzvereinbarungen waren von Licinius auf den gesamten Osten des Reichs, den er nun beherrschte, übertragen worden.

Damit war die Ausgangsstellung zu einem letzten Kampf bis zur Einigung des römischen Reiches unter einem einzigen Herrscher gegeben. Dieser sollte sich in zwei Stufen vollziehen. Der Wunsch Constantins, seinen Schwager Bassianus als Augustus in Illyricum zu installieren, gleichsam als Pufferstaat zwischen Licinius und Constantinus, führte zu einem Intrigenspiel, in dem Bassianus mit Licinius gegen Constantinus konspirierte. Die Entdeckung dieses Komplotts durch Constantinus führte zur Hinrichtung des Bassianus, und das wiederum gab Anlaß zum Krieg.

Constantinus führte sein Heer überraschend nach Osten, und am 8. Oktober 316 kam es zur Schlacht gegen eine Übermacht von Truppen des Licinius. Obgleich es nicht zu einer echten Entscheidung kam, zog sich Licinius mit seiner durch Verluste dezimierten Armee nach Thrakien zurück. Da sein Kriegsziel die Entthronung des Constantinus war, ernannte er mit seinem General Aurelius Valerius Valens einen Kaiser des Westens seiner Wahl. Eine weitere Schlacht, wohl in der Nähe von Adrianopolis (heute Edirne) in Thrakien, blieb ebenso unentschieden, doch manövrierte sich Licinius in eine strategisch ungünstige Situation, indem er Constantinus den Zugriff auf Byzantium und somit den Bosporus bot. Insgesamt war somit Licinius, ohne eine Schlacht verloren zu haben, in der schwächeren Position. In dieser Situation entschloß man sich zu Friedensverhandlungen, die Anfang 317 mit dem Vertrag von Serdica ihren Abschluß fanden: Demnach wurde der Kaiser des Westens von Licinius' Gnaden abgesetzt und von eben diesem hingerichtet. Alle Provinzen südlich der Donau wurden von Licinius an Constantinus abgetreten, nur Thrakien blieb in seiner Machtsphäre. Beide Augusti ernannten Caesares: Constantinus seine Söhne Crispus und Constantinus II., Licinius seinen Sohn illegitimer Herkunft, Licinius II. Von nun an hatte wahrscheinlich Constantinus I. auch das alleinige Gesetzgebungsrecht für das Gesamtimperium. Gerade das sollte in Zukunft zu weiteren Reibereien führen.

Residenz des Constantinus I. wurde immer mehr das östliche Serdica (Sofia), während der ältere Caesar Crispus sich mehr in den westlichen Provinzen aufhielt. Diplomatische Schwierigkeiten ergaben sich dann bald bei der Ernennung der Consuln. Als im Jahre 321 Licinius I. von Constantinus I. wieder übergangen worden war, ernannte er sich und seinen Caesar Licinius II. aus eigener Machtvollkommenheit zu Consules.

Kat.-Nr. M26

Kat.-Nr. M113

17

Kat.-Nr. M139

Kat.-Nr. M60 Vs

Kat.-Nr. M61 Vs

Der Krieg gegen Sarmaten und Goten im folgenden Jahr verschob noch einmal einen direkten Konflikt zwischen beiden Kaisern, doch die Spannungen wuchsen. Sie fanden auch in der Religionspolitik ihren Niederschlag: Constantinus I., wenngleich erst auf dem Sterbebett getauft, förderte die Kirche und berief Lactantius, bedeutenden christlichen Rhetoriker und Kirchenschriftsteller, zur Erziehung des Crispus an seinen Hof. Licinius I. dagegen entfernte ab 320 Christen immer mehr aus Ämtern, da er in ihnen heimliche Parteigänger des Constantinus I. vermutete. Offen brach der Konflikt los, als Constantinus I. im Jahre 323 im Kampf gegen die Goten auf Thrakien, Territorium des Licinius I., übergriff.

Für diesen letzten Waffengang wurden von beiden Seiten ungeheure Anstrengungen unternommen. Constantinus I. stellte 120.000 Fußsoldaten und 10.000 Reiter ins Feld, seine von Crispus geführte Flotte umfaßte 200 Kriegs- und 2.000 Transportschiffe. Das Heer des Licinius umfaßte sogar 150.000 Fußsoldaten und 15.000 Reiter, ferner eine Flotte von 350 Kriegsschiffen. Gemäß der strategischen Ausgangssituation wurde Thrakien und die Meerenge des Bosporus zum Hauptkriegsschauplatz. Bei Adrianopolis griff Constantinus I. am 3. Juli 324 das Heer des Licinius I. an und konnte es schlagen. Licinius I. mußte sich bis auf Byzantium zurückziehen und wurde dort eingeschlossen, da Crispus die Stadt von der Seeseite her blockierte. Licinius I. konnte jedoch noch nach Chalcedon entkommen. Zu diesem Zeitpunkt ernannte er wieder einen Kaiserkollegen seiner Wahl, seinen ehemaligen Kanzleichef Martinianus, doch sollte dessen Würde im Schatten des Licinius I. von nur kurzer Dauer sein. Bei dem Ort Chrysopolis wurden Licinius und Martinianus am 18. September vernichtend geschlagen. Byzantium und Chalcedon ergaben sich den siegreichen Truppen des Constantinus I. Zwar konnte der geschlagene Kaiser mit Resten seiner Truppen noch einmal entkommen, ergab sich dann aber auf Vermittlung seiner Gemahlin Constantia, nachdem ihm und Martinianus Schonung ihres Lebens zugesichert worden war. Die Gesetze des abgesetzten Kaisers Licinius I. wurden am 16. Dezember 324 öffentlich widerrufen, er selbst ging nach Thessalonica ins Exil. Ein Jahr später sollte er mit den Donauvölkern außerhalb des Reiches gegen Constantinus I. konspiriert haben und wurde zusammen mit Martinianus dann doch noch hingerichtet. Auch der junge Licinius II. Caesar sollte die Niederlage seines Vaters nicht lange überleben.

Während die Heere des Licinius I. unter dem Schutze des *Jupiter Conservator* nach den herkömmlichen heidnischen Opfern und Orakelsprüchen in den Krieg gezogen waren, führten die Truppen Constantins I. das Labarum, die christliche Standarte. Der Machtkampf zweier Herrscher stellte zugleich die Weichen für die weitere Entwicklung des Christentums im Reich. So wurde die Einheit des Reiches unter einem Herrscher wiederhergestellt, dessen Religionspolitik auf Toleranz und einer gewissen Förderung der christlichen Kirche beruhte, aus welchen Gründen auch immer, aus Überzeugung oder um die traditionell heidnisch denkende, konservative Senatsaristokratie in ihrer Macht zu beschneiden.

Das Jahr 324 wurde hier auch deshalb so detailliert dargestellt, weil einige der prominentesten in der Ausstellung gezeigten Exponate, der Silberschatzfund, mit diesen Ereignissen in Verbindung stehen und direkte Zeitzeugen dieser Ereignisse sind.

Von der Alleinherrschaft Constantins I. bis zum Ende des 4. Jahrhunderts — ein Ausblick

Ob die vergangenen Kriegsereignisse am Bosporus oder andere Gründe maßgebend waren, mit der Gründung einer neuen Hauptstadt Constantinopolis an der Meerenge des Bosporus sollte sich das Hauptgewicht des Reiches mehr nach Osten verlagern, die Dualität Osten — Westen sich von verschiedenen Herrschern der Reichsteile auch noch auf verschiedene rivalisierende Hauptstädte, Rom und Constantinopel, verlagern. 330 war die feierliche Einweihung der neuen Metropole offiziell erfolgt. 7 Jahre später starb Constantinus I. Er wurde auf dem Sterbelager getauft, in der Apostelkirche zu Constantinopel beigesetzt, zugleich erfolgte durch den Senat in Rom seine Konsekration nach altem heidnischen Brauch.

Die Aufteilung der Herrschaft unter die Söhne des Verstorbenen erfolgte nach einem schrecklichen Blutbad unter den Verwandten des Kaiserhauses. Damit hatten sich die Constantinssöhne aller Rivalen entledigt und teilten sich die Herrschaft in dem bisher einheitlichen Reich. Constantinus II., nach der Hinrichtung seines Halbbruders Crispus im Jahre 326 ältester der Söhne, herrschte in Britannien, Gallien und Spanien, Constans regierte die Mitte des Imperiums, Constantius II. den Osten. Doch rasch sollte es zu Kriegsereignissen kommen, die fast einer Wiederholung der Auseinandersetzung zwischen Constantinus I. und Licinius I. ähnlich sahen. Ab 340 regierte Constans das gesamte europäische Reichsterritorium und die Provinz Africa, denn Constantinus II. hatte bei einem Angriff auf ihn 340 sein Leben verloren. Ein weiterer Bürgerkrieg erschütterte 350 mit der Ermordung des Constans und der Usurpation des Magnen-

Kat.-Nr. M63

tius, eines Offiziers fränkischer Herkunft unter Constans, das Reich. Erst nach schweren Kämpfen gelang es 353 dem Constantius II., letztem der Constantinssöhne, das gesamte Reich wieder unter seinem Szepter zu vereinigen. Nur durch den Tod des Constantius II. im Jahre 361 wurde ein weiterer Bürgerkrieg vermieden, denn 360 rief das gallische Heer den Julianus Caesar, Schwager des Constantius, zum Kaiser aus. Nach der Hinrichtung des unfähigen Constantius Gallus Caesar im Jahre 355 hatte Julianus sich als Caesar in Gallien im Kampf gegen Alamannen und Franken bereits bewährt. Freilich, seine kurze eigenständige Regierungszeit von 361/363 verlief nicht glücklich. Sein Versuch, das Heidentum wieder zu favorisieren, heidnische Kulte und Philosophie neu zu beleben, machte ihn insgesamt nicht beliebt, und 363 fiel er auf seinem unglücklich verlaufenen Perserfeldzug. Damit endete die Dynastie des Constantinus I., wenn man von der kurzen Usurpation 365/366 des Procopius, eines entfernten Verwandten des constantinischen Hauses, absieht.

Nach dem unerwarteten Tod des unmittelbaren Nachfolgers des Julianus II., Jovianus, wählten die Offiziere im Jahre 364 aus ihren Reihen Valentinianus I. zum Kaiser, einen fähigen Soldaten, der unter Julianus wegen seiner christlichen Gesinnung in Ungnade gefallen war. Wenig später wurde sein Bruder Valens zum Mitkaiser ernannt. Wieder kam es zu einer Teilung der Zuständigkeiten: Valentinianus I. regierte im Westen, Valens im Osten. Hauptaufgabe war dabei die ständige Abwehr äußerer Feinde, vor allem germanischer Stämme, wie Alamannen, Franken und Goten, aber auch nach wie vor der Perser im Osten. 375 erlag Valentinian I. während der Verhandlungen mit den Quaden einem Schlaganfall. Sein Sohn Gratianus, seit 367 im frühen Alter von 8 Jahren Kaiser, folgte ihm in der Herrschaft, unterstützt von Valens im Osten. Den mittleren Reichsteil regierte, zumindest nominell, der zu diesem Zeitpunkt nur vier Jahre alte Stiefbruder des Gratianus, Valentinianus II.

378 fiel Valens in einer vernichtenden Niederlage bei Adrianopel im Kampf gegen die Goten. 379 folgte ihm, von Gratianus ernannt, Theodosius I. als Herrscher des Ostens nach. Ähnlich dem Tod des Constans, fiel Gratianus einer Rebellion seiner Offiziere zum Opfer. 383 wurde Magnus Maximus als Kaiser in Britannien ausgerufen und Gratianus dar-

Kat.-Nr. M62

Kat.-Nr. M89

Theodosius-Missorium, gef. 1874 in Almendralejo, Prov. Bajadoz, Spanien.
Silber, Dm 74 cm, inschriftlich datiert auf 388 n.Chr.: Kaiser Theodosius I., flankiert von Valentinianus II. und Arcadius als zentrales Bildthema. (Standort: Madrid, Real Academia de la Historia)

aufhin von seinen Truppen im Stich gelassen und ermordet. Erst 388 wurde der Usurpator durch den von Osten einmarschierenden Theodosius I. besiegt und in Aquileia hingerichtet. Damit konnte der aus Italien geflohene Valentinianus II. wieder in sein Kaiseramt eingesetzt werden, bis er 392 wohl durch Mord oder Selbstmord endete.

Mit Theodosius I. sollte nun der letzte Schritt zur Konsolidierung der christlichen Kirche im Reich vollzogen werden. Am 24. Februar 391 ließ der Kaiser alle heidnischen Kulte verbieten, das Christentum wurde Staatsreligion, der jüdische Glauben wurde geduldet. In der Folge des Edikts wurde der berühmte Serapistempel zu Alexandria zerstört und die Reste der Bibliothek von Alexandria vernichtet. Ein Auf-

stand der heidnischen Reaktion unter dem Gegenkaiser Eugenius, einem ehemaligen Rhetorikprofessor, wurde 394 niedergeschlagen.

Noch einmal, wenn auch nur für kurze Zeit, bis zu seinem Tode am 17. Januar 395, regierte ein einziger Kaiser, Theodosius I., der Große, das gesamte Reich. Seine Söhne Arcadius, seit 383 Mitkaiser, und Honorius, Augustus seit 393, sollten ihm nachfolgen, Arcadius im Osten, Honorius im Westen. Zugleich war damit die Teilung des römischen Imperiums endgültig besiegelt.

Das weströmische und das oströmische — byzantinische — Reich sollten mehr und mehr ihre eigenen, getrennten Wege in der Geschichte gehen.

Das Porträt der Kaiser in der Großplastik

1 Porträt des Diocletianus
Nicomedia (Izmir, Türkei), gefunden 1938
Ende 3. Jahrhundert n.Chr.
H 35,5 cm
Istanbul, Archäol. Museum Inv. 4864 (Abguß München, Museum für Abgüsse Klassischer Bildwerke Inv. 343)
Der Marmorkopf stammt von einer Statue. Der Bart charakterisiert den Dargestellten als Mann in fortgeschrittenem Alter, mit hoher und breiter Stirn, geradem Mund, leicht überstehender Oberlippe und spitz zulaufendem, breitem Kinn. Der dicke Kranz mit rundem Stirnjuwel zeigt, daß es sich um einen Kaiser handelt.
Aufgrund des Fundortes Nicomedia — hier war Diokletian am 17. November 284 zum Kaiser ausgerufen worden — sowie durch stilistische Vergleiche hat man den Kopf als frühe Darstellung des Kaisers erkannt, der nach 230 in Dalmatien geboren war und am 3. Dezember 313 starb.
Spätantike Nr. 23 (D. Stutzinger) mit Lit.

3 Porträt des Constantinus I
Rom, Quirinal
Etwa 334/336 n.Chr.
H des Gesichts 25 cm
Rom, Balustrade der Piazza del Campidoglio (Abguß München, Museum für Abgüsse Klassischer Bildwerke Inv. DFG 110)
Der Marmorkopf stammt von einer Panzerstatue, die 1653 Papst Innozenz X zusammen mit einer weiteren als Abschluß der Balustrade aufstellen ließ. Zuvor standen beide auf dem Quirinal, als ursprünglicher Standort werden die Constantinsthermen vermutet. Beide Statuen stehen auf Plinthen, deren Inschriften die Dargestellten als Constantinus Augustus bzw. Constantinus Caesar ausweisen. Entweder sind jedoch diese Inschriften nicht antik oder sie wurden im Zuge der mehrfachen Transporte und Neuaufstellungen der Statuen vertauscht: die als Augustus bezeichnete Statue des Constantin gibt ihn jedenfalls eher als Caesar, als jüngeren Menn wieder (und umgekehrt).
W. Helbig, Führer durch die öffentlichen Sammlungen klassischer Altertümer in Rom ⁴II (1966) Nr. 1167 (und 1166).

2 Porträt des Maxentius
Fundort unbekannt
Um 310 n.Chr.
Dresden, Staatl. Kunstsammlungen, Skulpturensammlung Inv. 406 (Abguß München, Museum für Abgüsse Klassischer Bildwerke Inv. 367)
Der Marmorkopf zeigt einen Mann jüngeren Alters mit kurzem Bart. Dem Gesicht fehlt jegliche individuelle Physiognomie, alle Details sind symmetrisch und beinahe ornamental wiedergegeben. Das geht bis zur Auflösung der Frisur in einzelne, vom Hinterkopf nach vorn geführte Strähnen. Der starre Blick geht über den Betrachter hinweg: Das Gesicht zeigt die unbewegte Abgeklärtheit des über die Menschen erhöhten Kaisers.
Der Kopf war zum Einsetzen in eine Statue bestimmt (ein weitgehend identischer Kopf befindet sich im Nationalmuseum Stockholm).
Vgl. Spätantike Nr. 35

5 Porträt des Licinius II
„Kyzikos"
Etwa 322 n.Chr.
H 30,2 cm
Schweiz, Privatbesitz (Abguß München, Museum für Abgüsse Klassischer Bildwerke Inv. 548)
Der Marmorkopf ist im Gesichtsbereich stark beeinträchtigt: Nase und Oberlippe sind abgeschlagen sowie Wangen, Stirn und Augen beschädigt. Der Dargestellte trägt einen Blätterkranz im Haar. Die Kopfform, die Bartlosigkeit und die dichten kurzen, fast kappenartig anliegenden Haare lassen — im Verein mit dem Kranz — unter den möglichen Angehörigen des Kaiserhauses am ehesten an Licinius II denken. Nicht zuletzt die intentionelle Zerstörung des Gesichtes weist ebenfalls auf diese Identifizierung.

4 Porträt des Constans
Fundort unbekannt (aus Sammlung Campana)
Vor 350 n.Chr.
H des Gesichts 28 cm
Paris, Musée du Louvre Inv. MA 1021 (Abguß München, Museum für Abgüsse Klassischer Bildwerke Inv. DFG 44)
Der Marmorkopf wurde früher auf Constantin gedeutet, später auf einen Angehörigen des konstantinischen Hauses. Unter den Söhnen des Kaisers kommt am ehesten Constans in Frage.
Das bartlose Gesicht weist eine gewisse Strenge auf. Die in gleichmäßigen dünnen Strähnen fallenden Haare wurden ursprünglich von einem heute verlorenen Diadem zusammengehalten.
R. Calza, Iconografia Romana Imperiale dal Carausio a Giuliano (287—363 d.C.) (1972) 329 Nr. 234 Taf. 114, 417—418 (mit Lit.).

6 Porträt eines Tetrarchen
Fundort unbekannt
Ende 3./Anfang 4. Jahrhundert n.Chr.
H 45 cm
Basel, Antikenmuseum (Abguß München, Museum für Abgüsse
Klassischer Bildwerke Inv. DFG 129)
Der Marmor-Kolossalkopf beeindruckt vor allem in der Seiten-
ansicht. Der starke, kurz gehaltene Vollbart und der massige
Hals, die Stirnfalte und der entschlossene Mund zeigen einen rei-
fen Mann. Die überlebensgroße Ausführung läßt an einen Kaiser
der Tetrarchenzeit denken.
M. Bergmann, in: Gesichter (Ausstellung Bern 1982) 216 f. Nr.
92.

Das Kaiserporträt auf den Münzen

Kaum eine Münze der römischen Kaiserzeit zeigt nicht auf ihrer Vorderseite die Züge des Herrschers. Das offizielle Kaiserbildnis wurde auf diese Weise im ganzen Reich rasch verbreitet und bekannt. Oftmals steht dabei das Porträt in weiteren Zusammenhängen: Religiöse oder politische Hinweise sind von ihm zu erhalten, Beziehungen zu den Darstellungen der Rückseiten der Münzen sind ebenfalls oft abzulesen. Selbstverständlich ist die Qualität des Bildnisses je nach Fähigkeit des Stempelschneiders verschieden, von Münzstätte zu Münzstätte. Auch spiegelt natürlich das kaiserliche Münzporträt den Stil, die Stile der Zeit wieder und oftmals lassen sich dabei Parallelen zum großplastischen Porträt entdecken.

Die hier ausgewählten Beispiele versuchen sich auf Wesentliches zu beschränken, nicht allzusehr in die Breite zu gehen, um ein knappes, konzentriertes Bild von Auffassung und Wandel des kaiserlichen Porträts zu zeichnen.

Grundsätzliches

Die meisten Münzen zeigen das Kaiserbildnis im Profil, meist nach rechts, weitaus seltener und als Ausnahme nach links. Das Frontalporträt ist bis zum Ende des 4. Jahrhunderts die Ausnahme und eigentlich besonderen Festprägungen, meist in edlem Metall, vorbehalten.

Die Insignien spielen bei den Münzen des von uns behandelten Zeitabschnitts eine wichtige Rolle, ja, im weiteren Verlauf ersetzt die Insignie als wesentliche Kennzeichnung des kaiserlichen Amtes, der kaiserlichen Würde, das individuelle Porträt, das mehr und mehr in den Hintergrund tritt. Traditionelle Hauptinsignien sind Lorbeerkranz und Strahlenkrone, wie sie auch der Sonnengott Sol trägt. Die Tapferkeit, *Virtus*, des Kaisers wird oft durch den Helm betont, der auch mit anderen Insignien geschmückt sein kann. Der spätantike Spangenhelm, wie ihn dann die constantinische Münzprägung zeigt (vgl. M 145), sollte dann im Verlauf der weiteren Entwicklung zur Krone werden. Ein durchgreifender Wandel setzt schließlich in der Zeit Constantins I. ein. Der Lorbeerkranz wird durch Perldiadem oder Juwelendiadem ersetzt. Das flache Banddiadem, eine Rückbesinnung auf die Insignien hellenistischer Herrscher, findet offensichtlich nur kurz Verwendung.

Die golddurchwirkte konsulare Trabea, der triumphale Mantel des Konsuls, wird zum Kaisermantel. Oft erscheint der Kaiser ab der zweiten Hälfte des 3. Jahrhunderts in dieser Robe, kombiniert mit weiteren konsularen Insignien, etwa dem Szepter, meist adlerbekrönt, ferner mit der Mappa, dem Tuch, mit dem die Circusspiele eröffnet wurden. Ferner hält der Kaiser bisweilen die Victoria auf dem Globus, gemäß dem Standbild in der Curia zu Rom, als Sinnbild der römischen Sieghaftigkeit.

Immer wieder treffen wir außerdem auf die verschiedenen Symbole der Kampfbereitschaft, Schutzwaffen, wie Helm, Schild und Panzer, ferner die Lanze als Angriffswaffe. Auch verschiedene göttliche Attribute, die den Kaiser mit der entsprechenden Gottheit identifizieren, finden sich immer wieder.

Von Gallienus bis zum Ende des tetrarchischen Herrschaftssystems

In dieser Zeit großer innen- und außenpolitischer Erschütterungen kann man keineswegs von einem einheitlichen Erscheinungsbild des kaiserlichen Münzporträts sprechen. Verbindendes Ziel der Bemühungen der Stempelschneider ist ohne Zweifel der Versuch, ein möglichst verherrlichendes, die Gottnähe, Gottgleichheit des Kaisers ausdrückendes Bildnis zu schaffen. Dabei führt die Entwicklung vom realistischen Porträt weg zu einer immer mehr symbolhaften, ideal überhöhten Darstellung des Kaisers.

Katalog

M1 Gallienus, Aureus (Gold), geprägt ca. 259/268 zu Rom, antik gelocht
Vs: GALLIENAE AVGVSTAE, Kopf des Gallienus mit Ährenkrone als Personifikation der Demeter nach links
Rs: VBIQVE PAX, Victoria im Zweigespann nach rechts galoppierend
RIC 74; KOSH 497
Das Bild des Kaisers als weibliche Gottheit erscheint uns heute ungewöhnlich, besonders, wenn man den männlichen Bartwuchs berücksichtigt. Für Gallienus, Anhänger des Mysterienkults von Eleusis, und seine Zeit enthielt diese Art der Darstellung jedoch nichts Lächerliches.

M2 Gallienus, Antoninian (Billon), geprägt 259/268 zu Siscia (Sisák)
Vs: GALLIENVS AVG, gepanzerte Büste des Gallienus mit Helm nach rechts
Rs: PROVIDEN AVG, Providentia mit Stab und Füllhorn nach links stehend, zu Füßen Globus
RIC 580
Dieses behelmte Porträt betont den martialischen Charakter, die militärische Tapferkeit des Kaisers und setzt ihn mit Virtus gleich.

M3 Gallienus für Salonina, Antoninian (Billon), geprägt 259/268 in einer Münzstätte der Provinz Asia
Vs: SALONINA AVG, drapierte Büste der Salonina mit Diadem auf Mondsichel nach rechts
Rs: CERERI AVG, Ceres mit Kornähren und Fackel nach links sitzend
RIC 90
Die Gemahlin des Kaisers Gallienus, Salonina, wird hier mit der Mondsichel dargestellt, Symbol der Mondgöttin Luna. So wie die Antoniniane den Kaiser mit der Strahlenkrone des Sol zeigen, werden die Kaiserinnen auf diesem Nominal stereotyp mit diesem Symbol ausgestattet.

M4 Gallisches Teilreich, Postumus, Aureus (Gold), geprägt ca. 265 n.Chr. zu Köln (?); schräge Randabquetschungen durch ehemalige antike Fassung
Vs: POSTVMVS AVG, drapierte und gepanzerte Büste des Postumus mit Strahlenkrone im Dreiviertelprofil leicht nach rechts
Rs: SALVS POSTVMI AVG, Salus und Aesculapius einander gegenüberstehend
RIC 281; KOSH 509; gefunden zu Waldsee, Ldkr. Speyer, vgl. FMRD IV,2,2319,2; Schulte 104
Das ungewöhnlich feine Frontalporträt zeigt eine weit höhere Qualität als etwa die gleichzeitigen Emissionen des Gallienus in Rom. Der Aureus gehört zweifellos zu einer Festemission, welche die Genesung des Kaisers feiert.

M5 Gallisches Teilreich, Laelianus, Antoninian (Billon), geprägt 268 zu Moguntiacum (Mainz)
Vs: IMP C LAELIANVS P F AVG, gepanzerte Büste des Laelianus mit Strahlenkrone nach rechts

Rs: VICTORIA AVG, Victoria mit Kranz und Palmzweig nach rechts laufend
RIC 9 F
Die Usurpation des Laelianus, eines ehemaligen Generals des Postumus, war zu kurz, als daß ein reichhaltiges Prägeprogramm hätte entwickelt werden können. Das Porträt erinnert noch stark an seinen Vorgänger Postumus.

M6 Gallisches Teilreich, Marius, Antoninian (Billon), geprägt 268 zu Köln
Vs: IMP C MARIVS P F AVG, drapierte und gepanzerte Büste des Marius mit Strahlenkrone nach rechts
Rs: SAEC FELICITAS, Felicitas mit Caduceus und Füllhorn nach links stehend
RIC 10 C
Das Porträt des Marius ist etwas massiger als das des Laelianus, erinnert aber ebenfalls noch an Postumus.

M7 Gallisches Teilreich, Victorinus, Antoninian (Billon), geprägt 268/270 in einer gallischen Münzstätte
Vs: IMP C VICTORINVS P F AVG, drapierte Büste des Victorinus mit Strahlenkrone nach rechts
Rs: PIETAS AVG, Pietas nach links stehend
RIC 57
Dem Stil der Zeit gemäß trägt der Kaiser einen kurzen Bart, die Züge mit der geschwungenen Nase wirken realistisch gestaltet.

M8 Gallisches Teilreich, Tetricus I., Antoninian (Billon), geprägt 270/273 in einer gallischen Münzstätte
Vs: IMP C TETRICVS P F AVG, drapierte Büste des Tetricus mit Strahlenkrone nach rechts

Rs: PAX AVG, Pax mit Szepter und Ölzweig nach links stehend

RIC 100 A

Das sorgfältig gestaltete, realistische Münzbildnis zeigt den letzten der Kaiser des gallischen Teilreiches, der dann sein Reich kampflos an Aurelianus übergeben sollte.

M9 Gallisches Teilreich, Tetricus I. für Tetricus II. Caesar, Antoninian (Billon), geprägt 270/273 in einer gallischen Münzstätte

Vs: C PIV ESV TETRICVS CAES, drapierte Büste des Tetricus II. mit Strahlenkrone nach rechts

Rs: SPES PVBLICA, Spes mit Blume nach links schreitend

RIC 272

Das jugendliche, bartlose Porträt zeigt den Sohn des Tetricus gleichen Namens, ursprünglich für die Nachfolge in Gallien vorgesehen.

M10 Claudius II. Gothicus, Antoninian (Billon), geprägt 269 zu Rom

Vs: IMP C CLAVDIVS AVG, gepanzerte Büste des Claudius nach rechts mit Strahlenkrone

Rs: P M TR P COS II P P (verschrieben aus ..TR P II COS...), der Kaiser in der Toga links stehend mit Zweig und Szepter

RIC 10 (Variante: Verschreibung der Rs.-Umschrift)

Dies Porträt zeigt markante und durchaus individuelle Züge, obgleich es sich bei diesen Antoninianen um inflationäre Massenemissionen handelt.

M11 Quintillus, Antoninian (Billon), geprägt 270 zu Mediolanum (Mailand)

Vs: IMP QVINTILLVS AVG, drapierte Büste des Quintillus nach rechts mit Strahlenkrone

Rs: MARTI PAC, Mars als Friedensbringer *(pacifer)* links stehend mit Lanze und Zweig

RIC 58 (Variante: drapierte Büste)

Das Bildnis des Quintillus, Bruder des Claudius II. Gothicus, erinnert sehr stark an diesen. Lediglich die lockige Haartracht ist anders gestaltet.

M12 Aurelianus, Antoninian (Billon), geprägt 270/275 zu Siscia

Vs: IMP AVRELIANVS AVG, gepanzerte Büste des Aurelianus nach rechts mit Strahlenkrone, die Lanze geschultert

Rs: CONCORDIA MILITVM, im Abschnitt S∗; der Kaiser und Concordia einander die Hände reichend

RIC 217 (Variante mit geschulterter Lanze)

Nach der Münzreform des Aurelianus setzt sich ein gänzlich neuartiger Stil auf der Münze durch. Beispiel ist dieses imponierende, die militärischen Tugenden betonende Brustbild.

M13 Aurelianus für Severina, Antoninian (Billon), geprägt 270/275 zu Ticinum (Pavia)

Vs: SEVERINA AVG, drapierte Büste der Severina auf Mondsichel und mit Diadem nach rechts

Rs: PROVIDEN DEOR *(Providentia deorum)*, im Abschnitt VIXXT, Providentia mit zwei Feldzeichen und Sol mit Globus einander gegenüberstehend

RIC 9

Die Büste der Gemahlin des Aurelianus ist in herkömmlicher Art mit der Mondsichel gestaltet, die Porträtzüge erinnern etwas an das Aureliansporträt.

M14 Tacitus, Aureus (Gold), geprägt 275/276 zu Rom

Vs: IMP C M CL TACITVS P AVG, drapierte und gepanzerte Büste des Tacitus mit Lorbeerkranz nach rechts

Rs: ROMAE AETERNAE, Roma nach rechts thronend mit
   Victoria und Szepter, neben ihr Rundschild
RIC 74; vgl. KOSH 541
Zweifellos ist dies Porträt des bei seinem Regierungsantritt
bereits 75 Jahre alten Senators idealisiert und verjüngt.

M15 Florianus, Medaillon (Bronze), geprägt 276 zu Rom

Vs.:IMP C M ANN FLORIANVS P AVG, drapierte Büste
   des Florianus nach rechts mit Lorbeerkranz

Rs: MONETA AVG, die drei Monetae, Personifikationen
   der Münzprägung, nach links stehend mit Waage und
   Füllhorn, zu ihren Füßen kleine Pyramiden von Gold,
   Silber und Bronze

Gnecchi II,3; KOSH 545

Florianus war ein Halbbruder des Tacitus und folgte ihm
nach dessen Tod auf den Thron. Sein Porträt mit dem massi-
gen Kopf erinnert etwas an Tacitus, Familienähnlichkeit oder
Stilwollen.

M16 Probus, Antoninian (Billon), geprägt ca. 280 zu Serdica (Sofia)

Vs: PERPETVO IMP C PROBO INVICT AVG, gepanzerte Büste des Probus nach rechts mit Strahlenkrone

Rs: RESTITVTOR ORBIS, im Felde MS, im Abschnitt
   KA · Δ ·; der Kaiser erhält von dem ihm gegenüberste-
   henden Jupiter den Globus

RIC 859 (Variante: gepanzerte Büste); Pink, Aufbau, 5. Emission

Was in diesem Porträt ausgedrückt werden soll, ergibt sich
bereits aus der Umschrift, die Probus als „immerwährenden
Kaiser", *perpetuus imperator,* und als *invictus,* unbesiegt, bezeichnet, zugleich das typische Adjektiv für *Sol invictus,* den
unbesiegten Sonnengott.

M17 Carus, Antoninian (Billon), geprägt 282 zu Lugdunum (Lyon)

Vs: IMP C M AVR CARVS P F AVG, gepanzerte Büste des
   Carus nach rechts mit Helm, darüber die Strahlenkrone

Rs: PAX AVGG; rechts im Felde Ꝃ; Pax nach links stehend
   mit Zweig und Szepter

RIC 10; KOSH 556

Carus, zuvor Prätorianerpräfekt des Probus, wurde in Raetien oder Noricum während seines Kampfes gegen germanische Eindringlinge zum Kaiser ausgerufen. Die gepanzerte
Helmbüste betont seine militärische Tugend, die *Virtus.*

M18 Carinus, Antoninian (Billon), geprägt 283/285 zu Rom

Vs: IMP CARINVS P F AVG, gepanzerte Büste des Carinus
   nach rechts mit Strahlenkrone

Rs: FIDES MILITVM, im Abschnitt KAϵ; Fides nach links
   stehend mit zwei Feldzeichen

RIC 253 F

Das Porträt erinnert stark an das des Carus, dessen Sohn Carinus war.

M19 Numerianus, Antoninian (Billon), geprägt 283/284 zu Rom

Vs: IMP NVMERIANVS AVG, drapierte Büste des Numerianus nach rechts mit Strahlenkrone

Rs: ORIENS AVGG, im Abschnitt KAГ; Sol mit Peitsche
   nach links schreitend

RIC 412 A

Das sehr sauber ausgeführte Brustbild des Numerianus erinnert an die Porträts seines Vaters Carus und seines Bruders
Carinus. Stark individuelle Züge treten zurück.

M20 Britannisches Teilreich, Carausius, Antoninian (Billon), geprägt 286/293 zu Camulodunum (Colchester)
Vs: IMP CARAVSIVS P F AVG, drapierte und gepanzerte Büste des Carausius nach rechts mit Strahlenkrone
Rs: PROVID AVG, im Abschnitt C; Providentia nach links stehend mit Stab und Füllhorn, links zu ihren Füßen Globus
RIC 348 C
Carausius, Rebell gegen Diocletianus und ehemals sein Kommandant der römischen Kanalflotte, prägte im abtrünnigen Britannien eigenes Geld. Seine meist qualitätvollen Münzen zeigen ein imponierendes und realistisches Porträt dieses „Seebären".

M21 Britannisches Teilreich, Allectus, Antoninian (Billon), geprägt 293/296 zu Londinium (London)
Vs: IMP C ALLECTVS P F AVG, gepanzerte leicht drapierte Büste des Allectus mit Strahlenkrone nach rechts
Rs: PAX AVG, im Felde S—A, im Abschnitt ML; Pax nach links stehend mit Zweig und Szepter
RIC 33 C
Allectus, zuvor oberster Minister des Carausius, prägte in Britannien in gleicher Qualität wie sein Vorgänger. Sein Münzporträt wirkt freilich weniger individuell.

M22 Diocletianus, Argenteus (Silber), geprägt ca. 294 zu Rom
Vs: DIOCLETIANVS AVG, Kopf des Diocletianus nach rechts mit Lorbeerkranz
Rs: VIRTVS MILITVM, die vier Herrscher vor einem Kastelltor über einem Dreifuß opfernd
RIC 27 a

Die Münzreform von 294 führte auch zu einer starken Stereotypisierung des Münzbildes der Tetrarchen, deren Bildnisse einander stark angeglichen erscheinen.

M23 Maximianus Herculius, Nummus (Bronze mit Silbersud), geprägt ca. 294 zu Nicomedia
Vs: IMP C M A MAXIMIANVS P F AVG, Kopf des Maximianus Herculius nach rechts mit Lorbeerkranz
Rs: GENIO AVGG ET CAESARVM NN, im Abschnitt SMN; Genius in Chlamys, Modius auf dem Kopf, nach links stehend, in der Rechten Opferschale, in der Linken Füllhorn
RIC —; unpubliziert; vgl. RIC VI, S. 556, 27—28 (mit dem Gewicht von 9,68 g und diesen Münzstättenzeichen wohl an den Anfang dieser Serie gehörig); Privatbesitz
Dies ist wohl eines der ersten, sehr breitflächig angelegten Porträts des Kaisers auf einem Nummus von Nicomedia, einem bisher völlig unbekannten Münztyp, der wohl aus Anlaß der Münzreform ausgegeben wurde und in einmaliger Weise den Genius der Augusti und der Caesares, also des tetrarchischen Herrschaftsschemas zeigt.

M24 Diocletianus als *Senior Augustus*, Nummus (Bronze mit Silbersud), geprägt 304 zu Ticinum (Pavia)
Vs: D N DIOCLETIANO BAEATISSIMO SEN AVG, Büste des Diocletianus nach rechts mit Lorbeerkranz, im Kaisermantel, Olivenzweig und Mappa haltend
Rs: PROVIDENTIA DEORVM QVIES AVGG, Punkt rechts im Feld, im Abschnitt ST; Providentia und Quies einander gegenüberstehend
RIC 57 a
Nach der Abdankung der Kaiser der ersten Tetrarchie erscheinen ihre Porträts gleichberechtigt und stark einander angeglichen. Vgl. die folgende Münze des Maximianus Herculius als *Senior Augustus*.

M25 Maximianus Herculius als *Senior Augustus,* **Nummus (Bronze mit Silbersud), geprägt 305 zu Ticinum (Pavia)**
Vs: D N MAXIMIANO FELICISSIMO SEN AVG, Büste des Maximianus Herculius nach rechts mit Lorbeerkranz, im Kaisermantel, Olivenzweig und Mappa haltend
Rs: ROVIDENTIA DEORVM QVIES AVGG, Punkt rechts im Feld, im Abschnitt PT
RIC 57 b

M26 Constantius Chlorus, Nummus (Bronze mit Silbersud), geprägt 305/306 zu Aquileia
Vs: IMP CONSTANTIVS P F AVG, Büste des Constantius nach links mit lorbeerbekränztem Helm, die Lanze geschultert und mit Schild
Rs: VIRTVS AVGG ET CAESS NN, im Abschnitt AQS; der Kaiser zu Pferd nach rechts galoppierend, einen knieenden Feind mit der Lanze niederstoßend, neben diesem ein Gefallener
RIC 66 a
Die massive Helmbüste und die Bewaffnung, zusammen mit der typischen Hakennase und dem für die Zeit typischen kurzen Bart machen dieses Brustbild zu einem eindrucksvollen Beispiel tetrarchischer Kombination von Individualität und insignienhafter Erstarrung.

M27 Galerius Maximianus, Aureus (Gold), geprägt 306/308 zu Antiochia
Vs: MAXIMI-ANVS AVG, Kopf des Galerius Maximianus nach rechts mit Lorbeerkranz

Rs: CONSVL VII — P P PROCOS, im Abschnitt ⌣SMAƷ∗; der Kaiser in der Toga nach links stehend mit Globus und Szepter
RIC 79
Gerade im Osten treten die realistischen Züge des Kaisers immer mehr zugunsten starker Stilisierung in den Hintergrund. Dies technisch perfekte, geometrisch-kantig angelegte Porträt aus Antiochia ist ein Beispiel dafür.

M28 Severus, Nummus (Bronze mit Silbersud), geprägt 306 zu Ticinum (Pavia)
Vs: SEVERVS NOB CAESAR, Kopf des Severus nach rechts mit Lorbeerkranz
Rs: VIRTVS AVGG ET CAESS NN, im Abschnitt PT; Mars nach rechts schreitend mit Lanze und geschulterter Trophäe
RIC 60 a
In der kurzen Haartracht, den geradlinig-kantigen Details entspricht das Bildnis des später von Maxentius besiegten Severus ganz dem Schema tetrarchischer Porträtkunst

M29 Maxentius, Nummus (Bronze mit Silbersud), geprägt 309/312 zu Ostia
Vs: IMP C MAXENTIVS P F AVG, Kopf des Maxentius nach rechts mit Lorbeerkranz
Rs: AET -ERNITAS A- VG N, im Abschnitt MOSTS; Castor und Pollux, ein Stern über ihren Häuptern, mit Szepter und Pferd am Zügel
RIC 35
Obgleich Rebell und Usurpator gegen das tetrarchische Herrschaftssystem, steht das Bild des Maxentius doch noch ganz in dessen Stiltradition.

Vgl. S. 179

M30 L. Domitius Alexander, Usurpator in Afrika, Nummus (Bronze), geprägt 308/311 zu Karthago
Vs: IMP ALEXANDER P F AVG, Kopf des Alexander nach rechts mit Lorbeerkranz
Rs: INVICTA ROMA FELIX KARTHAGO, die stehende Stadtgöttin Karthago mit Früchten in den Händen
RIC 68
L. Domitius Alexander, *Vicarius* der Diözese Africa, hatte sich gegen Maxentius im Jahre 308 erhoben, seine technisch oft mangelhaft ausgeführten Münzen aus Karthago zeigen ein wenig aussagekräftiges Porträt.

M31 Maximinus Daia, Nummus (Bronze mit Silbersud), geprägt 312 zu Alexandria
Vs: IMP C GAL VAL MAXIMINVS P F AVG, Kopf des Maximianus nach rechts mit Lorbeerkranz
Rs: GENIO AVGVSTI, im Felde X—B, im Abschnitt ALE; Genius nach links stehend, Modius auf dem Kopf, in der Linken Füllhorn, in der Rechten Büste des Sarapis
RIC 149 b; KOSH 625
Dieses Bildnis des Maximinus Daia ist ein weiteres, deutliches Beispiel für die absolut durchstilisierte, klare Linien bevorzugende Porträtkunst der tetrarchischen Spätzeit im Osten des römischen Reiches.

Das Porträt des Hauses des Constantinus I. bis 337

Im Herrschaftssystem der Tetrarchie war im gesamten Reich in allen Münzstätten für alle legitimen Herrscher geprägt worden, also auch für jene des Ostens im Westen, und für die Herrscher der westlichen Diözesen im Osten. An diesem Prinzip sollte sich auch dann nichts ändern, als die Usurpationen der Söhne legitimer Herrscher, die das erbliche Recht der Herrschaft höher stellten als die von Diocletianus ausgeklügelte Reichsverfassung, schon längst ganz andere Machtverhältnisse geschaffen hatten. Solange die Kaiser der verschiedenen Reichsteile sich gegenseitig anerkannten, also nicht auf Kriegsfuß miteinander standen, blieb auch weiterhin diese Regel bestehen. Oft sind daher Münzen mit dem Bild des Constantinus I. oder seiner zwei ältesten Söhne eigentlich Münzen des Licinius I., oder umgekehrt Münzen mit dem Bild des Licinius I. oder seines Sohnes Licinius II. gehören zu den Emissionen des Constantinus I. Daraus erklärt sich oft zwanglos die auffallende Ähnlichkeit in den Porträts der einzelnen Kaiser.

Speziell zum Thema des constantinischen Bildnisses muß man natürlich ein wesentliches neues Phänomen beachten: Das Aufkommen christlicher Symbolik am constantinischen Kaiserhof. Daher ist hier auch das Kapitel „Christentum und Reichspropaganda auf Münzen" zu vergleichen.

Katalog

M32 Constantinus I. Caesar, Nummus (Bronze), geprägt 307 zu Karthago

Vs: CONSTANTINVS NOB CAES, Kopf des Constantinus rechts mit Lorbeerkranz
Rs: CONSERVATORES KART SVAE, im Abschnitt PKΔ; die Stadtgottheit von Karthago frontal in sechssäuligem Tempel stehend, in beiden Händen Früchte
RIC 61
Das Bildnis ist kaum von denen des Maxentius zu unterscheiden, aus dessen afrikanischem Machtbereich die Münze stammt. Sie dokumentiert die guten Beziehungen der beiden Augustussöhne in ihrer Frühzeit.

M33 Constantinus I., Nummus (Bronze), geprägt 310 zu Londinium (London)
Vs: IMP CONSTANTINVS P F AVG, gepanzerte Büste des Constantinus rechts mit Lorbeerkranz
Rs: GENIO POP ROM, im Abschnitt PLN; Genius nach links stehend, Modius auf dem Kopf, Patera in der Rechten und Füllhorn in der Linken
RIC 103
Dieser Nummus zeigt das typische Frühporträt des Constantinus I. aus dessen unmittelbarem Herrschaftsbereich.

M34 Constantinus I., Solidus (Gold), geprägt 310/313 zu Trier
Vs: CONSTANTINVS P F AVG, Kopf des Constantinus mit Lorbeerkranz nach rechts
Rs: GAVDIVM ROMANORVM, im Abschn. FRANCIA; trauernde Francia nach links sitzend, unter Trophäe
RIC 824; B. Overbeck, Germanen 161
Auch hier tritt uns ein authentisches, frühes Porträt aus der kaiserlichen Residenz und Münzstätte des Constantinus I. entgegen.

M35 Constantinus I., Nummus (Bronze), geprägt 312/313 zu Rom
Vs: IMP C CONSTANTINVS P F AVG, Büste des Constantinus mit Panzer und Lorbeerkranz nach rechts
Rs: RESTITVTOR VRBIS SVAE, im Abschnitt RQ; Roma mit Globus, Zepter und Schild an der Seite im Tempel mit sechs Säulen frontal sitzend, Kopf nach links gewendet. Im Giebel des Tempels Kranz
RIC 312
Ziemlich unmittelbar nach dem Sieg über Maxentius 312 geprägt, zeigt dieser Nummus in Stil und Rückseitentyp noch Anklänge an die Regierungszeit des Maxentius, doch bemühte sich der Stempelschneider um ein realistisches Porträt.

M36 Constantinus I., Nummus (Bronze), geprägt 313/315 zu Rom
Vs: IMP CONSTANTINVS P F AVG, Kopf des Constantinus mit Lorbeerkranz nach rechts
Rs: IOVI CONSERVATORI AVGG NN, im Felde rechts Δ, im Abschnitt SIS; Jupiter auf Szepter gelehnt nach links stehend, in der Rechten Victoria auf Globus haltend, links zu seinen Füßen Adler mit Kranz im Schnabel
RIC 3
Dieser Nummus stammt aus der zu dieser Zeit noch zum Herrschaftsbereich des Licinius I. stammenden Münzstätte Siscia. Das Porträt ist von dem des Licinius daher kaum zu unterscheiden.

M37 Constantinus I., Nummus (Bronze), geprägt 318/319 zu Ticinum
Vs: IMP CONSTANTINVS AVG, Büste des Constantinus mit Panzer und Helm, Speer über der rechten Schulter
Rs: VICTORIAE LAETAE PRINC PERP, im Abschnitt ST; zwei Victorien einander gegenüberstehend, Schild mit Aufschrift VOT/PR über Altar haltend
RIC 83
Dies kriegerische, ausdrucksstarke Porträt zeigt den Kaiser mit dem Spangenhelm, eine authentische Helmform dieser Zeit. Vgl. auch M145.

M38 Constantinus I., Solidus (Gold), geprägt 324/325 zu Nicomedia
Vs: Kopf des Constantinus mit Banddiadem nach rechts
Rs: CONSTANTINVS AVG, im Abschnitt SMN; Victoria nach links thronend mit Füllhorn in der Linken, Victoriola mit Kranz in der Rechten; hinter dem Thron Schild
RIC 70
Dieser neue Porträttypus mit dem Banddiadem zeigt Anklänge an die Darstellung hellenistischer Könige auf Münzen, zeigt also ausgesprochen historisierende Tendenzen.

M39 Constantinus I., Nummus (Bronze), geprägt 330/335 zu Nicomedia

Vs: CONSTANTINVS MAX AVG, drapierte und gepanzerte Büste des Constantinus mit Rosettendiadem nach rechts

Rs: GLORIA EXERCITVS, im Abschnitt SMNϵ; zwei Soldaten einander gegenüberstehend, dazwischen zwei Standarten

RIC 188

Selbst auf dieser Massenprägung zeigt sich ein elegant ausgeführtes Bildnis, nun mit dem Juwelendiadem. Der alte Lorbeerkranz wird nun als Insignie kaum mehr verwendet.

M42 Constantinus I für Crispus Caesar, Nummus (Bronze), geprägt 317 zu Arles

Vs: CRISPVS NOB CAES, drapierte Büste des Crispus nach rechts mit Lorbeerkranz

Rs: PRINCIPIA IVVENTVTIS, im Felde R-S, im Abschnitt PARL; der behelmte Mars nach rechts, mit wehendem Mantel, Schild und Lanze

RIC 133

Dies früheste Porträt aus dem Reichsteil des Constantinus I. zeigt seinen ältesten Sohn noch im Jahre seiner Ernennung zum Caesar.

M40 Constantinus I. für Helena, Nummus (Bronze), geprägt 324/325 zu Trier

Vs: FL HELENA AVGVSTA, drapierte Büste der Helena mit Diadem nach rechts

Rs: SECVRITAS REIPVBLICE, im Abschnitt PTR; Securitas mit Zweig nach links stehend

RIC 458

Dargestellt ist Helena, die Mutter des Kaisers, mit der für sie charakteristischen Hochfrisur.

M43 Constantinus I. für Crispus Caesar, Solidus (Gold), geprägt 324/325 zu Nicomedia

Vs: FL IVL CRISPVS NOB CAES, Büste des Crispus nach links mit Lorbeerkranz, Schild und Lanze

Rs: VIRTVS CAESARI N, im Abschnitt SMNK; Crispus zu Pferd nach rechts, mit der Lanze einen knienden Barbaren niederstechend, unter dem Pferd ein Gefallener

RIC 85; vgl. KOSH 645; B. Overbeck, Germanen 93

Porträt und Rückseitentypus stellen die militärischen Tugenden des im Jahre 326 von seinem Vater hingerichteten Crispus in den Vordergrund. Das Bildnis entspricht gewissermaßen den Verdiensten, die Crispus im Kampf gegen Licinius erworben hatte.

M41 Constantinus I. für Fausta, Nummus (Bronze), geprägt 325 zu Siscia

Vs: FLAV MAX FAVSTA AVG, Kopf der Fausta mit Halskette und Draperie nach rechts

Rs: SPES REI PVBLICAE, im Abschnitt ΓSIS Kranz; Spes frontal stehend, das nach links gewandte Haupt verschleiert, zwei Kinder in ihren Armen

RIC 197

Die Gemahlin des Kaisers ist mit der schlichten Knotenfrisur, ähnlich antoninischen Frisuren des 2. Jahrhunderts, z.B. Faustina II., dargestellt. Wenig später, im Jahre 326, ließ Constantinus I. seine Gemahlin wegen eines für uns wenig durchschaubaren Skandals mit ihrem Stiefsohn Crispus hinrichten.

M44 Constantinus I. für Constantinus II. Caesar, Nummus (Bronze), geprägt 317 zu Aquileia

Vs: CONSTANTINVS IVN N C, gepanzerte und drapierte Büste des Constantinus II. mit Lorbeerkranz nach rechts

Rs: CLARITAS- R -EIPVBLICAE, im Abschnitt AQT; Sol nach links schreitend mit erhobener Hand und Peitsche

RIC 18

Dieser Nummus zeigt ein erstes Frühporträt des 317 ernannten Caesars aus dem Reichsteil des Constantinus I. selbst.

Kat.-Nr. M37 Vs

Kat.-Nr. M40 Vs

Kat.-Nr. M41 Vs

Kat.-Nr. M44 Vs

M45 Constantinus I. für Constantinus II. Caesar, Nummus (Bronze), geprägt 317/320 zu Nicomedia
Vs: D N FL CL CONSTANTINVS NOB C, drapierte und gepanzerte Büste des Constantinus II. mit Lorbeerkranz nach rechts
Rs: PROVIDEN-TIAE CAESS, links im Felde Palmzweig, rechts Є, darüber Punkt, im Abschnitt SMN; Jupiter nach links stehend mit Victoria auf Globus und Szepter
RIC 36
Dies Porträt entspricht in Stil und Auffassung ganz den Bildnissen des Licinius II. Caesar, und in der Tat ist dieser Nummus im Herrschaftsbereich des Licinius I. entstanden.

M46 Constantinus I. für Constantinus II. Caesar, Solidus (Gold), geprägt 335 zu Nicomedia
Vs: CONSTANTINVS IVN NOB C, gepanzerte Büste des Constantinus II. mit Lorbeerkranz nach rechts

Rs: VIRTVS CON-STANTINI CAES, im Abschnitt SMNC; Constantinus II. nach rechts schreitend, mit geschulterter Trophäe, mit der Rechten einen Gefangenen hinter sich her ziehend
RIC 181
18 Jahre später ist die Münzstätte Nicomedia schon längst völlig in den constantinischen Stil der Zeit integriert, wie dieses weitgehend naturalistische Porträt des Prinzen zeigt.

M47 Constantinus I. für Constantius II. Caesar, Nummus (Bronze), geprägt 326 zu Rom
Vs: Gepanzerte und drapierte Büste des Constantius mit Lorbeerkranz nach links
Rs: CONSTAN/TIVS/NOB CAES in drei Zeilen, darunter SMRQ
RIC 284
Constantius II. Caesar wurde 324 zum Caesar ernannt, war also zur Zeit der Prägung dieser Münzen 9 Jahre alt. Das Porträt erscheint somit wohl realistisch zu sein.

Zu Constans und dem späteren Porträt des Constantius II. vgl. M63 und M64.

Das Porträt des Hauses des Licinius I. bis zu seiner Entmachtung im Jahre 324

Für die gezeigte Münzreihe und ihre Münzstättenverteilung gilt das im vorherigen Kapitel über die Prägezuständigkeit Gesagte. Ein Vergleich östlicher und westlicher Porträts erscheint auch hier interessant und es werden daher Münzen aus den beiden Reichsteilen vorgestellt.

Katalog

M48 Licinius I., Nummus (Bronze), geprägt 308/310 zu Nicomedia
Vs: IMP C VAL LICIN LICINIVS P F AVG, Kopf des Licinius nach rechts mit Lorbeerkranz
Rs: GENIO AV-GVSTI CMH, im Abschnitt S(MNA); Genius nach links stehend, Modius auf dem Haupt, mit Patera und Füllhorn
RIC 54 b
Dieses Frühporträt, kurz nach der Ernennung des Licinius I. 308 auf der Konferenz von Carnuntum, zeigt wenig individuelle Züge und ist ganz der östlichen tetrarchischen Tradition der Stempelschneidekunst verpflichtet.

M49 Licinius I., Nummus (Bronze), geprägt 312/313 zu Rom
Vs: IMP LICINIVS P F AVG, gepanzerte Büste des Licinius nach rechts mit Lorbeerkranz
Rs: S P Q R OPTIMO PRINCIPI, im Abschnitt RP, adlerbekröntes Legionsfeldzeichen zwischen zwei Standarten
RIC 349 c
Durch Constantinus I. in Rom kurz nach dem Sieg über Maxentius geprägt, zeigt diese Münze ein Bildnis, das sich vom gleichzeitigem Constantinsporträt der Münzstätte Rom deutlich unterscheidet und wohl den tatsächlichen Zügen des Licinius I. in etwa gerecht wird.

M50 Licinius I., Nummus (Bronze), geprägt 313 zu Sisicia
Vs: IMP LIC LICINIVS P F AVG, Kopf des Licinius nach rechts mit Lorbeerkranz
Rs: IOVI CONSERVATORI AVGG NN, im Felde rechts Δ, im Abschnitt SIS; Jupiter links stehend mit Szepter und Victoria auf Globus, ihm zu Füßen Adler mit Kranz im Schnabel
RIC 232 a
Dieser Nummus stammt aus dem eigenen, illyrischen Reichsteil des Licinius I. und dürfte, wenn auch stilisiert, ein authentisches Bildnis zeigen.

M51 Licinius I., Nummus (Bronze), geprägt 315/316 zu Arles
Vs: IMP LICINIVS P F AVG, drapierte und gepanzerte Büste des Licinius nach rechts mit Lorbeerkranz
Rs: SOLI INV-I-CTO COMITI, im Felde S-F, im Abschnitt PARL; Sol nach links stehend mit Globus
RIC 59
Dies Porträt aus dem Westen, verbunden mit einer constantinischen Rückseite, zeigt gewisse Ähnlichkeiten zum gleichzeitigen Constantinsporträt.

M52 Licinius I., Nummus (Bronze mit Silbersud), geprägt 317 zu Heraclea
Vs: IMP LICI-NIVS AVG, drapierte Büste des Licinus nach links mit Mappa und Szepter
Rs: PROVIDEN-TIAE AVGG, im Abschnitt MHTΔ; Lagertor mit drei Türmen
RIC 17 var. (es fehlt die Victoria auf Vs.)
Dies östliche Porträt ist stark stilisiert und wirkt erstarrt. Die Ausschmückung des Ornats und die Insignie stehen im Vordergrund des Bemühens des Stempelschneiders.

M53 Licinius I., Nummus (Bronze), geprägt 317/320 zu Cyzicus
Vs: IMP LICI-NIVS AVG, drapierte Büste des Licinius I. mit Globus, Szepter und Mappa nach links
Rs: IOVI CONS-ERVATORI AVGG, im Abschnitt SMK, im Felde Kranz -Z; Jupiter links stehend mit Szepter und Victoria auf Globus
RIC 9
Auch hier finden wir ein typisch östliches Porträt des Kaisers.

M54 Licinius I., Nummus (Bronze), geprägt 318/319 zu Trier
Vs: IMP LICI-NIVS AVG, gepanzerte und drapierte Büste des Licinius nach links mit Lorbeerkranz, Mappa und Szepter haltend
Rs: IOVI CONSER-VATORI A-VG, Adler nach rechts, auf ihm der Kaiser mit Szepter und Blitz
RIC 211
Dies westliche Porträt aus Trier erinnert im Profil etwas an Constantinus I., die präzise Ausgestaltung des Ornats scheint die zeitgleichen östlichen Büstentypen zu wiederholen.

M55 Licinius I., Nummus (Bronze), geprägt 319 zu Siscia
Vs: IMP LIC LICINIVS P F AVG, gepanzerte Büste des Licinius nach rechts mit Lorbeerkranz
Rs: VICTORIAE LAETAE PRINC PERP, im Abschnitt ASIS; zwei Victorien halten Schild mit der Inschrift VOT/PR über einen Altar
RIC 62
Seit dem Vertrag von Serdica von 317 zu Constantinus' I. Machtbereich gehörig, zeigt das Porträt doch wohl noch gewisse östliche Elemente markanter Stilisierung.

M56 Licinius I., Nummus (Bronze), geprägt 321/324 zu Heraclea
Vs: IMP C VAL LICIN LICINIVS P F AVG, drapierte und gepanzerte Büste des Licinius nach rechts mit Strahlenkrone
Rs: IOVI CONS-ERVATORI, im Felde rechts X/IIV˙, im Abschnitt SMHB; Jupiter mit Victoria und Adlerszepter nach links stehend, zu Füßen links Adler mit Kranz im Schnabel, rechts Gefangener
RIC 52
Das klobige Bildnis mit dem breiten Hals und dem scharf abgesetzten Bart ist typisch für die Münzstätten im Reichsteil des Licinius I.

M57 Licinius I. für Licinius II. Caesar, Nummus (Bronze), geprägt 317 zu Arles
Vs: VAL LICINIVS NOB CAES, drapierte und gepanzerte Büste des Licinius II. nach rechts mit Lorbeerkranz
Rs: IOVI CONSERVATORI, im Felde R-S, im Abschnitt TARL; Jupiter nach rechts schreitend, Blitz schleudernd
RIC 128
Das Frühporträt des Licinius II. Caesar aus dem Westen ist kaum von den gleichzeitigen Bildnissen der Söhne des Constantinus I. zu unterscheiden.

M58 Licinius I. für Licinius II. Caesar, Nummus (Bronze), geprägt 320 zu Siscia
Vs: LICINIVS IVN NOB CAES, gepanzerte Büste des Licinius II. nach links mit Lorbeerkranz, Mappa und Victoria auf Globus haltend.
Rs: VIRTVS EXERCIT, im Felde S-F, im Abschnitt ASIS∗; zwei Gefangene unter Standarte kauernd, darauf VOT/X
RIC 115 (Büstenvariante)
Um diese Zeit zwar schon zum Reichsteil des Constantinus I. gehörig, zeigt die Münzstätte Siscia immer noch nicht die gleiche Eleganz wie die westlichen Prägestätten. Das Porträt ist mit den Details von Insignien überladen. Demgegenüber tritt das individuelle Bildnis zurück.

M59 Licinius I. für Licinius II. Caesar, Nummus (Bronze), geprägt 321 zu Arles
Vs: LICINIVS — NOB CAES, Kopf des Licinius II. nach rechts mit Lorbeerkranz
Rs: CAESARVM NOSTRORVM, Kranz, darin VOT/V, unten Q◡A
RIC 236
Wir sehen ein fein ausgeführtes Knabenporträt des zu dieser Zeit etwa 8 Jahre alten Licinius II. Caesar. Doch ist der Unterschied zu den Caesarenporträts der Constantinssöhne aus dieser westlichen Münzstätte gering, wenn überhaupt vorhanden.

M60 Licinius I. für Licinius II. Caesar, Nummus (Bronze), geprägt 321/324 zu Nicomedia
Vs: D N VAL LICIN LICINIVS NOB C, gepanzerte und behelmte Büste des Licinius II. nach links mit Schild und Lanze
Rs: IOVI CONS-ERVATORI, rechts im Felde X/IIV˙, im Abschnitt SMMNΓ; Jupiter links stehend mit Victoria und Szepter, zu Füßen links Adler, rechts Gefangener
RIC 49

Dies eindrucksvolle Münzbildnis aus Nicomedia, der Residenz des Licinius I., zeigt den jugendlichen Licinius II. Caesar in voller Bewaffnung. Gegenüber der reichen Zurschaustellung der Waffen treten die eigentlichen Züge des Caesars freilich zurück.

M62 Martinianus, Nummus (Bronze), geprägt ca. Juli/September 324 zu Nicomedia
Vs: D N MARTINIANVS P F AVG, drapierte und gepanzerte Büste des Martinianus mit Strahlenkrone nach rechts
Rs: IOVI CONS-ERVATORI, rechts im Felde X/IIN, im Abschnitt SMNΔ; Jupiter nach links stehend, Szepter und Victoria auf Globus haltend, links zu seinen Füßen Adler mit Kranz im Schnabel
RIC 45; KOSH 643; Privatbesitz
Ähnlich wie bei dem kurzlebigen Schattenkaiser Valens wurde Martinianus als Provokation gegen Constantinus I. von Licinius I. zum Mit-Augustus erhoben. Sein Porträt erinnert stark an das des Licinius I. 325 wurde Martinianus in seinem kappadokischen Exil getötet.

M61 Aurelius Valerius Valens, Nummus (Bronze), geprägt 316/317 zu Alexandria
Vs: IMP C AVR VAL VALENS P F AVG, Kopf des Valens nach rechts mit Lorbeerkranz
Rs: IOVI CONSERVATORI AVGG, im Felde K-Kranz/X/A, im Abschnitt ALE; Jupiter mit Szepter und Victoria auf Globus nach links stehend, links zu seinen Füßen Adler mit Kranz im Schnabel
RIC 19; Privatbesitz
Aurelius Valerius Valens war nur so kurze Zeit Mitkaiser des Licinius I. gegen Constantinus I., daß sein „Porträt" keine eigenen Züge trägt, vielmehr Abbild des Porträts des Licinius I. bleibt. Anfang 317 wurde er bereits hingerichtet.

Die Münzporträts von der Zeit der Dynastie des Constantinus I. nach 337 bis zur neuen Dynastie unter Valentinianus I.

Die Porträtgalerie dieser Kaiser bietet verhältnismäßig wenig Abwechslung. Ganz in spätconstantinischer Tradition stehen die Bildnisse der Brüder Constans und Constantius II. Die Münzen des illyrischen Usurpators Vetranio, der im Bürgerkrieg auf der Seite des Constantius II. stand, zeigen demgegenüber ein „unconstantinisches" bärtiges Bildnis mit dem Lorbeerkranz statt des Diadems. Barhaupt und in gekonntem, recht realistisch wirkendem Stil lassen sich Magnentius und sein Caesar Decentius darstellen. Demgegenüber wirkt das Bildnis des Constantius Gallus Caesar, Neffen des Constantius II., farblos und recht konventionell.
Neue Impulse gab die Münzreform des Julianus II. Philosophus der Gestaltung der Münzen und auch des Porträts. Die eindrucksvolle Waffenbüste aus Rom gibt uns hierfür ein typisches Beispiel. Wenig markant ist demgegenüber das Porträt des kurzlebigen Kaisers Jovianus, eines Offiziers aus dem Invasionsheer des Julianus III. gegen die Perser. Der letzte Vertreter der constantinischen Dynastie, Procopius, ein Verwandter des Julianus, usurpierte nur kurzzeitig den Kaiser-

thron und wurde bald von den rechtmäßigen Herrschern Valentinianus I. und Valens beseitigt. Sein bärtiges, langnasiges Profil ist zweifellos bewußt auf eine Ähnlichkeit zu Julianus hinstilisiert.
Die letzte Hälfte des Jahrhunderts zeigt uns recht stereotype, meist jugendlich wirkende Kaiserbüsten, denen die individuellen Züge zugunsten der Insignie, meist Perldiadem, manchmal Helm und Diadem, weitgehend fehlen. Als Beispiel sind hier die Kaiserkollegen Valentinianus I., Valens und Gratianus ausgewählt.

Katalog

M63 Constans, Pecunia Maiorina (Bronze mit Silbersud), geprägt 348/350 zu Trier
Vs: D N CONSTA-NS P F AVG, Büste des Constans nach links mit Diadem, Globus haltend

Rs: FEL TEMP REPARATIO, im Abschnitt TRP; römischer Soldat führt einen Barbaren aus seiner unter einem Baum stehenden Hütte
RIC 221; B. Overbeck, Germanen 169

M64 Constantius II., Goldmedaillon von 6,90 g Gewicht, geprägt 350/355 zu Thessalonica
Vs: FL IVL CONSTAN-TIVS PERP AVG, drapierte und gepanzerte Büste des Constantius mit Diadem nach links
Rs: FELIX ADVENTVS AVG N, im Abschnitt TES; der Kaiser zu Pferd nach links, die Rechte zum Gruß erhoben
RIC 144

M65 Vetranio, Pecunia Maiorina (Bronze mit Silbersud), geprägt 350 zu Siscia
Vs: D N VETRA-NIO P F AVG, links im Felde A, drapierte und gepanzerte Büste des Vetranio mit Lorbeerkranz nach rechts
Rs: CONCORDIA MILITVM, links im Felde A, im Abschnitt · ЄSIS *; der Kaiser von vorn stehend hält zwei Feldzeichen mit dem Christogramm auf dem Banner
RIC 281

M66 Magnentius, Solidus (Gold), geprägt 350 zu Trier
Vs: IM CAE MAGN-ENTIVS AVG, drapierte und gepanzerte Büste des Magnentius nach rechts
Rs: VICTORIA AVG(VSTI) LIB(ERTAS) ROMANOR (VM), im Abschnitt TR; Victoria und Libertas, zwischen ihnen Trophäe
RIC 254

M67 Decentius, Solidus von reduziertem Gewicht (Gold), geprägt 252 zu Trier
Vs: D N DECENTI-VS FORT(ISSIMVS) CAES, drapierte und gepanzerte Büste des Decentius nach rechts
Rs: VICT CAES LIB ROM ORB (victoria Caesaris [est] libertas Romani orbis), im Abschnitt TR; Victoria und Libertas, zwischen ihnen Trophäe
RIC 297

M68 Constantius II. für Constantius Gallus Caesar, Centenionalis (Bronze), geprägt 351/354 zu Siscia
Vs: D N CONSTANTIVS IVN NOB C, drapierte und gepanzerte Büste des Constantius Gallus nach rechts
Rs: FEL TEMP REPARATIO, im Abschnitt ASIS; römischer Fußsoldat ersticht auf seinem gefallenen Pferd liegenden persischen Reiter
RIC 351

M69 Julianus II. Philosophus, Centenionalis (Bronze), geprägt 361/363 zu Rom
Vs: D N FL CL IVLI-ANVS P F AVG, behelmte und gepanzerte Büste des Julianus nach links mit Schild und Lanze
Rs: VOT/X/MV · LT/XX im Kranz, darunter VRB ROM Q
RIC 329

M70 Iovianus, Centenionalis (Bronze), geprägt 363/64 zu Siscia
Vs: D N IOVIA-NVS P F AVG, drapierte und gepanzerte Büste des Jovianus nach rechts mit Diadem
Rs: VOT/V/MVLT/X im Kranz, darunter ASISC
RIC 426

M71 Procopius, Solidus (Gold), geprägt 365/366 zu Constantinopel
Vs: D N PROCO-PIVS P F AVG, drapierte und gepanzerte Büste des Procopius mit Perldiadem nach rechts
Rs: REPARATI-O FEL TEMP, im Abschnitt CONS; der Kaiser frontal stehend mit Speer in der Rechten, die Linke auf den Schild gestützt, den Kopf nach links gewendet
RIC 2 a; KOSH 704

M73 Valens, Doppelmaiorina (Bronze), geprägt 364/367 zu Aquileia
Vs: D N VALEN-S P F AVG, drapierte und gepanzerte Büste des Valens mit Perldiadem nach rechts
Rs: RESTITVTOR — REIPVBLICAE, im Abschnitt SMAQP; der Kaiser frontal stehend mit Standarte und Victoria auf Globus, Kopf nach rechts gewendet
RIC 6 (b)

M72 Valentinianus I., Doppelmaiorina (Bronze), geprägt 364 zu Sirmium
Vs: D N VALENTINI-ANVS P F AVG, drapierte und gepanzerte Büste des Valentinianus mit Perldiadem nach rechts
Rs: RESTITVTOR — REIPVBLICAE, im Abschnitt BSIRM; der Kaiser frontal mit Kopf nach rechts stehend mit Standarte und Victoria auf Globus
RIC 3

M74 Gratianus, Pecunia Maiorina (Bronze), geprägt 378/383 zu Constantinopel
Vs: D N GRATIA-NVS P F AVG, drapierte und gepanzerte Büste des Gratianus mit Helm und Perldiadem nach rechts, Speer und Schild vor sich haltend
Rs: GLORIA RO-MANORVM, links im Felde Kranz, im Abschnitt CONB, Kaiser frontal mit nach rechts gewandtem Kopf auf Schiff, die Rechte erhoben. Victoria rechts am Steuerruder sitzend.
RIC 52 (a)

Ehrengeschenke, Sold oder Tribut: Medaillons und Barren, ihre historische Deutung

Zahlreich waren die Anlässe zur Ausgabe von speziellen Schenkungen des kaiserlichen Hofes an Militär und sonstige Würdenträger; die *Vota* (s. den eigenen Abschnitt hierzu S. 90), der *dies imperii*, der Antritt des Konsulats, ferner besondere Siege führten zu immer neuen Ausgaben und zu Belohnungen an die Truppe. Oft wurden die entsprechenden *largitiones* in Form kostbarer Medaillons aus Edelmetall, meist Gold, bisweilen auch Silber, vergeben. Frühes Beispiel einer solchen kostbaren Gabe ist das Gallienus-Medaillon von

Thüngersheim, Ldkr. Würzburg in Unterfranken, zusammen mit sieben weiteren Goldmünzen aus dem Main geborgen. Seine antike Henkelung zeigt, daß dies Stück als Schmuck, bzw. als Ehrenzeichen ähnlich einem Orden, getragen wurde. Der Fundort dieser Münzen liegt im Freien Germanien, und es liegt nahe, in dem ehemaligen Besitzer der Kostbarkeiten einen germanischen Föderaten zu vermuten, der sich stolz mit diesen Medaillons, Ehrengeschenk und Löhnung zugleich, geschmückt hatte.

Manche der kostbaren Medaillons zeigen bereits durch ihre Umschrift an, zu welchem Anlaß sie als Geschenke verteilt wurden, so etwa das Medaillon des Constantinus I., das die Siege des Kaiserhauses und die *Vota decennalia soluta — vicennalia suscepta* erwähnt. Interessant ist die Prägung von relativ leichtgewichtigen einseitigen Goldmedaillons in Solidusgröße in der Zeit des Constantinus I. und seiner Söhne. Ganz offensichtlich waren sie ausschließlich zu Schmuckzwecken bestimmt und weisen daher auch immer Tragespuren auf.

Das feine Silbermedaillon des Constans diente zweifellos als Ehrengabe zu einem bestimmten Sieg über einen „barbarischen" Feind, ohne daß die Rückseitenumschrift uns nähere Details verrät. Auch die offensichtlich zusammengehörigen, heute noch fast 20 g schweren Goldmedaillons des Valens und Gratianus aus Trier lassen anhand der Rückseiten nicht erkennen, zu welchem Zweck sie ausgegeben wurden. Spuren zeigen, daß sie ursprünglich gefaßt waren, vielleicht also von Trier aus als Löhnung, Subsidien, Tribut an einen germanischen (fränkischen?) Häuptling gegeben worden waren. Ihr Fundort ist leider unbekannt.

Im Falle des kostbaren Goldbarrens aus der Zeit des Gratianus, Valentinianus II. und Theodosius I. läßt sich aufgrund seiner Datierung in die Zeit 379/380 mit ziemlicher Sicherheit ein historischer Anlaß für seine Verbringung an einen Fundort in Siebenbürgen, außerhalb des römischen Reiches, annehmen. Seine Herstellung fällt in die Zeit der Kampagne des Theodosius I. gegen die auch in Siebenbürgen operierenden Goten. An den Kaiserhof in Gold abzuliefernde Steuern wurden in der Spätantike in Barrenform erhoben, auf Feingehalt untersucht und entsprechend gestempelt. Ein solcher Barren liegt hier vor. An seinen Fundort im Banat gelangte er durch Subsidienzahlung — Tribut — des Kaisers an eine gotische Truppe. Das blanke Metall, nicht die schöne Form imponierender Medaillons, war dabei wesentlich. Natürlich kann man auch nicht ausschließen, daß Barren dieser Art als Beutegut räuberischer Horden an ihren Fundort gelangten.

Katalog

M76 Constantinus I., Medaillon (Gold) von 5,26 g Gewicht, geprägt 313/315 zu Trier
Vs: CONSTANTINVS P F AVG, Kopf des Constantinus mit Lorbeerkranz nach rechts
Rs: VICTORIBVS AVGG NN VOTIS X ET XX, im Abschnitt PTR; Victoria mit Kranz und Palmzweig in frontal dargestellter Quadriga
RIC 6

M75 Gallienus, Medaillon (Gold) von 14,61 g Gewicht, geprägt ca. 263 zu Rom, antik gehenkelt
Vs: IMP GALLIEN-VS AVG, Kopf des Gallienus nach rechts mit Lorbeerkranz, unter dem Halsabschnitt kleiner Pegasus nach rechts
Rs: VIRT GALLIENI AVG, Hercules nach links stehend mit Löwenfell, Keule und Zweig
RIC 16; gefunden mit 7 anderen Goldmünzen und einer Fibel zu Thüngersheim, Ldkr. Würzburg, anläßlich Baggerarbeiten am Main 1885. Vgl. FMRD I, 6, Unterfranken, 6110,6

M77 Constantinus I. für Constantius II. Caesar, Medaillon (Gold) von 3,06 g Gewicht, geprägt 326/327 zu Thessalonica, antik doppelt gelocht zur Anbringung eines Henkels
Vs: D N CONSTANTI-VS NOB CAES, drapierte Büste des Constantius II. mit Strahlenkrone nach rechts
Rs: Zentrierpunkt, Perlkreis als Randbegrenzung
R. Münsterberg, Einseitige Goldmünzen Constantins und seiner Söhne, Numismatische Zeitschrift, Neue Folge 16, 1923, 25; zur Datierung und Zuweisung nach Thessalonica vgl. RIC VII, S. 414

Rs: TRIVMFATOR — GENTIVM BARBARARVM, im Abschnitt TES; der Kaiser nach links stehend mit Schild und Standarte
RIC 80

M78 Constantinus II., Medaillon (Gold) von 3,6 g Gewicht, geprägt 337/340 zu Siscia, antik doppelt gelocht zur Anbringung eines Henkels
Vs: FL CL CONSTAN-TINVS P F AVG, drapierte Büste des Constantinus II. mit Diadem nach rechts
Rs: SIS unter Zentrierpunkt, Perlkreis als Randbegrenzung
R. Münsterberg, Einseitige Goldmünzen Constantins und seiner Söhne, Numismatische Zeitschrift, Neue Folge 16, 1923, 26

M79 Constantius II., Medaillon (Gold) von 3,69 g Gewicht, geprägt 337/340 zu Siscia, antik doppelt gelocht zur Anbringung eines Henkels
Vs: FL IVL CONSTAN-TIVS P F AVG, drapierte Büste des Constantius II. mit Diadem nach rechts
Rs: SIS unter Zentrierpunkt, Perlkreis als Randbegrenzung
R. Münsterberg, Einseitige Goldmünzen Constantins und seiner Söhne, Numismatische Zeitschrift, Neue Folge 16, 1923, 26

M81 Valens, Medaillon (Gold) von 19,50 g, geprägt 375/378 zu Trier
Vs: D N VALEN-S P F AVG, drapierte und gepanzerte Büste des Valens mit Perldiadem nach rechts
Rs: GLORIA RO-MANORVM, im Abschnitt TROBS; Roma frontal thronend mit Globus und Speer
RIC 38 (b)

M80 Constans, Medaillon (Silber), geprägt 340/350 zu Thessalonica
Vs: FL IVL CONSTANS — PIVS FELIX AVG, drapierte und gepanzerte Büste des Constans mit Diadem nach rechts

M82 Gratian, Medaillon (Gold) von 19,50 g, geprägt 375/378 zu Trier
Vs: D N GRATIA-NVS P F AVG, drapierte und gepanzerte Büste Gratians mit Perldiadem nach rechts
Rs: GLORIA RO-MANORVM, im Abschnitt TROBT; Roma frontal thronend mit Globus und Speer
RIC 38 (d)

M83 Gratianus, Valentinianus II. und Theodosius I., Goldbarren von 338,90 g Gewicht, gegossen und gestempelt 379/380 zu Naissus (Niš in Jugoslawien)

Auf der etwas breiteren der beiden Längsseiten finden sich drei Stempel:

1. in der Mitte: rechteckiger Stempel mit drei Kaiserbüsten im Diadem und Paludamentum en face; die mittlere von ihnen ist die größte, die vom Betrachter aus gesehen rechte etwas, die linke deutlich kleiner. Zwischen der mittleren und der rechten ist ein Stern, zwischen der mittleren und der linken sind zwei Sterne zu erkennen. Am linken Rand liest man quer zum Stempel DDD, am rechten entsprechend NNN; umlaufend Perlrand.

2. am linken Ende: rechteckiger querliegender Stempel mit nach links sitzender Göttin, die ein Füllhorn und einen Palmzweig trägt. Unter der Standlinie NAISI. Umlaufend Perlrand. Dieser Stempel ist durch Unebenheiten in der Oberfläche des Barrens teilweise undeutlich.

3. am rechten Ende: rechteckiger Stempel KALYO-PIVS/PRO(BAVIT) · SIG(NAVIT), zwei schräg nach außen gestellte Palmzweige, dazwischen Stern; umlaufend Perlrand.

Auf der schmäleren der beiden Längsseiten finden sich mehrere neuzeitliche Prüfstempel (Nr. 6382-0991[5], zwischen den Ziffern rechteckiger Stempel mit zweizeiliger Inschrift EDELMETALL-KONTROLLE ZURICH, rechts seitlich Schweizer Kreuz).

An den Enden sind einige unregelmäßige Einkerbungen feststellbar, die durch Einhacken, wohl mit einem Meißel, wahrscheinlich bei einer Prüfung des Barreninneren entstanden.

Die rezenten Stempel stammen von einer modernen Prüfung des Goldgehalts.

Die Art der antiken Stempelung und die Nennung des auch sonst belegten kaiserlichen Kontrollbeamten Kalyopius weist den Barren als Produkt einer offiziellen kaiserlichen Werkstätte *(fabrica)* in Naissus aus. Seine genaue Datierung ergibt sich aus Überlegungen zu dem Wirkungskreis des Kontrollbeamten in Thessalonica und Naissus.

Fundort dieses Stücks ist die Umgebung von Marienburg, Region Kronstadt, heute Feldioara, com. Vistea de Jos, jud. Brașov, Rumänien.

Vgl. Bernhard Overbeck, Mechtild Overbeck, Zur Datierung und Interpretation der spätantiken Goldbarren aus Siebenbürgen anhand eines unpublizierten Fundes von Feldioara, Chiron 15, (München) 1985, 199—210

Der Silberschatz aus der Zeit des Licinius

Das Inventar dieses aus dem Nahen Osten stammenden bedeutenden Fundes von Silberobjekten umfaßt neun Gefäße und eine Kaiserbüste. Die Gefäße sind schon seit 1972 im Besitz der Bayerischen Hypotheken- und Wechsel-Bank München, die Büste, verbürgtermaßen zu dem gleichen Fund gehörig, wurde kürzlich zusätzlich von der Bank erworben. Damit ist ein für Archäologie und Geschichte ungemein aufschlußreiches Fundensemble für die Nachwelt erhalten geblieben und kann nun erstmals in seiner Gesamtheit vorgestellt werden.

Die neun Silberschüsseln des Fundes wurden bereits ausführlich publiziert und bewertet. Ihre Beschreibung und Interpretation richtet sich zum größeren Teil nach der folgenden Vorlage: Bernhard Overbeck, Argentum Romanum — Ein Schatzfund von spätrömischem Prunkgeschirr, München 1973.

Ein so prominenter Fund wurde natürlich auch weiterhin von der Wissenschaft zur Kenntnis genommen. Als Literatur hierzu sei nur noch genannt: B. Overbeck, Schatzfund silberner Prunkgefäße — Treasure Trove of Silver Vessels, in: Die Kunstsammlung der Bayerischen Hypotheken- und Wechsel-Bank AG, München, o.J. (2. Aufl.), 18—23; J.P.C. Kent, K.S. Painter (Hrsg.), Wealth of the Roman World, A.D. 300—700 London (British Museum) 1977, 20 ff.

Das Schatzfundinventar

S1 Die Licinius-I.-Schale aus Nicomedia

Die einfache kalottenförmige Schale ist, wie die Bearbeitungsspuren zeigen, zunächst getrieben und dann auf der Drehbank geglättet worden. Inmitten zweier auf der Drehbank hergestellter konzentrischer, vertiefter Kreise ist im Zentrum der Schale ein durch Perlkreis abgegrenztes Medaillon mit dem en-face-Porträt des Kaisers Licinius I. eingeprägt. Es zeigt die barhäuptige bärtige Kaiserbüste mit Panzer und Militärmantel (Paludamentum), der durch eine Rundfibel mit drei Gehängen zusammengehalten wird. Das sorgfältig ausgeführte Porträt ist von der folgenden Umschrift umgeben: LICINIVS AVG OB D V LICINI FILI SVI (*Licinius Augustus ob diem quinquennalium Licinii, filii sui*) = Kaiser Licinius aus Anlaß des fünfjährigen Regierungsjubiläums seines Sohnes Licinius.

Auf der Außenseite der Schüssel nahe am Rand ist ein kleiner runder Stempel angebracht: NIKO/AIΔ/A. NIKO — A besagt, daß die Schale in der ersten Offizin (Werkstätte) der Münzstätte Nicomedia in Bithynien gefertigt wurde; das A bezeichnet das griechische Zahlzeichen für 1. Die in der Mitte stehen-

den Buchstaben AIΔ bedeuten mit ziemlicher Sicherheit die Namensabkürzung des verantwortlichen Beamten. Zu denken wäre vermutungsweise an den in der Spätantike häufigen Namen Αἰδήσιος = Aedesius.
Größter Durchmesser: 17,9 cm. Gewicht: 323,3 g.

S2 Die Licinius-II.-Schale aus Nicomedia

In Form und Technik ist die Schale identisch mit Schale S1. Das eingeprägte Mittelmedaillon zeigt hier im Perlkreis das Porträt des barhäuptigen jugendlichen Licinius II. en face. Der Mantel, darunter der Panzer und die Rundfibel sind ebenfalls an der Büste erkennbar. Die Umschrift lautet hier: LICINIVS CAES OB D V SVORVM (*Licinius Caesar ob diem quinquennalium suorum*) = Der Thronfolger Licinius aus Anlaß seines fünfjährigen Regierungsjubiläums. Analog zur Schale S1 ist auch hier ein Stempel an der Außenseite angebracht: NIKO/ЄYT/NЄB.

Dieser Stempel ist zwar schwieriger und in einzelnen Punkten nur vermutungsweise zu deuten, doch läßt er sich wohl folgen-

dermaßen entschlüsseln: NIKO bedeutet wieder mit Sicherheit Nicomedia. ЄYT ist wieder die Namensabkürzung eines Beamten. Die Auflösung ist nicht mit Sicherheit durchzuführen; viele Namen kämen in Frage, etwa Eutolmios, Eutropios, Eutychianos, um nur einige häufige spätantike Namen zu nennen. Bei NЄB sind wir auf Vermutungen angewiesen. B ist sicher Zahlzeichen (griechisch für 2), es kennzeichnet die 2. Offizin der Münzstätte. Geht man davon aus, so läßt sich in diesem Fall die Abkürzung NЄB auflösen: N (ομισμάτων) Є (ργαστήριον) B = 2. Münzwerkstätte. Eine Deutung des NЄ als weiterer Namensbestandteil, zugehörig zu ЄYT, erscheint demgegenüber wohl weniger wahrscheinlich.
Größter Durchmesser: 17,9 cm. Gewicht: 321,74 g.

S3 Die Licinius-II.-Schale aus Antiochia

In Form und Herstellungstechnik gleicht sie den zwei Schüsseln aus Nicomedia. Das wieder vom Perlkreis umgebene Medaillon trägt die Büste des Caesar en face, analog zur Schale 2. Lediglich die Rundfibel ist noch detaillierter ausgestaltet und zeigt vier runde Knöpfe an den Seiten. Die Umschrift lautet LICINIVS OB D V SVORVM, gleicht also völlig der Umschrift von Teller 2. Ähnlich ist auch an der Außenseite ein Rundstempel angebracht: ANT/ЄYCTO/A. Demnach wurde die Schale in der

ersten Offizin der Münzstätte Antiochia (= ANT[IOCHIA] A) gefertigt. Verantwortlich zeichnet ein Beamter, dessen Name höchstwahrscheinlich Єὐστόχιος = Eustochius lautete.
Größter Durchmesser: 18,7 cm. Gewicht: 315,11 g.

S4 Die Vota-Schale mit Nennung der zwei Caesares

In Form und Herstellungstechnik erinnert sie stark an die schon beschriebenen Stücke, doch fehlt hier eine figürliche Darstellung im Zentrum. Zwischen zwei etwas tieferen Drehrillen, die als Orientierungslinien dienen, ist eine Inschrift in die Innenwand eingraviert: VOTIS X CAESS NN, es folgt ein Schrifttrenner in Form eines Blattes. Die Inschrift lautet aufgelöst: *Votis decennalibus (duorum) Caesarum nostrorum,* d.h. frei übersetzt: Zur Zehnjahresfeier unserer beiden Thronfolger. An der Schalenaußenseite befindet sich eine gepunzte, d.h. mit ein-

NAIS

zelnen kleinen Senkstiften eingeschlagene Inschrift: NAIS. Die Schale wurde also zu Naissus (heute Niš) gefertigt.
Durchmesser: 22,5 cm. Gewicht: 470,3 g. Geringfügige Beschädigung in der Wandung.

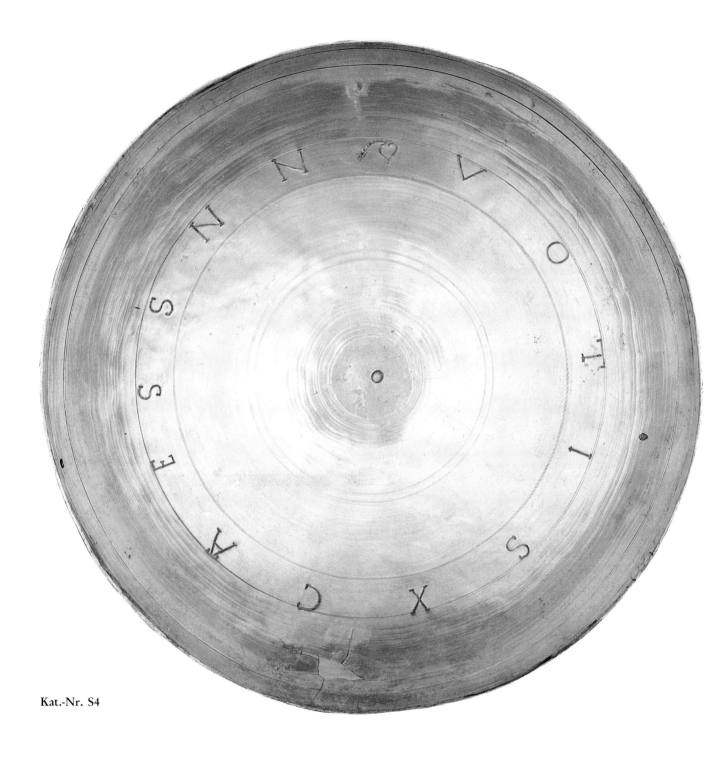

Kat.-Nr. S4

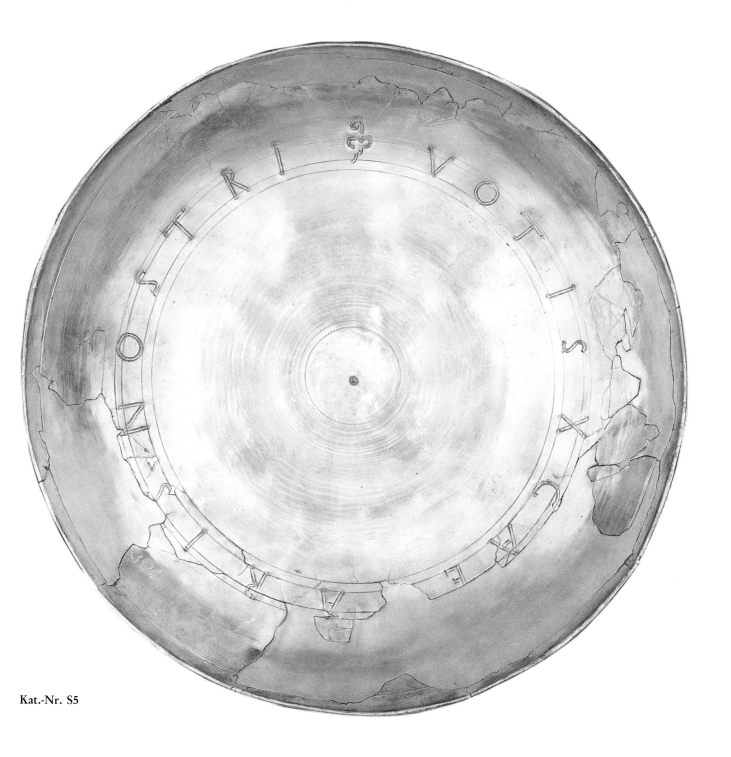

Kat.-Nr. S5

Kat.-Nr. S6

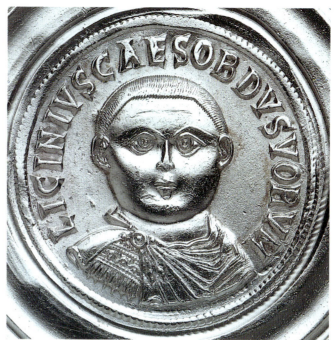

Kat.-Nr. S2 Detail

Kat.-Nr. S3 Detail

S5 Die Vota-Schale mit Nennung eines Caesars

Sie ähnelt wiederum sehr stark der Schale S4. Obgleich ihr Erhaltungszustand nicht sehr gut ist — unwesentliche Teile der Wandung sind ergänzt —, läßt sich doch die sorgfältigere Durcharbeitung erkennen. Auf der Drehbank ist eine Randlippe durch eine Innenriefe am Rand der Schale angedeutet, vier Riefen begleiten die Schrift. Im Zentrum befinden sich um den Punkt, wo der Dorn der Drehbank einrastete, zwei konzentrische Kreise. Durch die doppelte Linienführung gewinnt die Inschrift einen plastischeren Charakter. Sie lautet: VOTIS X CAESARIS NOSTRI *(votis decennalibus Caesaris nostri)* = Zur Zehnjahresfeier unseres Thronfolgers. Als Satztrenner am Ende der Inschrift ist wieder ein florales Motiv verwendet. Durch fehlende Teile ist eine an der Außenwand eingepunzte Inschrift leider fragmentiert. Der verbliebene Text lautet ...XIAC und

ist zart und flüchtig geschrieben. Die Ergänzung als AN-TIO)XIAC (= von Antiochia) ist am wahrscheinlichsten und sinnvollsten.
Durchmesser: 24,4 cm. Gewicht: 421,09 g, wegen der fehlenden Teile war es ursprünglich höher.

S6 Flache Platte mit kanneliertem Rand

Die schlichte getriebene und abgedrehte Platte ist im flachen Innenteil durch Drehrillen verziert. Das Zentrum wird durch einen aus 15 Segmenten zusammengesetzten eingravierten Stern kunstvoll geschmückt. Vom Rand und Platteninneren fehlen einige Teile.
Durchmesser: 25,3 cm. Gewicht: 396,72 g, wegen der fehlenden Teile war es ursprünglich höher.

S7 Schüssel mit abgesetztem Standring und breitem, profiliertem Horizontalrand, der außen mit einem Perlrand verziert ist.
Durchmesser: 21,4 cm. Gewicht: 308,63 g, geringe Gewichtsverluste durch fehlende Teile.

S8 Schüssel mit abgesetztem Standring, mit S7 als Paar einen Servicebestandteil bildend. Auf der Außenseite des Bodens befindet sich die eingepunzte Inschrift OKΓoSΓPΓ. OK ist vermutungsweise lesbar als ὅ(λως) κ(αθαροῦ ἀργυρίου), d.h. „gänzlich aus Feinsilber". Für diese Lesung spricht jedenfalls eine vergleichbare Inschrift auf einer Platte des Schatzfundes von Malaja Pereschtschepina (Poltawa). Der Rest der Inschrift ist dann ein-

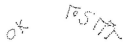

deutig als Gewichtsangabe aufzulösen: Γo = ογγια (lat. *uncia*), S = griech. 6, also 6 Unzen; ΓP = γράμμα (lat. *scripulum*), Γ = griech. 3, also 3 *scripula*. Diese wichtige und seltene Angabe soll unten noch ausführlicher besprochen werden.
Durchmesser: 14,0 cm. Gewicht: 162,24 g.

Kat.-Nr. S7

S9 **Kleine Schüssel,** in der Form ähnlich S7 und S8, jedoch ohne Perlrand.
Durchmesser: 12,3 cm. Gewicht: 125,97 g.

S10 **Silberne Büste eines Kaisers,** Höhe vom unteren Büstenrand bis zur Kalotte: 18,3 cm in der hier ausgestellten Büstenmontage. Die vollplastische Büste wurde aus dünnem Silberblech getrieben und dann nachgearbeitet. Mit dem Stichel wurde die Oberfläche teils nachbehandelt, vor allem die kurze Haartracht des Dargestellten wurde so durch zahlreiche feine Kerben angedeutet, ebenso die vertieft dargestellten Pupillen der großen Augen, die Brauen und Details der Kleidung. Das Gesicht gibt den Eindruck eines Mannes mittleren Alters. Der rundliche Schädel trägt keinerlei weiteren Kopfschmuck. Die Büste zeigt den oberen Teil eines durch eine von neun Segmenten rosettenförmig aufgeteilte, runde Scheibenfibel zusammengehaltenen Mantels *(paludamentum)*, aus dem seitlich die gefransten Schulterteile des Panzers *(pteryges)* hervorschauen. Zum unteren Teil der Büste flachen sich die reliefierten Details des Gewandes ab, so, als sei dieser untere Teil in einem unteren tragenden Objekt eingelassen gewesen. Da die Rückseite der Büste in den Details flüchtiger gearbeitet ist, kann man davon ausgehen, daß sie allein für die Ansicht von vorn vorgesehen war. Die Büste ist nicht intakt erhalten, es fehlen sogar einige, wenn auch unwesentliche Teile. Ihr jetziges Erscheinungsbild ist das Resultat langwieriger, außerordentlich schwieriger und sorgfältiger Restaurierungsarbeiten, die von E. Roidl und Mitarbeitern in den Werkstätten des Bayerischen Nationalmuseums (München) durchgeführt wurden. Hierzu ist der Restaurierungsbericht auf S. 63 f. von E. Roidl zu vergleichen.

Detailabbildung: Punzinschrift auf dem Fuß von Kat.-Nr. S8

In der Tat befand sich die Büste ursprünglich in einem äußerst desolaten Zustand. Ganz offensichtlich wurde sie in der Antike intentionell zerstört. Unter Anwendung gröbster

Kat.-Nr. S9

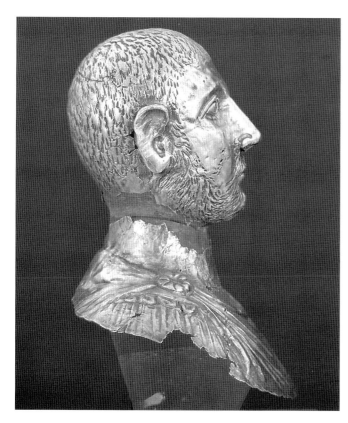

Kat.-Nr. S10

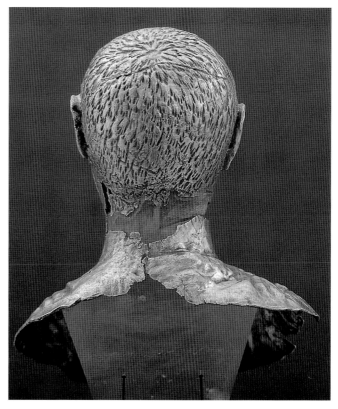

Kat.-Nr. S10

Zustandsphotos der Silberbüste Kat.-Nr. S10 vor der Restaurierung

Silberbüste Kat.-Nr. S10 nach der Restaurierung

LARGITIONES

Gewalt wurden die Teile ineinandergestaucht und in einen unansehnlichen Klumpen verwandelt. Die angewandte Kraft muß beträchtlich gewesen sein, besonders, wenn man bedenkt, daß Büsten dieser Art ursprünglich mit einer Füllmasse versehen waren, um dem dünnen Blech Stabilität zu verleihen.

Durch die Restaurierung wurden die einzelnen Silberblechpartien wieder in ihre ursprüngliche, antike Position gebracht und die Züge des Dargestellten so originalgetreu wiederhergestellt.

Im Zusammenhang dieses Schatzfundes ist es naheliegend, dies Bildnis als das des Licinius I. zu identifizieren, besonders wenn man es mit dem Porträtmedaillon der Schale S1 vergleicht. Unverkennbar gleichartig sind Haar- und Barttracht und die militärische Gewandung. Bei der starken, zur Starrheit neigenden Stilisierung von Porträts dieser Zeit, speziell im Ostteil des Reichs, darf man dabei kein ausgesprochen naturalistisches Porträt erwarten. So ist die Größe der weit aufgerissenen Augen ein Stilmittel, das für den Betrachter die Intensität des Blicks erhöhen soll. Die gegenüber der Schale S1 relativ schlanke Halspartie ist auch mehr als Variation zum gleichartigen Porträttyp zu verstehen denn als Beweis dafür, daß hier eine andere Person als Licinius I. dargestellt sein könnte. Wie sehr sich Porträts ein- und derselben Person voneinander unterscheiden können, läßt sich wieder klar anhand unseres Schatzfundes demonstrieren. Die Schalen S2 aus Nicomedia und S3 aus Antiochia stellen die gleiche Person dar, obgleich sie völlig verschieden aussehen und einziges verbindendes Merkmal in diesem Falle die Bartlosigkeit ist.

Aufgrund von zwei Argumenten läßt sich diese Silberbüste daher als Bildnis des Licinius I. identifizieren:

1. Die allgemeinen Merkmale von Bart- und Haartracht machen diese Benennung wahrscheinlich.
2. Im Fundzusammenhang dieses östlichen, vorwiegend mit dem Hof des Licinius I. in Verbindung stehenden Schatzes kommt eigentlich nur dieser Kaiser in Frage.

Akzeptiert man diese Identifikation, so läßt sich auch die intentionelle Zerstörung der Büste erklären. So, wie noch 324 die Gesetze des Licinius I. aufgehoben wurden, verlor auch sein Bildnis jede Bedeutung und wurde daher durch Zerstörung ungültig gemacht.

Die Werkstätte, in der diese Büste gefertigt wurde, ist nicht wie bei den Schalen durch Stempel oder Inschrift genannt. Wir sind also auf Vermutungen angewiesen. Analog zum übrigen Inhalt des Schatzes dürfte man am ehesten die Kaiserresidenz Nicomedia oder Antiochia in Syrien, beides kaiserliche Werk- und Münzstätten, als Herstellungsort vermu-

ten. Der interessante und wohl einmalige Vorgang der modernen Restaurierung dieses Kaiserbildnisses nach seiner Zerstörung im Jahre 324 sei im Folgenden durch E. Roidl beschrieben.

Als die Restaurierung des Objektes in Angriff genommen wurde, befand sich dieses in privatem Besitz. Aus Kostengründen wurde darauf verzichtet, die sonst üblichen Materialanalysen durchzuführen. Alle Arbeitsgänge wurden fotografisch dokumentiert.

Vor der Restaurierung bestand das Objekt aus zwei Fragmenten, von denen eines vollkommen flach gedrückt, das andere jedoch noch als Hohlkörper — wenn auch stark deformiert — erhalten war. Das Material wurde als stark schmutzverkrustetes, oxydiertes und sulfidiertes Silberblech identifiziert, auf dessen Oberfläche sich schuppenartiges oder körniges Material, vermutlich Hornsilber, gebildet hatte.

Die Stärke des Blechs wurde mit 0,2 mm bis 3 mm gemessen, wobei diese Maße in unmittelbarer Nachbarschaft angetroffen werden konnten. An den hochgerollten Rändern des Blechs und ebenso in der Fläche hatten sich in dem versprödeten Metall unzählige Risse und Sprünge gebildet, durch die der Zusammenhalt des Materials äußerst gefährdet war.

Alle Anzeichen deuteten darauf hin, daß die Silberblechfragmente zu einer in Treibarbeit ausgeführten Porträtbüste gehörten. Die archäologischen Ermittlungen legten die Annahme nahe, daß es sich um das Porträt des Kaisers Licinius I. handelte, dessen Profil u.a. auf Münzen überliefert ist.

Unmittelbar einhergehend mit der Konservierung des versprödeten Silbers wurde das Ziel angestrebt, durch behutsames Rückformen des Materials die Büste wiederherzustellen und das Porträt dem ursprünglichen Aussehen anzunähern.

Zur Festigung des Metalls wurde das geeignetste Silberlot ausgewählt. Es wurden unzählige Lötvorgänge durchgeführt, die es in Abständen notwendig machten, die Lötmittelrückstände und Oxyde von der Silberoberfläche zu entfernen. Schritt um Schritt war es so möglich, mit jeweils speziell angefertigten Holzwerkzeugen und Holzmodeln das Blech zu formen, wobei strikt darauf geachtet wurde, dieses nicht zu dehnen.

Überlappende Silberteile, die durch die Bedingungen an der Fundstätte entstanden waren, wurden dachförmig miteinander verbunden und durch Stauchen rückgeformt. Im Vorgang der Rückformung wurde es immer wieder notwendig, schwache Teile des Originalsilbers mit aufgelötetem Silberblech zu stützen. Diese Hilfsbleche wurden mitsamt dem verwendeten Lot bei Erfolg wieder entfernt.

Je weiter die ursprüngliche Form der Büste zurückgewonnen wurde, umso komplizierter gestalteten sich die Rückformungsvorgänge. Um Spannungen im Material zu vermeiden, konnte es z.B. notwendig werden, den Bereich eines Ohres gesondert zu behandeln, damit im Bereich des Auges die Rückformung gelang. Das heutige Aussehen der Büste ergab sich aus der sorgfältigen Rückformung des Silberblechs, das bei der Verwendung von Holzwerkzeugen seine Maße behielt. Aus ästhetischen Gründen wurde das Silber anschließend patiniert.

(E. Roidl)

Nicht mit Sicherheit klären läßt sich der Verwendungszweck der Büste. War sie in einem Tondo eingelassen, so läge eine Erklärung als Teil einer Signumscheibe vielleicht nahe, obgleich die Büste hierzu etwas groß erscheint. Jedenfalls ist sie die offizielle *imago* des Kaisers und zweifellos hatte sie eine entsprechend hohe Funktion, ohne daß wir eine endgültige Erklärung finden könnten.

Vgl. S.69 −70 In diesem Zusammenhang muß nachdrücklich auf die zwei kleineren Silberbüsten im Römisch-Germanischen Zentralmuseum zu Mainz, hier als Nr. 7 und 8 ausgestellt, hingewiesen werden. Sie weisen gleich eine ganze Reihe schlagender Parallelen zu unserer Büste auf: Sie stammen ebenfalls aus dem Osten des Reiches. Beide Stücke waren in der Antike intentionell zerstört worden. Technische Details und die Ähnlichkeiten in der Gestaltung des Gewandes, Gesichts, der Rundfibeln und der Schulterteile des Panzers legen die Vermutung nahe, daß diese beiden Büsten in enger Verwandtschaft zu unserer Liciniusbüste stehen. In der Tat spricht nichts dagegen, sie demselben Schatzfund zuzuordnen. Die beiden bartlosen Köpfchen dürften somit wohl als Büsten des Licinius II. Caesar benannt werden können. Wie die Büste des Vaters, so wurden auch die des Sohnes nach der Absetzung zerstört.

Generelle Überlegungen zum Silberschatzfund

Datierung

Fünf Gefäße des Schatzfundes tragen *Vota*-Inschriften, die sich auf die nach dem Vertrag von Serdica im Jahre 317 er

nannten Caesares beziehen, 3 davon auf die *Vota quinquennalia soluta* des Licinius II. Caesar (S1—3), eine auf seine *vota decennalia suscepta* (S5), eine weitere auf die *vota decennalia suscepta* der beiden westlichen Caesares Crispus und Constantinus II. (S4) aus dem zum westlichen, constantinischen Reichsteil gehörigen Naissus.

Gemäß dem Datum des Jubiläums, das am 31. März 321, dem Beginn des fünften Regierungsjahres, sowie am Ende dieses fünften Jahres feierlich begangen wurde, können wir die Herstellung aller Vota-Schalen auf die Zeit 321/322 eingrenzen, analog zu dem generell über die kaiserlichen Vota und die entsprechenden Münzemissionen Gesagten.

Daß zu den Vota-Schalen mit Innenmedaillon eine in der Gestaltung der Vorderseite völlig gleichartige Emission von Aurei mit den Bildnissen des Licinius I. und des Licinius II. ausgegeben wurde, wird noch weiter auszuwerten sein. Zudem sind in diesem Fall die beiden Münzstätten, welche die Schalen mit den Innenmedaillons herstellten, auch für die Prägung der Aurei zuständig: Nicomedia und Antiochia.

Werkstätten

Naissus ist als offizielle kaiserliche *fabrica,* kaiserliche Werkstätte, mehrfach belegt. Im Bergwerksbezirk von Dardania gelegen, war sie stets wichtiger Mittelpunkt der Metallverarbeitung. Ein heute im Kunsthistorischen Museum zu Wien, im Museum zu Belgrad und in Privatbesitz befindlicher Schatz, gefunden in Naissus (Niš) selbst, enthält insgesamt vier Vota-Schüsseln des Licinius I., die seine Vota *decennalia soluta, vicennalia suscepta* mit der folgenden Inschrift feiern: SIC X/SIC XX im Zentrum, am Rand LICINI AVGVSTE SEMPER VINCAS, Kaiser Licinius, mögest Du stets siegen. Innen tragen diese demgemäß noch vor der Abtretung Moesiens an Constantinus I., also wohl noch 316 hergestellten, Schalen den Werkstättenstempel NAISS(VS). Weitere Silbergefäße dieser Herkunft sind bekannt, z.B. eine Perlrandplatte des Mitte des 4. Jahrhunderts vergrabenen Schatzfundes von Kaiseraugst. Auch Edelmetallbarren mit NaissusStempel sind belegt, einschließlich der späten Goldbarren aus der Zeit des Theodosius I.

Nicomedia in Bithynien ist zweifach in unserem Schatzfund als Werkstätte von Schalen mit Innenmedaillon vertreten. Offensichtlich war die Münzstätte gleichzeitig auch Werkstätte zur Herstellung von Silbergefäßen. Stilistisch weisen die gleichzeitig geprägten Goldmünzen auf die *Vota* des Licinius II. Caesar große Ähnlichkeit mit den Mittelmedaillons der Schalen S1 und S2 auf. Zu der in Frage kommenden Zeit prägte die Münzstätte Nicomedia in fünf *officinae* (Werkstätten). Die erste und die zweite (A und B) sind aufgrund der Aussage dieser Schüsseln auf jeden Fall an der Herstellung der Silbergefäße beteiligt gewesen.

Antiochia in Syrien war ebenfalls Münzstätte mit sogar acht Offizinen. Die Schale S3 mit Mittelmedaillon stammte aus der ersten Offizin A. Die Schale S5 mit der Nennung der *Vota decennalia suscepta* des Licinius II. Caesar dürfte nach der fragmentierten eingepunzten Inschrift ebenfalls hier gearbeitet worden sein. Wie in Nicomedia, so wurde auch hier zu den *Vota* des Licinius II. eine analog gestaltete Goldmünzenserie geprägt.

In den übrigen Münzstätten auf dem Territorium des Licinius II., Heraclea in Thracien, Cyzicus in Kleinasien und Alexandria in Ägypten, sind weder entsprechende Schalen noch Aurei aus diesem Anlaß hergestellt worden.

Die auf den Silberschalen erwähnten Beamten und ihre Funktion

Dreimal, und zwar jeweils auf den Porträtschalen, begegnen uns Eigennamen, deren Deutung noch offen ist und die deshalb näher untersucht werden müssen. Hierzu ist eine genauere Kenntnis des hochentwickelten spätantiken Beamtenapparates und seiner Aufgaben notwendig.

Zur Zeit des Licinius und des Constantin I. unterstand die Edelmetallprägung und die Herstellung der offiziellen Donative, wie sie die Silberschalen mit Porträt oder Vota-Inschrift darstellen, als oberster Instanz dem *rationalis summarum rationum,* der später *comes sacrarum largitionum* hieß. Ein Gesetz des Jahres 384 regelt den Status der diesem *comes* unterstellten Beamten und ist für uns von Wichtigkeit, weil wir auch für die etwas frühere Zeit eine ungefähr gleiche Organisation des Beamtenapparats vermuten dürfen. Nach Rangstufen und Gehalt geordnet werden genannt: Zunächst die Beamten des „*scrinium aureae massae*", der „Goldkanzlei", die für die Verwaltung des Goldes zuständig sind, dann die „*aurifices specierum*", die Goldschmiede. Es folgen die „*aurifices solidorum*", die mit der Herstellung der Goldmünzen befaßt sind. Weiter werden aufgezählt die „*sculptores et ceteri artifices*", die Graveure und die übrigen Künstler; dem „*scrinium ab argento*", dem „Silberbüro", waren wohl die „*argentarii comitatenses*" unterstellt. Möglicherweise darf man in ihnen die für Schalen in der Art unseres Fundes zuständigen Beamten sehen, d.h. Silberschmiede, welche zu offiziellen Anlässen Gefäße fertigten und dem *rationalis* unterstellt waren. Durch zwei weitere Schüsseln von anderem Fundort ist

uns ein in diesem Zusammenhang wichtiges Amt bekannt, das des „*magister nummulariorum*", der wohl gewisse Kontrollfunktionen hatte und durch seinen Stempel oder seine Inschrift für die Feinheit des Silbers garantierte. Daß dies die Aufgabe des *nummularius* war, beschreibt schon Petronius im 1. Jh. n.Chr., wenn er nach dem schwierigsten Beruf fragt, und die Antwort lautet: „*nummularius, qui per argentum aes videt*" (der Münzbeschauer, der durch das Silber hindurch das Erz erspäht: Petronius, Satirae 56, 1—5).

Die Schalen, die das Amt dieses Feinsilberbeschauers nennen, sind ebenfalls Vota-Schalen zu den Decennalien des Licinius. Es sind flache Platten mit kanneliertem Rand, ähnlich unserem Gefäß 6. Analog zu unseren Schalen 1—3 ist im Zentrum ein Medaillonstempel mit dem Porträt des Licinius I. im Profil nach rechts angebracht, die einzige wirkliche Parallele zu unserem Fund. Die zwei gleichartigen Schalen von 620 und 635 g Gewicht sind Erzeugnisse der Münzstätte Heraclea in Thrakien. Das wird deutlich durch die stilistische Verwandtschaft der Medaillons mit den Münzen dieser Münzstätte. Der genannte Flavius Nicanus, *magister bisellarius nummulariorum* (Text der gepunzten Inschrift: O[FFICINA] FLAV[II] NICANI M[AGISTRI] B[ISELLARII] N[VMMVLARIORVM]), war also Beamter dieser Münzstätte, als die Platten gefertigt wurden. Wieweit die Lesung des „MB" richtig ist, sei dabei hier offengelassen; *bisellarius* würde dem Beamten Anrecht auf einem „zweisitzigen" Ehrenstuhl geben, ein bisweilen überlieferte Ehre. Fest steht jedenfalls die Einordnung des Mannes in die Hierarchie der Münzbeamten *(monetales)* und *nummularii,* und das ist für unsere Betrachtung wesentlich.

Aus der Umschrift des Mittelmedaillons geht der Fertigungstermin (317/18 n.Chr.) eindeutig hervor: LICINIVS INVICT(VS) AVG(VSTVS) OB DIEM X SVORVM (= Der unbesiegte Kaiser Licinius aus Anlaß seines 10jährigen Regierungsjubiläums). Gefunden wurden diese beiden Platten zu Červenbreg in Bulgarien, also in Thrakien.

Wahrscheinlich gehörte Fl. Nicanus ebenfalls zur Gruppe der *argentarii.* Denn für ihn ist auf einem weiteren, nicht offiziellen Gefäß die Berufsbezeichnung *vascularius*, d.h. Gefäßschmied, belegt: OF(ICINA) FLAV(II) NICANI VASC(VLARII) steht auf einem Silbergefäß, das zu Srem in Jugoslawien gefunden wurde.

Gehen wir von den genannten Ämtern und den thrakischen, unseren Gefäßen ähnlichen Funden aus, dann kann man mit großer Wahrscheinlichkeit annehmen: Die Stempel auf Schale S1 bis S3 unseres Fundes nennen neben der Münzstätte und Offizin den zuständigen Silberkontrolleur, in Nicomedia Aedesius und Eut . . . (z.B. Eutolmius, Eutropius, Eutychianus), wobei offensichtlich für jede Offizin ein eigener Beschauer für das Silber zuständig war, in Antiochia Eustochius. Dieser Posten war wohl dem *procurator monetae*, dem obersten Verwaltungsbeamten der Münzstätte, unterstellt. Von diesem Amt wissen wir durch die Notitia Dignitatum, einem Verwaltungshandbuch des spätrömischen Reiches (vgl. Not. Dign. Occ. XI).

Man könnte natürlich bei den Stempeln mit Namen auch an die Nennung des Graveurs der in die Schalen kunstvoll eingeprägten Medaillons denken. Eine einfache Beobachtung widerlegt aber diese Annahme: Die Medaillons des Licinius I. und Licinius II. von Nicomedia zeigen dieselbe Künstlerhand; Haare und Ohren, Gewandfalten und die ganze Durchmodellierung des Gesichts sind gleichartig. Die beiden Schalen müßten also in diesem Falle dieselbe Künstlersignatur tragen.

Zu den Gewichten der Schalen

Bei den mit offiziellen, auf den Kaiser bezogenen Inschriften versehenen Schalen lohnt es sich, das Gewicht näher zu untersuchen, besonders wenn durch Kontrollstempel oder Werkstättenangabe die Verantwortlichkeit einer bestimmten Stelle angegeben ist. Die Schale S8 ist außerdem ausdrücklich mit der Angabe des Gewichts versehen, das es zu überprüfen gilt.

Gehen wir versuchsweise vom schweren römischen Pfund, wie es Constantin zur Grundlage seines Währungssystems machte, aus. Es wog 326,16 g, und demnach ergibt sich: Unsere Schalen S1—S3 mit dem Bildnis der Licinii wiegen durchweg ein römisches Pfund. Die Abweichungen vom Pfundgewicht liegen zwischen 3 und 10 g, sind also gering und könnten wohl teils auf Gewichtsverluste durch rezente Reinigung, teils auf ungenaues Wiegen in der Antike zurückzuführen sein.

Die vollständig erhaltene Vota-Schale S4 aus Naissus wiegt knapp 1½ römische Pfund. Dies Gewicht sollte wohl auch die (heute fragmentierte) Vota-Schale S5 aus Antiochia haben.

Ein rundes Pfundgewicht haben übrigens auch Schalen dieser Art von anderen Fundorten. Die zwei Schalen von Červenbreg, hergestellt in der Münzstätte Heraclea und mit Beschauzeichen versehen, wiegen heute 620 bzw. 635 g, also knapp 2 römische Pfund, was man wieder als Sollgewicht annehmen kann.

Die in Wien befindliche Vota-Schale aus Niš wiegt wiederum ungefähr ein römisches Pfund, nämlich 309,2 g.

Da das römische Pfund Schwankungen ausgesetzt war und man es für das 4. Jh. zwischen 316 und 324 g ansetzen muß, wird man auch hier von einem etwas geringeren Gewicht des Pfundes ausgehen müssen. Festzuhalten ist auf jeden Fall: Die Vota-Schüsseln sind wohl alle auf ein Ein- und Mehrfaches, auch Anderthalbfaches des römischen Pfundes ausgewogen worden.

Auf der inschriftlosen Schale S8 ist am Boden die Gewichtsangabe von 6 Unzen, 3 *scripula* gemacht worden. Heute wiegt sie 162,24 g. Da 12 Unzen das römische Pfund ergeben und 24 *scripula* auf die Unze gehen, so ergeben sich nur geringe Abweichungen vom oben geschilderten Gewichtssystem.

Nimmt man diese Gewichtsangabe als absoluten Maßstab, so käme man auf ein tatsächliches Gewicht des römischen Pfundes von 317,865 g. Auch dies ist also ein Beleg dafür, daß die Grundeinheit, das römische Pfund, hier wohl etwas niedriger anzusetzen ist als das schwere constantinische Pfund.

Die offizielle Funktion der Silberschalen mit kaiserlichen Inschriften und Bildern

Aus allem, was bisher über Werkstätten, Inschrift, Bild und Fertigungspersonal gesagt wurde, ergibt sich der offizielle Charakter der Schalen S1—S5 unseres Fundes, und es stellt sich die Frage nach dem Verwendungszweck.

Schon für das 3. nachchristliche Jahrhundert bezeugt die im späteren 4. Jh. entstandene *Historia Augusta*, eine Sammlung von Kaiserbiographien, die Verwendung von silbernen Schalen als Ehrengabe an hochgestellte Persönlichkeiten. Sie beschreibt eine solche Verwendung einmal unter dem Kaiser Valerianus (253/259 n.Chr.) und dann unter dessen Sohn, dem Kaiser Gallienus (253/268 n.Chr.). Valerian läßt dem späteren Kaiser Probus als Ehrengabe unter anderem eine silberne, polierte Pfanne übersenden *(Scriptores Historiae Augustae, Vita Probi* 4, 3 ff.). Gallienus überreicht dem späteren Kaiser Claudius einen ganzen Schatz von Silbergeschirr, darunter „mit Edelsteinen verzierte dreipfündige Schalen", um ihn für sich zu stimmen *(Scriptores Historiae Augustae, Vita Claudii* 17, 5 ff.).

Auf den uns erhaltenen bildlichen Darstellungen der Notitia Dignitatum, dem spätantiken Handbuch für Rang und Ämter, sind unter den Insignien des *comes sacrarum largitionum* silberne Schalen abgebildet, die mit Münzen gefüllt sind. Aufgabe des *comes*, entsprechend dem früheren Amt des *rationalis,* war u.a. die Vergabe von Ehrengeschenken zu besonderen Anlässen, die aus den ihm unterstellten Werkstätten stammten. Dazu gehörten offensichtlich Schalen wie die unseren, gefüllt mit Gold.

Diese Ehrengeschenke bestanden natürlich nicht ausschließlich aus Schalen mit normalem Geld, etwa Aurei oder Solidi. Auch die seltenen und kostbaren spätantiken Medaillons, mehrfache Stücke der römischen Goldmünzen, wurden als Gaben überreicht.

Vgl. auch S. 189 In unserem Falle der Medaillonschalen der Licinii ist offenkundig, daß die gleichartig gestalteten Aurei aus Nicomedia und Antiochia, ebenfalls aus Anlaß der *Vota quinquennalia soluta* des Licinius II. Caesar gefertigt, in eben solchen — und diesen — Silberschalen als Geschenke am Hofe des Licinius I. überreicht wurden.

Als Nächstes stellt sich die Frage nach den besonderen Anlässen zu solchen aufwendigen Repräsentationsgeschenken. Es bieten sich an: Regierungsantritte, besondere Siege und Triumphe, Regierungsjubiläen, Konsulatsantritte. In unserem Fall ist der Anlaß vermerkt und deutlich als die *Vota* des Licinius II. bzw. im Falle der Schale S4 der Constantinssöhne Crispus und Constantinus II. gekennzeichnet. Auf S. 90 ff. ist auf diese *Vota* und die mit ihnen verbundenen Zeremonien und Donativa besonders eingegangen.

Ein frühbyzantinischer Schriftsteller schildert die Übergabe von solchen Geschenken aus besonderem Anlaß, in diesem Falle an den oströmischen Senat. Es handelt sich um ein Gedicht des Corippus zum Lob des Kaisers Justinus II. (565/578 n.Chr.). Corippus berichtet (*In laudem Justini* 109):

„*Hinc vetus argentum formas speciesque novatum / in varias, pressum titulis sculptumque figuris / excelsis portant umeris . . .*"

Es wird also altes, umgeprägtes Silber hereingebracht, mit Inschriften beprägt und mit Reliefs versehen. Nach der Begrüßung des Kaisers durch den Senat folgt die Verteilung der Ehrengaben (*In laudem Justini*, 140 ff.):

„*inde senatorum sacro recitantur ab albo / nomina, conscripti patres qua voce citati / accedunt hilares, subeuntque altissima sedis / culmina, praetendunt dextras, et praemia sumunt / consulis et mundi domini, donisque superbi / fulvo plena ferunt argentea vasa metallo.*"

Frei übersetzt lautet die Stelle folgendermaßen: „Dann werden die Namen der Senatoren aus der kaiserlichen Liste vorgelesen. Die aufgerufenen Väter kommen freudig herbei und nahen sich dem hocherhabenen Thron. Sie strecken ihre Rechte aus und empfangen die Gaben des Consuls, des Weltherrschers; stolz auf ihre Geschenke tragen sie silberne Schalen gefüllt mit Gold vor sich her." Hier handelt es sich um Geschenke des Kaisers zur Feier seines Konsulatsantrittes, der jeweils zu Beginn eines neuen Jahres gefeiert wurde.

Ganz ähnlich mag man sich die Verteilung der Vota-Schalen unseres Fundes vorstellen.

Das Kaiserbildnis und seine Bedeutung

Im monarchischen Zeremoniell der späteren Kaiserzeit gilt das Abbild des Kaisers als besonders verehrungswürdig — ebenso verehrungswürdig wie die Person des Kaisers selbst. Beim Regierungsantritt wurde in den kaiserlichen Werkstätten die „*imago laureata*", das offizielle Porträt im Lorbeerkranz, gefertigt und in alle Provinzen verschickt. Der spätantike Fachschriftsteller Vegetius z.B., Verfasser einer Studie über das Kriegswesen, weist darauf hin, daß das Heer die „göttlichen" Bildnisse der Kaiser so verehrt, als seien diese selbst anwesend (*Epitome rei militaris* 2, 5.6: *Tamquam praesenti et corporali deo fidelis est praestanda devotio*). Auch konnte die kaiserliche Büste zum Rangabzeichen, zur kaiserlichen Legitimation eines hohen Beamten werden. Das uns erhaltene spätantike Handbuch zu den kaiserlichen Ämtern, Vgl. auch S. 68 die Notitia dignitatum gibt uns einige Beispiele zu solchen auf Ständern montierten Büsten.

Betrachtet man unter diesen Gesichtspunkten die in der Antike erfolgte gründliche Zerstörung der Licinius I.-Büste unseres Schatzes (S10) und ebenso die der beiden kleineren, von mir als Licinius II. angesprochenen Büsten aus Mainz, so wird ihre Bedeutung klar. Hier wurde nicht einfach ein Kunstwerk zerstört, sondern Macht und Autorität — der Kaiser wurde gewissermaßen symbolisch vernichtet.

Auch den Schalen S1—S3 mit den Bildnissen der Licinii kommt daher eine besondere Bedeutung zu, die die einer etwa mit mythologischen Szenen verzierten Schüssel weit übertraf.

In dem Medaillonporträt des Licinius I. besitzen wir zudem zweifellos das qualitätvollste erhaltene Reliefporträt dieses Kaisers überhaupt. Dasselbe gilt für das Bild des Licinius II. Caesar auf Schale S2. Etwas schematischer, starrer wirkt dagegen das Bildnis des Licinius II. auf Schale 3 von Antiochia. Bei allen drei Porträts ist zudem die kaiserliche Tracht sorgfältig wiedergegeben. Besondere Aufmerksamkeit verdient hierbei der kaiserliche Fibelschmuck auf unseren drei Schalen. Die Rundfibeln der Schalen von Nicomedia und die Fibel der Schale aus Antiochia, wohl eine Zwiebelknopffibel mit reicher Steinverzierung im Zentrum, sind uns in vergleichbaren Originalen aus besonders reichen Schatzfunden erhalten.

Kaiserbüsten (rechts oben) auf Ständer als Insignie in der Spätzeit: Notitia Dignitatum. Insignis viri illustri praefecti praetorio per Illyricum.
Nach O. Seeck, Notitia dignitatum accedunt Notitia Urbis Constantinopolitanae et Latercula Provinciarum (1876)
Vgl. vorhergehende Seite.

Abschließende Wertung

Für unseren Schatzfund ergibt sich aus all diesen Zeugnissen, daß er ein offizielles Dokument der kaiserlichen *Largitas*, der Freigiebigkeit, darstellt. Der oder die Empfänger dieses Silbergeschirrs waren zweifellos hochgestellte Persönlichkeiten, die dem Kaiser als Senatoren, kaiserliche Hofbeamte oder Militärs hohen Ranges besonders nahestanden. Licinius I. und sein Sohn haben möglicherweise selbst die Schalen übergeben. Die Schale der Constantinssöhne aus Niš (S4) aus dem Territorium des Constantinus I. gibt einige Rätsel auf. Es wäre sehr unwahrscheinlich, daß ein Würdenträger von beiden, zum Zeitpunkt der *Vota quinquennalia soluta* der Caesares im März 321 bereits wieder verfeindeten Kaisern Ehrengeschenke erhalten hätte.

Die ursprünglich im Fund völlig zerstörte Büste des Licinius I. erhöht natürlich den offiziellen Charakter des Fundensembles. Wurde das Bild des Kaisers von einem seiner ehemaligen Funktionäre aus Enttäuschung und Wut über die Niederlage seines Herrn zerschlagen und dann als immerhin wertvolles Edelmetall verborgen? Oder ist der ganze Fund das Beutegut plündernder Soldateska, in den Kriegswirren vergraben?

Festseht, daß die wertvollen Silbergefäße und die Büste ursprünglich einer oder mehreren Persönlichkeiten aus der unmittelbaren Umgebung des Kaisers Licinius I. gehörten. Offensichtlich im engen Zusammenhang mit dem siegreichen Vordringen des Constantinus I. und der katastrophalen Niederlage des Licinius I. im Jahre 324 wurde dieses Silber vergraben. Später hatten der oder die Besitzer dann keine Gelegenheit mehr, den Schatz zu bergen.

Für uns ist dieser Schatzfund Zeitzeuge historischer Vorgänge von größter Bedeutung für die abendländische Geschichte: den endgültigen Sieg Constantins und damit die Entwicklung des römischen Reiches zum christlichen Imperium.

Archäologische Zeugnisse des spätantiken Staates

Zwei bemerkenswerte Dokumente aus dem in der Ausstellung behandelten Zeitraum haben sich in Bayern erhalten: eine Inschrift von Prutting, Ldkr. Rosenheim (Nr. 10) nennt die Kaiser Maximin, Konstantin und Licinius (zwischen 311 und 313 n.Chr.), und ein Meilenstein von Chieming, Ldkr. Traunstein stammt aus der Zeit der Alleinherrschaft Konstantins (nach 324 n.Chr.). Die Inschrift des Meilensteins lautet:

> Domino Nostro
> FLAVIO VALerio CONSTANTINO
> MAXimo VICTori
> SEMPER AVGusto
> BONO Rei Publicae NATVS

> Für unseren Herrn
> Flavius Valerius Constantinus,
> größten Sieger,
> allzeit Augustus,
> zum Heil des Staates geboren.
> (Vollmer 481; Winkler 147 II).

Ebenfalls in den offiziellen Bereich gehören einige Objekte, die durch ihr kostbares Material (massives Gold, Goldblechüberzug oder Vergoldung) oder gar zusätzliche Inschriften entsprechend charakterisiert sind. Es handelt sich einerseits um Auszeichnungen an verdiente Beamte oder Offiziere, andererseits um Uniformteile und Helme, die man ebenfalls am ehesten hochrangigen Militärs zuweisen kann.
So hat Kaiser Maxentius die Goldfibel Nr. 11 im Jahr 308 oder 309 verliehen und Kaiser Konstantin den Goldring Nr. 12 von Augsburg zwischen 312 und 324 vergeben.
Ähnlich zu interpretieren — wenn auch aufgrund des billigeren Materials auf einer niedrigeren Ebene — sind vergoldete Bronzefibeln mit Darstellungen von Kaiserbüsten aus dem fortgeschrittenen 4. Jahrhundert, die ebenfalls am Offiziers- oder Beamtenmantel getragen wurden (Nr. 13—15; nur die letzte in Bayern gefunden). Hier begegnet als Indiz nachkonstantinischer Zeitstellung gelegentlich auch das Christogramm: Christentum als Staatsreligion. Freilich sind diese Rangabzeichen kein Beweis für den christlichen Glauben des jeweiligen Trägers, da sie primär den Glauben des Kaisers bezeugen, auf den die Verleihung letztlich zurückgeht.
Schließlich müssen in diesen Zusammenhang auch zwei vergoldete Helme eingereiht werden, die bei Augsburg gefunden wurden (Nr. 16—17) und einst von Offizieren getragen worden sind.

Am Schluß der Ausstellungsstücke offiziellen Charakters stehen als Beispiele für das staatliche Hineinwirken des Kaiserhauses in das alltägliche Wirtschaftsleben eine geeichte Schnellwaage (Nr. 18) sowie eine Reihe an solchen Waagen verwandter Laufgewichte in Form von Kaiserinnenbüsten (Nr. 19—21): die Mitglieder des Kaiserhauses als Garanten für Gewicht und Geldwert, für Recht und Ordnung.

7 Porträt eines jugendlichen Herrschers
Östlicher Mittelmeerraum
Ende 3./Anfang 4. Jahrhundert n.Chr.
H 11 cm
Mainz, Römisch-Germanisches Zentralmuseum Inv. 0.39760

Die Silberbüste zeigt einen bartlosen Mann in Muskelpanzer und fransenbesetztem Paludamentum, das auf der rechten Schulter von einer Scheibenfibel zusammengehalten wird. Die Darstellung als Feldherr legt eine Deutung als Kaiserporträt nahe, und zwar aus tetrarchischer Zeit.

Die Büste ist aus einem Stück Silber durch Hämmern herausgetrieben. Sie war ursprünglich mit einer unbekannten Füllmasse versehen (Gips, Pech, o.ä.) und saß wohl, zusammen mit Nr. 8, auf der Querstange eines Feldzeichens *(signum).*

Das Silberköpfchen wurde bereits in der Antike bewußt demoliert, indem man es mit einem schweren Gegenstand zusammenschlug und verbog. Bei der Restaurierung ließen sich die Deformierungen nicht völlig beseitigen.

E. Künzl, Zwei silberne Tetrarchenporträts im RGZM und die römischen Kaiserbildnisse aus Gold und Silber. Jahrb. RGZM 30, 1983, 381 ff.; Spätantike Nr. 29 (M. Weber).

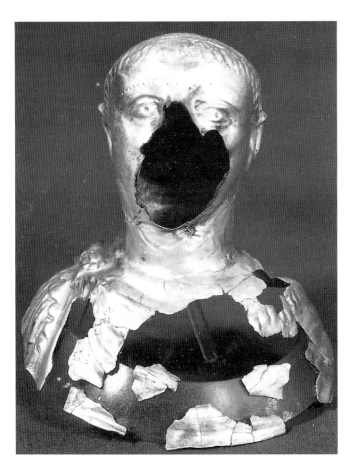

8 Porträt eines jugendlichen Herrschers
Östlicher Mittelmeerraum
Ende 3./Anfang 4. Jahrhundert n.Chr.
H 12 cm
Mainz, Römisch-Germanisches Zentralmuseum Inv. 0.39761

Silberbüste eines bartlosen Mannes in Muskelpanzer und fransenbesetztem Paludamentum, das auf der rechten Schulter von einer Scheibenfibel zusammengehalten wird.

Das Stück ähnelt der Büste Nr. 7 technisch und stilistisch. Schon in der Antike hat man mittels eines spitzen Gegenstandes das Gesicht herausgetrennt. Zusammen mit Nr. 7 saß das Köpfchen ursprünglich auf der Querstange eines Feldzeichens *(signum).*

Lit. wie Nr. 7.

9 Notitia dignitatum (Farbtafel S. 62)
Kopie einer karolingischen Abschrift des antiken, zuletzt um 425 n.Chr. redigierten Textes, angefertigt im Auftrag des Kurfürsten Ottheinrich von der Pfalz um 1542
München, Bayerische Staatsbibliothek Cod. Clm. 10291

Die sogenannte *Notitia dignitatum* ist ein nach den beiden ersten Worten ihres längeren Titels zitiertes Staatshandbuch des 4. oder der ersten Hälfte des 5. Jahrhunderts n.Chr. Sie gibt eine Übersicht über die Reichsverwaltung der Spätantike, indem sie — im Westen beginnend — die zivilen Behörden, die hohen militärischen Ränge (einschließlich der Kommandanten der Grenztruppen und ihrer Standorte) und die obersten Hofämter der beiden Reichsteile aufzählt. Am Anfang der jeweiligen Kapitel sind die Amtsinsignien abgebildet, die den Rang des Beamten bezeichnen, sowie charakteristische Gegenstände seiner Tätigkeit.

Das ausgestellte Blatt zeigt — wie die Überschrift vermeldet — die Insignien des *Comes sacrarum largitionum* im Westreich, also des Hofbeamten mit der Funktion des Finanzministers, der für die Vergabe von Ehrengeschenken zuständig war. Neben Münzen, Geldbeuteln, einem Holzkästchen, einem zylindrischen Behälter, Fibeln, Gürtelschnallen und blattförmigen Votiven sind auch mit Geldstücken oder Medaillons gefüllte Largitionsschalen dargestellt.

Der antike Text ist nur in Abschriften von einer karolingischen Abschrift erhalten, die bis zur Mitte des 16. Jahrhunderts in der Dombibliothek von Speyer aufbewahrt wurde.

O. Seeck, Notitia dignitatum (1876, Reprint 1969); P. Bartholomew/R. Goodburn (Hsg.), Aspects of the Notitia Dignitatum (1976); Gallien in der Spätantike Nr. 11—13 (K. Weidemann).

10 Weihealtar an Victoria
Prutting, Ldkr. Rosenheim
Zwischen 5.5.311 und Spätsommer 313 n.Chr.
H 152 cm
Prutting, Pfarrkirche (Nachbildung München, PStslg. Inv. 1988, 5628)

Die Votiv-Ara aus Untersberger Marmor ist 1,52 m hoch, 0,99 m breit und 0,69 m tief. Auf den beiden Seiten sind Waffen dargestellt (links Schilde, Lanzen, Helm, Köcher und Pfeile, rechts Pfeile, Bogen und Panzer), auf der Vorderseite oben zwei nach außen gewandte Panther, über der Inschrift zwei liegende Voluten. Die leicht vertiefte Inschriftfläche zeigt, daß der Stein ursprünglich eine andere (ältere) Inschrift trug, die vor Anbringung der jetzigen Inschrift weggemeißelt wurde. Die Inschrift lautet (Ergänzungen nicht erhaltener Teile in eckigen Klammern, Auflösung von Abkürzungen in Kleinbuchstaben):

VICTORIAE AVGVSTAE
[SAC]RVM PRO SALVTEM
[DD(= dominorum)] NN(= nostrorum) MAXIMINI ET
[CON]STANTINI ET LICINI
[SE]MPER AVGGustorum AVRelius SENECIO
[Vir Perfectissimus] DVX TEMPLVM NVMINI
EIVS EX VOTO A NOVO FIERI IVSSIT
PER INSTANTIAM VALerii SAM
BARRAE PraePositi EQQuitibus DALMatis AQ
VESIANIS COMITatensibus Laetus Libens Merito
OB VICTORIA FACTA ante diem V Kalendas IVLIAS
ANDRONICO ET PROBO COnSulibus

Victoria, der kaiserlichen Siegesgöttin,
geweiht! Für das Heil
unserer Herren Maximinus und
Constantinus und Licinius,
der allzeit Erhabenen, hat Aurelius Senecio,
Seine Exzellenz, Militärbefehlshaber, den Tempel ihrem göttlichen
Wesen nach seinem Gelöbnis neu bauen lassen
unter der Leitung des Valerius Sam-
barra, Kommandant der Dalmatischen Aquesianischen Reiter
des Feldheeres, froh und gern nach Gebühr,
wegen des Sieges am 5. Tag vor den Kalenden des Juli
im Jahr, als Andronicus und Probus Konsuln waren (= 310 n.Chr.)

71

Die Deutung und historische Einordnung der Inschrift ist schwierig, da die mitgeteilten Fakten nicht durch andere Quellenangaben zu kontrollieren sind.

Die Datierung des Steines ergibt sich daraus, daß der am 5.5.311 n.Chr. gestorbene Tetrarch Galerius nicht mehr aufgeführt ist, wohl aber der im Spätsommer 313 verstorbene Maximin. Unstrittig ist auch das Datum der Schlacht vom 26.6.310 n.Chr. Nicht bekannt ist, wo und gegen wen die Schlacht stattfand, desgleichen werden der Truppenkommandeur Aurelius Senecio, die Truppe der aquesianischen Dalmater-Reiter und ihr Führer Valerius Sambarra nirgends sonst überliefert.

Zur Interpretation ist daher weiter auszuholen. Im Jahr 293 war mit Einführung der ersten Tetrarchie durch Diokletian eine Verfassungsreform erfolgt: Diokletian und Maximian adoptierten ihre Gardepräfekten Galerius in Nikomedia und Constantius Chlorus in Mailand und erhoben sie zu Caesares, d.h. zu Mitregenten und praesumptiven Nachfolgern. Diokletian erhielt den Osten des Reiches mit der Residenz Nikomedia, Maximian Italien und Afrika mit der Residenz Mailand, Galerius Illyrien, Makedonien und Griechenland mit der Residenz Sirmium und Constantius Spanien, Gallien und Britannien mit den Residenzen Trier und York.

Im Jahr 297 folgte im Zuge der Verwaltungsreform eine neue Provinzeinteilung (praktisch eine Verdoppelung durch Unterteilung) mit 12 Diözesen als größeren Einheiten. Raetien wurde damals (oder etwas später) unterteilt in Raetia Prima (Raetia I) mit Verwaltungssitz Chur und Raetia secunda (Raetia II) mit Verwaltungssitz Augsburg, Noricum in Noricum mediterraneum mit Verwaltungssitz Virunum und Noricum ripense mit Verwaltungssitz Wels (später Wels und Lauriacum).

Nach dem Tod des Galerius im Jahr 311 gehörte Raetia II zum Reichsteil des westlichen Augustus Licinius, während Noricum bis zu dessen Tod im Jahr 313 zum Gebiet des östlichen Caesars Maximinus Daia gehörte.

Prutting liegt in Noricum ripense; der Stein wird jedoch ursprünglich nicht hier, sondern am Tempelstandort gestanden haben, für den in erster Linie das rund 5 km entfernte Pons Aeni — Pfaffenhofen am Inn, wohl kaum jedoch das rund 20 km entfernte Bedaium — Seebruck am Chiemsee in Frage kommen. Ein so weiter Transport des rund 2,6—2,9 Tonnen schweren Steines wäre weit weniger wahrscheinlich als die kürzere Strecke von Pons Aeni her. Die mit einiger Wahrscheinlichkeit aus Seebruck verschleppten Weihungen an die Chiemseegottheit Bedaius sind sämtlich nicht weiter als 6—8 km transportiert worden und sind durchweg wesentlich leichter als der Pruttinger Stein. Nach Auskunft der Notitia dignitatum, einem Staatshandbuch des 4. bzw. frühen 5. Jahrhunderts n.Chr., gehörte aber damals die Besatzung des Kastells von Pons Aeni zur Raetia II. Das bis dahin zu Noricum gehörende westliche Innufer war also wohl bei der Provinzreform zu Raetia II geschlagen worden, so daß nunmehr der Fluß die Grenze bildete.

Aurelius Senecio kann, wenn man vom Standort des Steines (und damit des Tempels) in Pons Aeni ausgeht, Kommandeur der raetischen Grenztruppen oder — wenn man vom Standort Seebruck ausgeht — der norischen Grenztruppen gewesen sein. Die Nennung des Maximin an erster Stelle spricht für Noricum; auch für die sonst nicht bekannte Einheit des Feldheeres gibt es in zwei Kastellen des norischen Donauabschnittes Schwester-einheiten, die zum limitanen Heer gehörten, nämlich equites Dalmatae in Arelape — Pöchlarn und Augustiana — Traismauer.

Nun kann bei einer kriegerischen Auseinandersetzung natürlich der Kommandeur der Grenztruppen einer Provinz die Grenze überschritten und in der Nachbarprovinz einen Sieg errungen haben, den er dann dort durch Tempel und Weihestein feiert. Es bleibt aber auch die Möglichkeit, daß durch die neue Grenzziehung die ehemals zur Siedlung und dem nachmaligen Kastell von Pons Aeni auf dem Kastenfeld gehörenden Anlagen auf dem rechten, östlichen Flußufer — insbesondere das Mithraeum und der Friedhof am Doblergraben — nunmehr von Pons Aeni abgetrennt bei Noricum verblieben. So könnte auch der Victoria-Tempel irgendwo auf diesem — immer norischen — Ufer hoch über dem Fluß gestanden haben.

Der Wiederaufbau des Tempels und die daran erinnernde Stiftung des Inschriftsteines erfolgten nach der Konferenz von Mailand des Galerius und Licinius vom 30.4.311 n.Chr., vielleicht auch erst nach dem Sieg Konstantins an der Milvischen Brücke. Jedenfalls wäre der Aufbau des Victoria-Tempels nach diesem Sieg, im Augenblick besten Einvernehmens zwischen Konstantin und Licinius, besonders plausibel. So bezeugt der Stein, daß es in Pons Aeni im zweiten Jahrzehnt des 4. Jahrhunderts durchaus noch Anhänger des alten Glaubens gab — in erster Linie wohl beim Militär, während die Zollbeamten sich dem Mithraskult schon im 3. Jahrhundert zugewandt hatten (vgl. unten S. 207 ff.).

Schließlich bietet sich aufgrund einer Nachricht in der Origo Constantini eines namentlich nicht bekannten spätantiken Historikers, des sog. Anonymus Valesianus, eine weitere interessante Verknüpfungsmöglichkeit der Pruttinger Inschrift mit der großen Politik an. Den Sachverhalt schildert der Althistoriker Ernst Kornemann folgendermaßen: Constantin „ließ den mit seiner Halbschwester Anastasia vermählten Bassianus zum Caesar wählen, dessen Bruder Senecio ein Parteigänger des Licinius war. Er teilte ihm Illyricum gewissermaßen als Pufferstaat zwischen beiden Reichen zu. Daß diese Neuregelung nicht von Dauer war, lag an Licinius. Bassianus' Bruder wurde von ihm angestiftet, Constantin zu töten. Aber dieser entdeckte die Verschwörung, ließ Senecio hinrichten und forderte die Auslieferung des Bassianus. Als sie verweigert wurde, kam es im Jahre 314 zu dem ersten Kriege zwischen den beiden Machthabern."

Es ist nicht mit letzter Sicherheit zu beweisen, daß dieser Senecio und der in der Inschrift genannte Senecio identisch sind, aber es ist eine interessante Möglichkeit.

CIL III 5565 = 11771; Vollmer Nr. 5; CSIR I Nr. 526; A. Obermayr, Römersteine zwischen Inn und Salzach (1974) 24—32; für Pons Aeni: W. Torbrügge, Vor- und Frühgeschichte in Stadt und Landkreis Rosenheim (1959) 125; CSIR S. 122; für Bedaium: G. Alföldy, Noricum (1974) 203 mit Anm. 310; G. Winkler, Die Reichsbeamten von Noricum und ihr Personal bis zum Ende der römischen Herrschaft (1969) 105 f.; Ingomar König, Origo Constantini. Anonymus Valesianus Teil I (Text und Kommentar). Trierer Hist. Forsch. 11 (1987) 116 ff.

11 „Kaiserfibel" des Maxentius

Gefunden am caput Adriae (Aquileia oder Centur bei Koper) 30.4.308 — Sommer 309 n.Chr.
München, PStslg. Inv. 1978, 142

Die goldene Zwiebelknopffibel ist 5,3 cm lang und wiegt 46,90 g. Nadel und Scharnierachse fehlen, Bügel und Querachse sind leicht verbogen.

Die Oberseite von Fuß und Bügel ist mit einem niellogefüllten Band verziert, das eine Ranke freiläßt. Der Querarm trägt eine volutenartige Verzierung. Beide Bügelseiten zeigen eingravierte, mit Niello gefüllte Inschriften: links vom Fuß zum Querarm **MAXENTI VINCAS**, rechts vom Querarm zum Fuß **ROMV-LE VIVAS**.

Gewandverschlüsse dieser Form gehören zur spätantiken Amtstracht und Uniform von Beamten und Offizieren. Aus bildlichen Darstellungen ist die Tragweise (Fuß nach oben, Querarm unten) bekannt. Neben der normalen Ausführung aus Bronze begegnen auch vergoldete und silberne Stücke. Besonders reich verzierte Exemplare des 4. Jahrhunderts wurden auch aus reinem Gold hergestellt.

Einige goldene Fibeln tragen Inschriften mit Kaisernamen — die Reihe der derzeit bekannten Stücke (darunter auch eines aus Bronze) reicht von Diokletian (303/4) bzw. der ersten Tetrarchie (284—305), Maximian (284—305 bzw. 307/308) und Constantius Chlorus (293—306) über Konstantin (306/307 und 315/316) bis zu Iulian Apostata (361—363).

Die Kaisernamen bedeuten nicht, daß diese Fibeln von den jeweiligen Kaisern getragen wurden (deren Gewandspangen waren große, meist edelsteingeschmückte Broschen mit Pendilien, wie Darstellungen u.a. auf Mosaiken und Originalfunde zeigen). Es handelt sich vielmehr um Auszeichnungen in der Art einer Jubiläums- und Erinnerungsgabe für verdiente höhere Amtsträger und Offiziere (R. Noll). Dies geht schon aus dem Formular der Inschriften hervor, die jeweils auf Regierungsjubiläen (die Dezennalien von Diokletian und Licinius bzw. das 20jährige Jubiläum des Diokletian und die Dezennalien des Konstantin) hinweisen oder Glück- und Segenswünsche ausdrücken.

So auch die vorliegende Fibel. Sie wünscht dem am 28.10.306 von der Prätorianergarde in Rom zum Kaiser ausgerufenen M. Aurelius Valerius Maxentius „Sieg" und seinem Sohn Romulus „Leben" (**VINCAS** du mögest siegen, **VIVAS** du mögest leben).

Maxentius war Sohn des Tetrarchen Maximianus Herculius und durch Heirat mit Valeria Maximilla Schwiegersohn des Tetrarchen Galerius Maximianus. Er trat am 20.4.308 mit seinem damals etwa 14jährigen Sohn Romulus den Konsulat an, dem im folgenden Jahr beider zweiter Konsulat folgte. Da Romulus in diesem Jahr (wohl im Sommer) starb, ist die Herstellungszeit der Fibel somit wohl auf 308/309 einzuengen.

Wann die Fibel in den Boden gelangte, ist schwer zu sagen. In der Fundgegend am caput Adriae stießen der Machtbereich des Maxentius und der Tetrarchen Galerius und Licinius zusammen. Es muß dort auch Kämpfe gegeben haben, wie die Bearbeitung der Münzschatzfunde von Centur für das Jahr 310 ergeben hat (H.-J. Kellner). Ebensogut kann aber auch ein Anhänger des Maxentius das kostbare (und kompromittierende) Stück nach Niederlage und Tod des Maxentius in der Schlacht an der Milvischen Brücke am 28.10.312 dem Boden anvertraut haben.

H.-J. Kellner, Eine „Kaiserfibel" des Maxentius. Archäol. Korrespondenzbl. 9, 1979, 209 ff. — Zum Typ allgemein: R. Noll, Eine goldene Kaiserfibel aus Niederemmel vom Jahre 316. Bonner Jahrb. 174, 1974, 221 ff.; ders., Zur goldenen „Kaiserfibel" aus Arezzo (ehemals in Florenz). Ebd. 176, 1976, 179 ff.; M.R. Alföldi, Die Niederemmeler „Kaiserfibel": Zum Datum des ersten Krieges zwischen Konstantin und Licinius. Ebd. 183 ff.

12 Treuering des Kaisers Konstantin

Augsburg (gefunden 1876)
306—337 n.Chr. (zwischen 312 und 324 n.Chr?)
Dm 2,3 cm
München, Staatliche Antikensammlung (Nachbildung PStslg. Inv. 1970, 2541)

Der goldene Fingerring besteht aus einem 0,55 cm breiten Reif, der sich zu einer Platte von 1,45 x 0,9 cm erweitert. In die Platte sind die Buchstaben **FIDEM** eingraviert, während der Reif den eingepunzten Namen **CONSTANTINO** zeigt. Die Inschrift ist also ein Appell an den Träger des Ringes, „dem Konstantin die Treue" zu halten (R. Noll). Gemeint ist Kaiser Konstantin I (306—337 n.Chr.).

Bisher sind mindestens 16, vielleicht bis zu 19 solcher Ringe bekannt (drei älteren Funden, deren derzeitiger Verbleib nicht nachzuweisen ist, stehen drei in neuerer Zeit aus Privatsammlungen aufgetauchte, vielleicht mit jenen identische Stücke gegenüber). Die Fundorte reichen von England bis nach Jugoslawien; die meisten Ringe wurden von Konstantin vergeben, drei von seinem jüngsten Sohn Constans (337—350 n.Chr.).
Die Treue (fides) ist eine römische Grundtugend, auch im militärischen Bereich. Sie wird sogar zur Göttin personalisiert und erscheint z.B. auf Münzrückseiten.
Dem Kaiser schuldet jeder die Treue. Wenn sie hier durch die eingravierte Inschrift eigens hervorgehoben wird und zudem diese Inschrift nur auf solchen kostbaren, einheitlich gestalteten Ringen erscheint, muß dies einen besonderen Grund haben. Ringe sind militärische Orden, und so dürften auch diese goldenen Fingerringe als Auszeichnungen zu verstehen sein. Wenn es sich um besondere Treue handelt, dann kann das in dieser unruhigen, von Machtkämpfen der rivalisierenden Kaiser und Thronprätendenten gekennzeichneten Zeit eigentlich nur um Treueprämien für Loyalität in diesen Auseinandersetzungen gehen, also auch für Treuebeweise für Konstantin gegen seine Rivalen, speziell gegen Licinius (wodurch die Datierung auf die Zeit bis 324 einzugrenzen wäre). Letztlich kann die Idee dafür sogar von Konstantin selbst stammen — vielleicht als Gegenmaßnahme gegen Gaben des Licinius an treue Gefolgsleute, wie sie die silbernen Largitionsschalen darstellen (E. Tóth).
R. Mowat, Notice de quelques bijoux d'or au nom de Constantin. Mém. de la Société des Antiquaires de France 50, 1889, 332 ff. Nr. 6; CIL XIII 10024,29 = III 12033,1; F. Henkel, Die römischen Fingerringe der Rheinlande und der benachbarten Gebiete (1913) 16 Nr. 101; Vollmer Nr. 175 c; R. Noll, Bonner Jahrb. 174, 1974, 242 Nr. 9. —
Zum Typ: E. Tóth, Römische Gegenstände mit Inschriften im Ungarischen Nationalmuseum: Goldringe. Folia Archaeologica 30, 1979, 172 ff. — R. Noll, Fidem Constantino — Treue dem Konstantin! Helvetia archaeologica 17, 1986, 102 ff.

13 Zwiebelknopffibel
Fundort unbekannt
Zweite Hälfte 4. Jahrhundert n.Chr.
L 9 cm
München, PStslg. Inv. 1980, 3642
Die gedrungene Fibel besteht aus Kupferblech, das nach Montage der 22 Einzelteile vergoldet wurde. Als zusätzlicher Ziereffekt wurden Niello-Einlagen angebracht (ornamentaler Dekor, auf dem Bügel drei Köpfchen, am Abschluß des Nadelhalters weiteres Köpfchen).

Die Fibel besteht aus folgenden Einzelteilen: ein halbkreisförmig gewölbter hohler Bügel (1), der aus gebogener Oberseite (1a) und flacher Unterseite (1b) zusammengelötet ist, ein ebenfalls hohler Fuß (2), der aus einem gebogenen Unterteil (2a), einer abschließenden Vorderplatte (2b) und flacher verzierter Deckplatte (2c) zusammengesetzt ist, ein im Querschnitt sechseckiger hohler Querarm (3) als Kopf, zwei beidseits des Bügels (1) auf die Querarm-Oberseite aufgeschobene und an den Bügel angelötete Verstärkungen (4a—b), zwei hohle Endknöpfe (5a—b und c—d) als seitlicher Abschluß des Querarms und ein gleichartiger Endknopf (6a—b) an der Bügelrückseite (diese Knöpfe sind jeweils aus zwei Hälften zusammengesetzt). Die Lötstellen der Knöpfe sind mit je einem Draht umwickelt (7—8), zwei weitere Drähte sind um das vordere Ende des Bügels gelegt (9—10) (einer verloren). Schließlich war die (nicht erhaltene) Nadel (11) mittels einer Achse (12) in einem Ausschnitt des Querarms (3) befestigt. Der Bügel verjüngt sich zu den Enden; vorne ist er in eine quadratische Aussparung der Fußdeckplatte (2c) eingelassen.
Die Endknöpfe, vermutlich aber auch der Bügel und der Querarm, waren mit einer Kittmasse als Verstärkung ausgefüllt. Alle Einzelteile bestehen aus Blech mit Ausnahme der Drähte und der gegossenen Fußplatte (2c) sowie der Querarmverstärkungen (4a—b).
Es handelt sich um ein Exemplar des Typs 5 der von E. Keller aufgestellten Typologie der Zwiebelknopffibeln. Dieser Typ ist im allgemeinen Duktus wie in der Gestaltung des Dekors außerordentlich variationsreich (vgl. Nr. 14 und 15).
Als Dekor kommen neben Büsten und Köpfen auch Christogramme vor. Die Zahl der Büsten bzw. Köpfe schwankt sehr stark: auf dem Fuß keine, eine, eine plus Christogramm, zwei oder vier, auf der Fußvorderseite eine oder keine, oder ein Christogramm, auf dem Bügel zwei (plus Christogramm in der Mitte), drei oder fünf. Insgesamt begegnen pro Fibel drei, vier, fünf oder gar neun Köpfe oder Büsten.

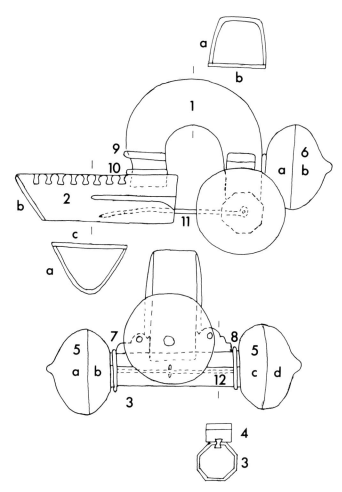

14 Zwiebelknopffibel

Fundort unbekannt
Zweite Hälfte 4. Jahrhundert n.Chr.
L 9,7 cm
Privatbesitz

Die Fibel aus vergoldeter Bronze gehört zum gleichen Typ wie die vorangehende Nr. 13 und die folgende Nr. 15. Sie belegt zugleich die Variationsbreite dieser Form.

Der Erhaltungszustand ist wesentlich besser als bei den beiden Vergleichsstücken. So ist die Dekoration vollständig zu erkennen: In Tragehaltung mit dem Fuß nach unten ist (von oben nach unten) auf dem Fuß ein Medaillon mit Christogramm, dann die ebenfalls in Niello eingelegte Inschrift OTЄPЄ FЄLIX (statt korrekt VTERE FELIX = Trag sie glücklich!) und ein Medaillon mit Männerkopf zu sehen; auf dem Bügel folgen eine Blüte (?, wohl kein Christogramm) in viereckigem Feld, ein Christogramm-Medaillon in Bügelmitte und eine weitere Blüte in viereckigem Feld.

Die Herstellung ähnelt weitgehend dem bei der Fibel Nr. 13 angewendeten Verfahren. Der Fuß besteht jedoch nur aus dem gebogenen Unterteil und der gegossenen Deckplatte, deren Ende vorn dreieckig nach unten umgebogen ist. Auch hier ist der Bügel in eine viereckige Aussparung der Fußplatte eingezapft.

Die Schreibweise der Inschrift — statt R ein P (= griechisch Rho) und statt E jeweils Є (griechisches Epsilon) — könnte auf eine Fabrikation im griechischsprachigen Osten des Reiches deuten.

Unpubliziert.

15 Zwiebelknopffibel

Moosberg bei Murnau, Ldkr. Garmisch-Partenkirchen, Oberbayern. Spätantike Höhensiedlung COVELIACA
Zweite Hälfte 4. Jahrhundert n.Chr.
B 6,6 cm
München, PStslg. Inv. 1960, 115

Die schlecht erhaltene Bronzefibel mit Spuren von Vergoldung zeigt auf dem Bügel jeweils an den Enden Reste von zwei eingravierten und nielloverzierten Köpfen. Die Bügelmitte, wo einst ein weiterer Kopf oder ein Christogramm gesessen haben dürfte, ist völlig abgenutzt.

Die Fibel belegt die zeitweilige Anwesenheit eines hohen Beamten oder Militärs in der zweiten Hälfte des 4. Jahrhunderts n.Chr., also in der zweiten Besiedelungsphase dieser spätantiken befestigten Höhensiedlung abseits der Fernstraße von Augsburg

Schon diese große Variationsbreite verbietet, in den Dargestellten individuelle Kaiser und Caesaren zu sehen, wie man dies früher gelegentlich annahm (das Auftauchen des Christogramms auf derartigen Fibeln wurde als Hinweis gewertet, sie in constantinische Zeit zu datieren. Dies ist nach dem heutigen Kenntnisstand zur Typologie der Fibeln auszuschließen).

Unabhängig davon haben diese vergoldeten und reich verzierten Fibeln aber gewiß eine ähnliche Bedeutung gehabt wie die Treueringe des constantinischen Hauses eine oder zwei Generationen früher — auch wenn Medaillons und Christogramm nur allgemein auf das Kaiserhaus bezogen werden können.

Träger derartiger Fibeln sind jedenfalls nicht die Kaiser, die auf Darstellungen stets mit wesentlich kostbareren und aufwendigeren Edelsteinbroschen erscheinen (vgl. z.B. Kaiser Theodosius auf dem Missorium S. 23), sondern hohe Beamte und Militärs. Auch ikonographische Schwierigkeiten stehen einer Interpretation der Köpfe und Büsten als Kaiserdarstellungen im Wege, da im ganzen 4. Jahrhundert die Kaiser mit Diadem wiedergegeben werden.

Unpubliziert. — Zum Typ: E. Keller, Die spätrömischen Grabfunde in Südbayern (1971) 41 ff.

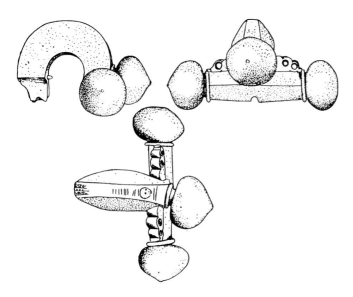

nach Tirol und zum Brenner. Ein Anhänger des christlichen Glaubens muß ihr Träger jedoch nicht unbedingt gewesen sein.
J. Garbsch, Der Moosberg bei Murnau (1966) 80 Taf. 21,6; 25,6.

16—17 Zwei Offiziershelme

Augsburg-Pfersee (gefunden 1897 in einer Kiesgrube an der Leitershofer Straße in einem alten Wertach-Arm in 1,70 m Tiefe)
4. Jahrhundert n.Chr.
Nürnberg, Germanisches Nationalmuseum Inv. W 1943 (Helm 1; Nachbildung München, PStslg. Inv. 1969, 225)
Augsburg, Römisches Museum Inv. VF 693 (Helm 2)
Der vollständig erhaltene Helm 1 gelangte 1898 über den Frankfurter Kunsthandel nach Nürnberg, der schlechter erhaltene Helm 2 kam über die Privatsammlung Dr. von Rad in die Sammlung des Historischen Vereins für Schwaben in Augsburg. Beide Helme bestanden ursprünglich aus einer aus zwei Halbschalen zusammengenieteten ovalen Kalotte mit Kamm und fest angenietetem Nasenschutz sowie einem durch einen Lederstreifen elastisch angenieteten halbkreisförmigen Nackenschutz und zwei beweglich angebrachten Wangenklappen. Das Material ist Eisen, das mit vergoldetem Silberblech überzogen war und innen ein Lederfutter trug. Die Überzüge sind mit von der Rückseite des Blechs eingepunzten Ornamentstreifen dekoriert. Sie bestehen aus Perlstäben, S-Haken und Würfelaugen. In den Ecken sitzen beim Helm 1 gestielte Trauben aus Kreispunzen. Bei Helm 1 ist der Nasenschutz teilweise erhalten, ebenso der Nackenschutz. Bei Helm 2 fehlen diese Teile völlig, dafür ist ein Bruchstück einer Wangenklappe vorhanden.
Die leichte Ausführung der Wangenklappe läßt vermuten, daß

18 Schnellwaage
Kleinasien
5./6. Jahrhundert n.Chr.
L 73,5 cm
München, PStslg. Inv. 1987, 996

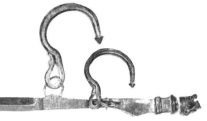

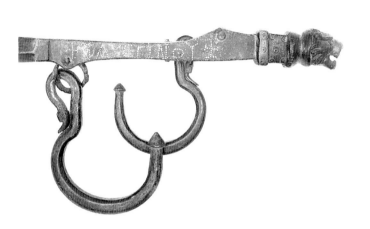

es sich um Infanteriehelme handelt. Die Reiterhelme tragen schwerere Wangenklappen, dazu aus Stabilitätsgründen einen zusätzlichen Stirnreif.

Die Einführung der aus dem sassanidischen Bereich stammenden Helmform erfolgte offenbar unter Konstantin, der jedenfalls bei der Schlacht an der Milvischen Brücke 312 n.Chr. einen solchen Helm mit Goldblechüberzug und eingesetzten Edelsteinen trug. Aber auch noch für Valentinian I ist im Jahr 368 n.Chr. ein solcher Helm bezeugt (Amm. Marc. 27, 10, 11 *galeam eius cubicularius ferens auro lapillisque distinctam* seinen mit Gold und Steinen verzierten Helm trug der Kämmerer).

Im Lauf des 4. Jahrhunderts wird sich der neue Helm in einfacherer Ausführung (vergoldetes Silberblech statt Goldblech, keine Steine oder Glasimitationen statt der Edelsteine) auch an der Spitze des Offizierskorps und bei der Garde als Rangabzeichen durchgesetzt haben.

Die Herstellung der Helme erfolgte in den kaiserlichen Waffenfabriken, wobei die sog. *barbaricarii* die Edelmetallüberzüge anfertigten. Aus einem Erlaß des Jahres 374 (Cod. Theod. 10, 22, 1) ist bekannt, daß ein Mann pro Monat sechs Helme fertigen mußte. Mit den bisher bekannten Stücken ist somit nur die Produktion eines Mannes von 2½ Monaten bekannt!

H. Klumbach (Hsg.), Spätrömische Gardehelme (1973) 95 ff. mit Lit. (H. Klumbach); B. Overbeck, Numismatische Zeugnisse zu den spätrömischen Gardehelmen. In: Studien zur vor- und frühgeschichtlichen Archäologie (Festschr. J. Werner) 1 (1974) 217 ff.; Die Römer in Schwaben 275 ff. (L. Bakker).

Die bronzene Waage funktioniert nach dem Hebelgesetz; am kürzeren Arm, dem Lastarm, wird mittels zweier Ketten mit Haken an den Enden die zu wiegende Last aufgehängt, am längeren Waagarm wird ein Laufgewicht so lange verschoben, bis beide Arme horizontal sind, Last und Gewicht also im Gleichgewicht sind. Das Gewicht kann direkt auf der Skala am Waagarm abgelesen werden. Zwecks besserer Lesbarkeit ist der im Querschnitt quadratische Waagarm gegenüber dem Lastarm um 45° gedreht.

Durch insgesamt drei am Lastarm jeweils um 90° verdreht angebrachte Aufhängehaken ergaben sich drei Wiegebereiche der Schnellwaage: Skala A umfaßt 0—32 Pfund, Skala B 20—71 Pfund und Skala C 42—135 Pfund (bei einem ungefähren Pfund-Wert von 320 g also 43,2 kg als maximal wägbare Last).

Die Beschriftung der Skalen ist in griechischen Zahlbuchstaben eingepunzt, dazu am Lastarm zwischen zwei gleicharmigen Kreuzen der Name ΦΑΥϹΤΙΝΟΥ (des Faustinos bzw. Faustinus). Die Enden des Waagbalkens laufen jeweils in Löwenköpfe aus.

Material und Formgebung sowie die sorgfältige Verarbeitung und die genaue Kalibrierung heben die Waage (und 70 ähnliche Exemplare bis zu einer Gesamtlänge von 146 cm und einer Maximaltragkraft von 128 kg) von den üblichen eisernen Ausführungen ab, wie sie in großer Zahl überliefert sind und wohl zur Ausstattung eines jeden Händlers gehörten. Es liegt nahe, in diesen Waagen geeichte Ausführungen zu sehen. Im 4. Jahrhundert wurden die *praefecti praetorio* als Spitzen der Steuerbehörden durch Konstantin zu exaktem Wiegen bei der Steuereintreibung aufgefordert. Iulian installierte 363 in jeder Stadt einen ζυγοστάτης *(zygostates)* als öffentlichen Kontrolleur der Waagen und Gewichte. Im Jahr 459 forderte ein Edikt die Bereithaltung geeichter Gewichte, und im Jahr 545 bestimmte Iustinian, daß die geeichten Waagen und Gewichte in der heiligsten Kirche jeder Stadt aufbewahrt werden sollten.

Für das Jahr 368 belegt Ammianus Marcellinus die Zuständigkeit des *praefectus urbi* für Waage und Gewichte.

J. Garbsch, Wagen oder Waagen? BVbl. 53, 1988, 201 ff. Abb. 3,2 Taf. 28.

19 Laufgewicht einer Schnellwaage
Kleinasien
5./6. Jahrhundert n.Chr.
H 13,5 cm
München, PStslg. Inv. 1987, 996

Das mit der Waage Nr. 18 erworbene Gewicht kann durchaus schon ursprünglich dafür bestimmt gewesen sein. Es stellt die aus Bronze gegossene Büste einer Kaiserin dar. Das glatte Untergewand mit scharfer Mittelfalte ist mit vier Kreispunzen verziert. Darüber liegt die Palla mit regelmäßigen Faltenstreifen. Zwei Streifen gehen diagonal von links oben nach rechts unten über den sonst glatten Rücken.

Der rechte Arm ist angewinkelt, der Daumen greift in den Saum der Palla, die Linke hält mit erhobenem Daumen eine Rolle. Das Gesicht ist stilisiert, Frisur (Stirntour und breiter Scheitelzopf) und Schmuck (Ohrgehänge sowie Diadem aus Plättchen, Juwelen und Pendilien) sind sorgfältig modelliert, teilweise auch durch Strichelung angegeben. Unterhalb der

rechten Hand und über dem Sockel befindet sich ein Loch. In die abgeplattete Aufhängeöse auf dem Kopf ist ein rundstabiges Achterglied eingehängt, der flache Haken zum Einhängen in die Skala des Waagarmes fehlt. Die Büste wiegt mit Achterglied, aber ohne Haken und die verlorene Bleifüllung jetzt 685 g. Das vorhandene Volumen des Hohlraumes beträgt 94 cm³, was je nach spezifischem Gewicht etwa 1057 bis 1070 g Blei entspricht, so daß das ursprüngliche Gewicht mindestens bei 1740 bis 1760 g lag. Wiegeversuche mit dem entsprechend beschwerten Gewicht ergaben auf der Skala der Waage Nr. 18 korrekte Werte (bei einem angenommenen Pfundgewicht von 320 g).

Bisher sind etwa 15 vergleichbare Exemplare bekannt.

J. Garbsch, Wagen oder Waagen? BVbl. 53, 1988, 203 Taf. 29.

20 Laufgewicht einer Schnellwaage   ▷
Fundort unbekannt
5. Jahrhundert n.Chr.
H 16 cm
München, Bayerisches Nationalmuseum Inv. MA 182
Das Gewicht ist aus Bronze gegossen, die ursprüngliche Bleifüllung ist nicht erhalten. Die Darstellung der Büste einer Kaiserin
auf einem Sockel entspricht weitgehend dem vorangehenden
Exemplar Nr. 19. Die rechte Hand ist mit drei ausgestreckten
Fingern erhoben, die Linke hält ein geschlossenes Diptychon.
J. Garbsch, Wagen oder Waagen? BVbl. 53, 1988, 216 Nr. 1 mit
Lit.

21 Laufgewicht einer Schnellwaage (Abbildung S. 82)
Fundort unbekannt
5./6. Jahrhundert n.Chr.
H 16,2 cm
München, PStslg. Inv. 1987, 997
Das Gewicht in Form einer Büste einer Kaiserin entspricht
weitgehend dem vorangehenden Exemplar Nr. 20. Die Schultern fallen jedoch stärker ab, die Details der Frisur und des Diadems variieren, dazu kommt als weiterer Schmuck eine Perlenhalskette. Der Sockel ist, entsprechend der größeren Gesamthöhe, höher und trägt Kreispunzendekor. Auf der Rückseite fällt
der einfache Saum der Palla steil ab.
Die Bleifüllung ist erhalten. Sie füllt die Höhlung nicht ganz
aus, zeigt aber auch keine Spuren neuzeitlicher Manipulation,
so daß wohl originaler Zustand anzunehmen ist. Das Gewicht
beträgt 2040 g.

Bisher sind etwa 20 vergleichbare Exemplare (mit Perlenkette)
bekannt. Bei der Identifizierung der dargestellten Kaiserinnen,
die von der Forschung seit über 50 Jahren erörtert wird, bewegt
man sich im Umkreis von Theodosius II zwischen den Jahren
414/421/423/439 und 450/453/460 (jeweils Jahr der Erhebung
zur Augusta bzw. Todesjahr):
1. Aelia Galla Placidia, Tante der Aelia Pulcheria (2), Schwiegermutter der Licinia Eudoxia (4).
   * 388/389, ∞ Ataulf Januar 414, ∞ Constantius III Januar
   417, Augusta 8.2.421, † 27.11.450.
2. Aelia Pulcheria, Tochter der Aelia Eudokia, ältere Schwester
   des Theodosius II.
   * 10.1.399, Augusta 4.7.414, ∞ Marcianus Ende Juli 450, † Juli 453.
3. Aelia Eudokia, Gattin des Theodosius II, Mutter der Licinia
   Eudoxia (4), Schwägerin der Aelia Pulcheria (2).
   * ?, ∞ Theodosius II 7.6.421, Augusta 2.1.423, † 20.10.460.
4. Licinia Eudoxia, Enkelin der Aelia Eudokia, Tochter des
   Theodosius II und der Aelia Eudokia (3)
   * 422, ∞ Valentinian III 29.10.437, Augusta 6.8.439, ∞ Petronius Maximus März 455, gefangen in Nordafrika 455—462,
   † ?.
Angesichts der wenigen vorhandenen Münzportäts und der
schematischen Darstellung der Halbfiguren dürfte jede individuelle Zuweisung — wenn denn eine solche individuelle Darstel-

nen (Teller, Schalen, Platten, Tabletts) als auch hohe, geschlossene Gefäßtypen (Krüge, Lagoenae, Feldflaschen, Kannen).

Leicht verallgemeinernd kann dabei im Lauf der Zeit eine Entwicklung zu schlechterer Qualität festgestellt werden, sowohl in Machart und Ton wie in der Dekoration.

Zu Anfang wird, ausgehend von der dünnwandigen, klingend hart gebrannten und sehr qualitätvollen El Aouja-Ware des 3. Jahrhunderts, bei der Verzierung der Gefäße mit Appliken gearbeitet, d.h. die einzeln auf der Töpferscheibe gedrehten Gefäße werden individuell mit Appliken beklebt, die man aus (negativen) Modeln gewonnen hatte.

Bald ging man jedoch bei einigen Gefäßformen zur rationelleren Fertigung des ganzen Gefäßes aus Modeln über. Die Modeln aus Gips nahm man von einem Mustergefäß (Patrize) ab, bei dessen Herstellung noch Appliken Verwendung fanden.

Beispiele dieser Herstellungstechnik sind vor allem die massenhaft gefertigten Öllampen, aber auch rechteckige Tabletts mit verziertem Horizontalrand und reliefiertem Mittelbild sowie zylindrische Kannen mit Reliefdekor. Die Tabletts als offene Formen wurden aus einem einzigen Model gewonnen, während Kannen und Lampen als Hohlkörper mehrteilige Formen erforderten: Ober- und Unterteil bei den Lampen, zwei Hälften, Boden und Tülle bei den Kannen. Die Einzelteile wurden dann nach dem Trocknen in lederhartem Zustand miteinander durch Tonschlicker verbunden. Häufig sind Spuren des Verstreichens oder sogar Abdrücke der Papillaren des Töpfers am fertigen Gefäß festzustellen. Bei den Tabletts dient die Hohlkehle, welche das Mittelfeld umzieht, dem Verwischen solcher Spuren (die in diesem Fall bereits bei der Abnahme der Model von einer Patrize entstanden).

Nördlich der Alpen sind Erzeugnisse der spätantiken nordafrikanischen Töpfereien relativ spärlich vertreten, was angesichts des weiten (und damit teuren) Transportweges, aber auch der allgemeinen politischen und ökonomischen Situation dieser Periode nicht Wunder nimmt.

Die Prähistorische Staatssammlung verfügt jedoch über einen reichen Bestand derartiger Keramik, der überwiegend aus dem Kunsthandel stammt. Es handelt sich sowohl um ganze Gefäße und Lampen als auch um die herstellungstechnisch besonders interessanten Model, Punzen und Patrizen sowie um zahlreiche Scherben.

Mit Hilfe von Leihgaben hier nicht oder nur fragmentarisch vertretener Gefäß- und Dekorgattungen vermag die Ausstellung aber auch in diesem Bereich einen in dieser Vollständigkeit bisher an einem Ort nicht möglichen Überblick zu vermitteln.

Die Ausstellung will jedoch keine Keramik-Spezialschau sein. Deshalb sind die Gefäßformen und die Ware jeweils im Katalog nur summarisch angegeben. Entscheidend ist im Zusammenhang der Ausstellung allein das jeweilige Dekorationsmotiv. So stehen in den Vitrinen Teller, Schalen, Tabletts und Lampen sowie zugehörige Model und Punzen im allgemeinen unter dem Aspekt der dargestellten Themen einträchtig nebeneinander.

Bei den Platten oder Schalen handelt es sich um runde und (seltener) daraus entwickelte achteckige Formen. Die runden Platten haben zum Teil seitlich ausgearbeitete profilierte Griffe. Die Randgestaltung ist im Querschnitt gerade bis leicht konkav (der Rand geht mit einem ausgeprägten stumpfwinkligen Knick in die Wandung über) oder aber konvex (gewölbt). Im letzteren

lung überhaupt beabsichtigt war — fragwürdig bleiben. So oder so, damals wie heute, genügt wohl die allgemeine Beziehung auf das Kaiserhaus als Garant von Münze und Gewicht, wie dies zuvor beispielsweise schon durch Sitzfiguren des Konstantin I als Laufgewichte dokumentiert wurde.

J. Garbsch, Wagen oder Waagen? BVbl. 53, 1988, 205 Taf. 30.

*

Einen weniger offiziellen, aber nicht weniger interessanten Einblick in das staatliche Leben wie in das Nebeneinander heidnischer und christlicher Religion im Alltagsleben vermitteln die Erzeugnisse nordafrikanischer Töpfereien vom ausgehenden 3. bis ins frühe 6. Jahrhundert n.Chr. Selbst während der Zeit der Vandalenherrschaft in Nordafrika (442—553) haben diese Betriebe, die vor allem im heutigen Tunesien zu lokalisieren sind, offenbar weiterproduziert.

Das Spektrum umfaßt einerseits Öllampen aus Ton, zum anderen Gefäßkeramik, wobei sowohl flache, offene Formen begeg-

Fall hat der Rand außen meist einen einfach oder doppelt gerillten Wulst. Innen ist der Rand bei allen Varianten von einer Rille (bisweilen zwei) begleitet.

Die Breite des Randes, und damit der verfügbare Raum zur Anbringung von Applikendekor, reicht bei geraden und konkaven Querschnitten von 4 bis 8 cm, sonst von 2,5 bis 6,3 cm. Nach der Typologie von J.W. Hayes handelt es sich um die Formen Hayes 51, 52, 54 und 55, die in die zweite Hälfte des 4. und den Anfang des 5. Jahrhunderts datiert werden.

Teilweise die gleichen Appliken-Motive erscheinen auch auf flachen standringlosen Tellern der Form Hayes 53, die ebenfalls in die zweite Hälfte des 4. und das erste Drittel des 5. Jahrhunderts datiert werden, sowie auf rechteckigen Tabletts der Form Hayes 56 und auf Tonlampen.

Bei den Tabletts sieht man eine Entwicklung von szenischen Kompositionen (bei denen im Fall des Achilles-Motivs Mittelfeld und Randfries aufeinander bezogen sind oder im Fall des Jona-Randfrieses eine vollständige Geschichte erzählt wird) hin zu den von Elfenbein-Diptychen beeinflußten Darstellungen von Konsuln und Honoratioren.

Allgemein sind starke Anklänge an zeitgenössische Sarkophagdarstellungen festzustellen, im Einzelfall auch zu Kontorniaten und Münzen sowie zu Mosaiken. Bei den Tabletts und den großen Schalen steht die wohlfeile Nachahmung von entsprechenden Silbergefäßen formal an erster Stelle, wie dies auch in der Ausstellung an einigen Beispielen dokumentiert wird.

23

22 Büsten-Lampe
Nordafrika
5. Jahrhundert n.Chr.
L nach 10 cm (Schnauze fehlt)
München, PStslg. Inv. 1988, 3023
Im Spiegel Kaiserbüste nach rechts, auf der Schulter Kerbreihen, auf dem Boden Zweig.

23 Büsten-Lampe
Nordafrika
Ende 4./Anfang 5. Jahrhundert n.Chr.
L 14,5 cm
Privatbesitz
Im Spiegel spiralhakengesäumtes Medaillon mit weiblicher Büste nach links. Auf den Schultern Eierstab aus abwechselnden spitzen und runden Gliedern mit Buckeln und den Zwickeln. Bei der Dargestellten hat man lange an Fausta gedacht, die jüngere Tochter des Tetrarchen Maximian und der Eutropia. Zwischen 293 und 298 geboren, wurde sie 307 mit Konstantin vermählt. Constantius II, Constans und (vielleicht) Konstantin II waren ihre Söhne. Seit 325 war sie Augusta, aber bereits 326 wurde sie auf Befehl Konstantins kurz nach ihrem Stiefsohn Crispus getötet. Gegen diese Deutung spricht allerdings die Datierung der Lampenform, welche erst in der zweiten Hälfte des 4. Jahrhunderts aufkommt.
Terra Sigillata Nr. N 90. — Zum Typ: Ennabli Nr. 111 (Variante); Menzel Nr. 598.

25

24 Büsten-Lampe
Nordafrika
Erste Hälfte 5. Jahrhundert n.Chr.
L 13 cm
Privatbesitz
Im Spiegel Büste einer Kaiserin mit Diadem in einer Lunula, die auf einem Podest in Form einer Deckeltruhe steht. Die Kaiserin blickt nach halblinks. Die Frisur ist schematisch mit Strichen angegeben, Gewand, Diadem, Lunula und Truhe sind mit Kleinpunzen dekoriert.
Auf den Schultern konzentrische Kreispunzen, an den Enden zur Schnauze strichgefüllte Dreiecke.

25 Kleine Büsten-Lampe
Fundort unbekannt (Nordafrika?)
Erste Hälfte 5. Jahrhundert n.Chr.
L noch 10,5 cm (Griff abgebrochen)
München, Staatl. Antikensammlung Inv. 7018

Im Spiegel Kaiserinnenbüste mit Perlenkette nach links.
Auf den Schultern Dreipaß- und Hakenornamente.
Zum Typ: Graziani Abbiani Nr. 342 Taf. 15, 37; Ennabli Nr.
96 (jeweils als männliche Büste interpretiert); Wolfe Nr. 128
(Model).

26 Büsten-Lampe
Nordafrika
Ende 4./5. Jahrhundert n.Chr.
L 13,5 cm
München, PStslg. Inv. 1982, 292
Im Spiegel jugendliche männliche Büste nach links, auf der rechten Schulter Scheibenfibel. Auf der Schulter Kerbreihen (Fischgrät- bzw. Tannenzweigeffekt).

27 Konsulardiptychon des Felix
Limoges, Dép. Haute-Vienne, Frankreich
428 n.Chr.
H 29,2 cm
Paris, Bibliothèque Nationale, Cabinet des Médailles Inv. 41
(Nachbildung Mainz, Römisch-Germanisches Zentralmuseum
Inv. N. 41913)
Die (linke) Tafel des Elfenbeindiptychons zeigt den Konsul in
reich verzierter Toga. Er steht in einem Portal mit seitlich gerafften Vorhängen. In der Rechten hält er ein Szepter mit den
Büsten der Kaiser Theodosius II und Valentinian III.
Die Inschriftplatte nennt Namen und Titel: FLavi FELICIS
Viri Clarissimi COMitis AC MAGistri.
Die heute verlorene zweite (rechte) Tafel ist in einer Zeichnung
überliefert; dort lautete die Inschrift VTRiusQue MILitiae
PATRicii ET COnSulis ORDinarii.
Flavius Felix war 425 Feldmarschall Valentinians III, hatte militärische Erfolge in Pannonien und wurde 430 auf Veranlassung
des Flavius Aetius ermordet.
Volbach Nr. 2 Taf. 2; Age of Spirituality Nr. 45 (J.C. Anderson); Garbsch 1989, 247 Taf. 24,1.

vor 450 (Tod des Theodosius II) bzw. 455 (Tod des Valentinian III). Ob die weitgehende Übereinstimmung der Inschrift mit jener auf dem Diptychon des Jahres 480 Zufall ist oder auf direkte Abhängigkeit deutet, muß offenbleiben, denn das Geschlecht der Anicii gehörte im 4. und 5. Jahrhundert zur höchsten Reichsaristokratie, so daß auch an einen Familienangehörigen ähnlichen Namens zu denken ist.

Wenn man die historische Situation Nordafrikas im 5. Jahrhundert betrachtet, wird diese Vermutung noch wahrscheinlicher. Nach dem Tod des Honorius am 27. August 423 war die Reichseinheit unter Theodosius II, dem bisherigen Herrscher des Ostens, wiederhergestellt. Er verlobte Valentinian III 424 im Alter von fünf Jahren mit seiner zweijährigen Tochter Licinia Eudoxia, verlieh ihm die Caesarenpurpur und schickte ihn mit seiner Mutter Gallia Placidia nach Italien unter dem Schutz eines von Ardabur und Aspar geführten Heeres. Als starker Mann am Hof etablierte sich Flavius Felix, der Konsul des Diptychons von 428, der aber nach Erfolgen in Pannonien und Differenzen mit dem afrikanischen Befehlshaber Bonifatius schon im Mai 430 auf Veranlassung des *magister militum* Flavius Aetius ermordet wurde.

Im Jahr 429 waren Geiserich und seine Vandalen in Nordafrika eingefallen. Zu ihrer Bekämpfung wurde Flavius Ardaburius Aspar, der Sohn des schon erwähnten Konsuls Ardabur des Jahres 429, entsandt. Dieser wurde im Jahr 434, als er sich gerade in Karthago aufhielt, zum *consul ordinarius* ernannt. Auf die Dauer blieben seine militärischen Aktionen jedoch erfolglos, Karthago fiel am 19. Oktober 439, und drei Jahre später mußte Valentinian III Geiserich anerkennen und Nordafrika abtreten. Somit wird der Datierungsspielraum für die Tonplatte eingeengt auf das Vierteljahrhundert zwischen 428 und 442.

28 Patrize für Mittelfeld eines Konsul-Tabletts
Nordafrika
5. Jahrhundert n.Chr.
Höhe noch 11,6 cm, Breite 9,3 cm
München, PStslg. Inv. 1988, 3002

Die hochrechteckige Platte mit stumpfwinkligem Giebel zeigt einen bärtigen Konsul, der unter einem Portal in einem Innenraum steht, wie der geraffte Vorhang in der linken und rechten oberen Ecke zeigt. In der Linken trägt er das Amtsszepter, an dessen oberem Ende umrißhaft zwei Kaiserbüsten angedeutet sind (wohl Theodosius II und Valentinian III), mit der Rechten hält er einen rundlichen Gegenstand (wohl die Mappa) vor die Brust. Den Giebel zieren zwei Eierstäbe.

Die Tonplatte ist offensichtlich eine Abformung oder Nachbildung der ersten Platte eines Elfenbeindiptychons, und zwar nach dem giebelförmigen oberen Abschluß eines frühen Diptychons der ersten Hälfte des 5. Jahrhunderts. Stilistisch ist die Darstellung eng mit dem Diptychon des Konsuls Flavius Felix aus dem Jahr 428 verwandt. Die Inschrift unter dem Giebel ist ANIC FAVST IN BASILIVS zu lesen und erinnert damit sehr stark an die Inschrift eines Elfenbeindiptychons aus dem Jahr 480: ANIC FAVST ALBIN BASILIVS V C des *Vir Clarissimus* Anicius Faustus Albinus Basilius.

Das dargestellte Doppelszepter datiert die Vorlage für das Bild

Mittelfeld eines Konsul-Tabletts

Komplette oder fragmentarische Tabletts aus einer nach der Tonplatte angefertigten Model sind bisher nicht bekanntgeworden, wohl aber ein Fragment mit einer reduzierten Variante der Darstellung, das schon J.W. Salomonson 1962 an das Diptychon des Felix (hier Nr. 27) als Vorlage denken ließ. Dort fehlt der äußere architektonische Rahmen, nur der stehende Konsul ist dargestellt. Die Falten des (allein erhaltenen) Vorhangs in der rechten oberen Ecke sind durch Tannenzweig-Schraffur zu Blättern verballhornt (ähnlich der Tannenzweig-Schraffur der Wasserkanne auf späten Modeln von Pegasus-Tabletts). Deutlich sichtbar ist jedoch das Szepter mit den beiden Kaiserbüsten. Garbsch 1989, 246 ff. Taf. 24,1.

Vgl.
Abb.
S.85

29 Fragment von Provinzen-Tablett
Nordafrika
4./5. Jahrhundert n.Chr.
München, PStslg. Inv. 1988, 3003
Erhalten ist die obere Hälfte des Kopfes der Personifikation der Provinz Afrika samt den ersten vier Buchstaben der darüber eingeritzten Bezeichnung **AFRICA**.
In der Spätantike waren auch die nordafrikanischen Provinzen Roms gefährdet und wurden durch militärisch gesicherte

Grenzanlagen befestigt. So ist aus Inschriften sowohl ein *limes pr(ovinciae) Afri(cae)* wie ein *limes Maur(etaniae)* bekannt. Daneben gab es innere Unruhen. Im Jahr 375 warf der Comes Theodosius eine Erhebung in Mauretanien nieder. Seit 429 schlossen sich die Mauretanier dem Vandalenkönig Geiserich an, der in

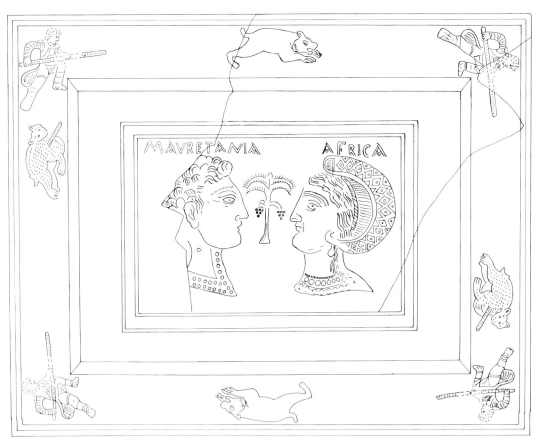

Provinzen-Tablett mit Jagd-Fries

Nordafrika eingefallen war, 442 ging Nordafrika verloren. Die Darstellungen der beiden Provinzen sind somit wohl vor dieses Datum zu datieren. Auf Tontabletts sind die Büsten eines jungen Mannes und einer jungen Frau mit den Namen **MAV-RETANIA** und **AFRICA** überschrieben. Der Jüngling ist durch eine kurze Lockenfrisur charakterisiert, Africas lange Locken sind zu einer kunstvollen Frisur mit Netz oder Diadem aufgebaut; sie trägt Ohrringe und um den Hals ein mehrreihiges Collier.

Aber auch auf Mosaiken des 4. Jahrhunderts begegnen Personifikationen afrikanischer Provinzen, etwa in der Villa von Piazza Armerina auf Sizilien die Personifikation von Africa, Arabia oder Aegyptus zwischen Elefant und Panther.

Zum Typ: Garbsch 1980, 185 Abb. 23; Atlante Taf. 78,2 (Motiv A II).

*

Auf bronzenen Kästchenbeschlägen aus Pannonien und auf nordafrikanischen Sigillata-Tabletts gibt es getriebene bzw. plastische Medaillons, deren Motive auf Münzen und Kontorniaten zurückgeführt werden können. Es handelt sich um perlkranzgerahmte Medaillons mit Sol und Quadriga, eine männliche Büste nach rechts, eine männliche Büste nach links und eine frontal dargestellte männliche Büste zwischen kleinen Victorien auf den Tabletts sowie eine Kaiserbüste nach links, zwei einander zugewandte Büsten mit einem kleinen Christogramm über den Köpfen und der umlaufenden Legende Petrus und Paulus und als dritte ein Medusenhaupt auf dem ausgestellten Kästchenbeschlag (Nr. 30). Ähnliche Darstellungen begegnen auch auf Kerbschnittgarnituren (kombiniert mit Jagdszenen) und auf einem goldenen Fingerring des 4./5. Jahrhunderts.

Auf Münzen findet sich eine entsprechende Quadriga z.B. auf Prägungen des Probus von 280/281, des Maximinus Daia von

Pegasus-Tablett mit Medaillon-Fries

309/313, des Constantius II von 350/361 und des Valentinian I von 364/367. Die beiden Victorien finden sich auf Münzen des Constantius II. Für die Quadriga kommen aber auch Kontorniaten des späten 4. Jahrhunderts als Vorbild in Frage; das Motiv selbst kommt ansonsten auf Keramiktabletts und Tellern (vgl. Nr. 269—270) ebenso vor wie auf spätantiken Goldgläsern und Mosaiken.

Je nach Rapport der vier Einzelmotive und Länge des Gesamtfrieses sowie nach seiner Verwendung als Rahmen des Mittelfeldes oder als Randfries der Tabletts lassen sich derzeit fünf Versionen unterscheiden, die jedoch nicht alle mit bestimmten Tabletts zu verbinden sind (weil meist nur Randscherben ohne Re-

ste des Mittelfeldes erhalten sind). Teils blicken die Dargestellten zum Mittelfeld, teils nach außen; als weitere Differenzierung kommen rahmende Perlstäbe als Reminiszenz an silberne Vorbilder hinzu. Sicher ist nur die Verbindung mit Achilles-, Pegasus- und Orpheus-Tabletts. (vgl. Abb. S. 87 u. 89)

Die Medaillons haben bei den in der Ausstellung gezeigten Scherben einen Durchmesser von 2,9—3 cm. Daneben gibt es Abformungen von Abformungen dieser Medaillons, die durch den Schwund von zweimal rund 10% beim Brennen der abgeformten Gefäße nur einen Durchmesser von 2,3 cm aufweisen. Ein Beispiel stellt die Scherbe Nr. 34 dar, bei der die Medaillons nur noch sehr entfernt an die Originale erinnern.

Orpheus-Tablett mit Medaillons

30 Kästchenbeschläge mit biblischen Szenen und Medaillons
Intercisa (Dunaújváros, Ungarn)
Drittes Viertel 4. Jahrhundert n.Chr.
24,5 x 30,5 x 14 cm
Mainz, RGZM Inv. 0.4651
Mit den vier Bronzeblechstreifen war die Vorderseite eines
Holzkästchens verkleidet. Zwei Streifen zeigen Medaillons mit
Büsten, zwei Streifen Metopen mit Figuren. Beide Dekoratio-
nen bestehen aus jeweils drei Motiven.
Bei den Medaillons sind dies von links nach rechts ein Medusen-
haupt, eine Kaiserbüste mit Lorbeerkranz oder Diadem nach
links und zwei männliche, einander zugewandte Büsten mit
Christogramm darüber und der umlaufenden Legende
(P)ETRus und (PA)VLV(S). In den Zwickeln zwischen den
Medaillons finden sich als kleine Füllfiguren Eidechse, Pfau,
Delphin, Krater und Biene.
Bei den Metopen wird von links nach rechts wiederholt: Daniel
in der Löwengrube, mit betend erhobenen Armen von Löwen
und Palmen flankiert; Moses zwischen Palme und Felsen, aus
den er mit dem Stab Wasser schlägt, davor eine kleine Figur; das
Wunder von Kana mit Christus zwischen zwei Gruppen von je
drei Krügen. Im oberen Teil der Felder sind jeweils ein oder
zwei Christogramme angebracht.
Als oberer Rand ist je ein Streifen mit einer Wellenranke ange-
nietet, als unterer Rand eine Ranke nach links laufender Tiere.
Die Medaillons verbinden die Beschläge mit Friesen auf Sigillata-Tabletts (vgl. Nr. 31—34). Die gemeinsame Vorlage ist in
Münzen des 4. Jahrhunderts zu sehen.
Age of Spirituality Nr. 387 (E. Dinkler-von Schubert) mit Lit.

31 Fragment von Medaillon-Fries
Nordafrika
Ende 4./frühes 5. Jahrhundert n.Chr.
München, PStslg. Inv. 1970, 1798

Die Randscherbe zeigt in der Mitte eine Kaiserbüste nach links,
flankiert von je einem Quadriga-Medaillon. Im Gegensatz zu
vielen sonstigen Beispielen stehen die Medaillons auf dem Kopf,
blicken also nicht zum Mittelfeld, sondern zum Rand.

32 Fragment von Medaillon-Fries
Nordafrika
Ende 4./frühes 5. Jahrhundert n.Chr.
München, PStslg. Inv. 1988, 3003
Die Eckscherbe zeigt — ebenfalls zum Rand orientiert — eine
Quadriga und daneben den leeren Rest eines Medaillons mit
Kaiserbüste nach rechts; auf der anderen Seite ist ein Teil der
frontalen Kaiserbüste zwischen Victorien erhalten.

33 Fragment von Medaillon-Fries
Nordafrika
Ende 4./frühes 5. Jahrhundert n.Chr.
München, PStslg. Inv. 1988, 3014
Die Randscherbe zeigt links eine Quadriga, rechts einen Kaiser
nach rechts. Als Abgrenzung des Frieses zum Mittelfeld des Ta-
bletts dient eine Buckelreihe.

34 Fragment von Apostel-Tablett(?)
Nordafrika
5. Jahrhundert n.Chr.
München, PStslg. Inv. 1988, 3003
Die Mittelfeldscherbe zeigt über einem Medaillon-Fries Reste
von zwei wohl männlichen Büsten, die an Darstellungen von
Aposteln erinnern, welche ihrerseits auf Elfenbeindiptychen
mit Konsulbildern zurückgehen. Die Büsten sind durch zwei
tordierte Säulen, die wohl Giebel oder Bögen trugen, getrennt.
Die Medaillons sind vergröberte Überarbeitungen von Medaillons der Art wie Nr. 31—33, von denen sie abgeformt wurden
(dadurch ergab sich gegenüber jenen eine Verkleinerung). Sie erinnern dadurch nur noch schwach an die ursprünglichen Vorla-
gen auf Münzen und Kontorniaten und belegen so eine späte
Datierung des Fragmentes.

Die Vota der Kaiser und ihre Darstellung auf den Münzen

Die *Vota*, wörtlich Gelübde, feierliche Versprechen für die Regierungszeit und das Wohlergehen des Volkes, wurden in heidnischer und christlicher Zeit gleichermaßen innerhalb des kaiserlichen Regierungsablaufs gefeiert. Das erfolgte meist im Fünfjahresrhythmus. Dabei ist zwischen den *Vota soluta* zu unterscheiden, erfüllten Gelübden, und den *vota suscepta*, die der Kaiser aufs Neue gelobte.

Die Fünfjahresrechnung begann dabei mit dem *dies imperii*, dem Datum des Regierungsantritts eines Kaisers. Entsprechend wurden auch die Regierungsjubiläen gefeiert. Andererseits wissen wir von entsprechenden Feiern zu Ende und zu Beginn des Jubiläumsjahres. Darüber hinaus wurden jeweils am 3. Januar die *Vota publica* für den Kaiser gefeiert, ganz unabhängig vom Datum der Regierungsjubiläen.

Vgl. auch M58 M59 M69 M70 M76 Die kaiserlichen *Vota*, welche gemäß den Regierungsjubiläen im Fünfjahresabstand gefeiert wurden, hatten für das Kaiserhaus einen sehr zu Buche schlagenden finanziellen Aspekt. Sie waren mit erheblichen *largitiones*, Geschenken von Geld oder Edelmetall in anderer Form, verbunden, die für die Staatskasse einen beträchtlichen Aderlaß darstellten. So wissen wir durch Ammianus Marcellinus (20,4,18), daß Julian zu diesem Anlaß zu Beginn seiner Regierungszeit für jeden Soldaten fünf Goldsolidi und ein Pfund Silber als *Donativum* zu verteilen hatte.

Das erklärt die Häufigkeit der Münzen mit der Nennung von *Vota*, doch ist zu vermuten, daß einige der massenhaft geprägten Nummusserien zwar aus Anlaß der entsprechenden *Vota* ausgegeben wurden, dann aber in Erinnerung an dieses Ereignis weitergeprägt und nicht als *Donativa*, sondern im regulären Zahlungsverkehr in den Umlauf gelangten.

Betrachten wir einige Beispiele aus der Vielzahl der *Vota*-Prägungen:

Die Vota des Constantinus I.

Nach dem Tode seines Vaters Constantius Chlorus wurde Constantinus I. von den Truppen zu dessen Nachfolger ausgerufen; innerhalb des tetrarchischen Systems wurde er freilich zuerst nur als Caesar betrachtet. Der 25. Juli 306 galt daher als Datum seines Regierungsantritts. So feierte er den Beginn seines fünften Regierungsjahres am 25. Juli 310, dessen Ende dann entsprechend im Jahr 311.

Eine seltene Nummusserie bezieht sich auf die *Vota soluta*

der *Quindecennalia*, die offiziell am 25. Juli 320 stattfanden. Die Inschrift *votis decennalibus et quindecennalibus feliciter* weist auf die glückliche Vollendung von gleich zwei Jubiläen im Fünfjahresrhythmus hin. Entsprechend wurden ab 320/321 auch die neuen *Vota suscepta* erwähnt. Als Beispiel diene hier ein Nummus der *Beata-tranquillitas*-Serie, welche die „glückliche, heitere Ruhe" (des Kaisers) mit der Nennung der *Vota* verbindet und deren Prägung in großen Mengen sich allerdings nicht nur auf das Jubiläumsjahr erstreckt, sondern ganz offensichtlich der Ergänzung des Kleingeldumlaufs in den folgenden Jahren diente.

M84 Constantinus I., Nummus (Bronze), geprägt 320 zu Rom
Vs: CONSTANTINVS AVG, Büste des Constantinus mit Panzer und Helm nach rechts
Rs: VOT X ET XV F, darunter RƐƱT; im Lorbeerkranz
RIC 201

M85 Constantinus I., Nummus (Bronze), geprägt 323 zu Trier
Vs: CONSTANTINVS AVG, Büste des Constantinus in Consulartrabea mit Lorbeerkranz und Adlerszepter nach links
Rs: BEATA TRANQVILLITAS, im Abschnitt · PTRƱ; Globus auf Altar mit der Inschrift VOTIS XX, darüber drei Sterne
RIC 391

Die Vota des Licinius I.

Gemäß den Beschlüssen der Konferenz von Carnuntum war Licinius I. seit dem 11. November 308 Augustus, und entsprechend liegen die offiziellen Daten seiner *Vota*. Demgemäß beginnt Ende des Jahres 312 das fünfte Regierungsjahr des Licinius I. und damit die Feier der *Vota quinquennalia soluta* und der *Vota decennalia suscepta*. Ein rarer, kurz nach dem Tod des Maximinus Daia zu Antiochia geprägter Follis wurde z.B. aus diesem besonderen Anlaß herausgegeben. Entsprechend datieren die kostbaren Festaurei des Licinius I., die seine *Vota soluta decennalia, suscepta vicennalia* feiern, in den Zeitraum 317/318. Der seltene Aureus aus Nicomedia, sicher zu Geschenkzwecken aus Anlaß der Feierlichkeiten geprägt, verbindet die Nennung der *Vota* mit der Präsentation des besonderen Schutzgottes des Kaisers, *Jupiter Conservator*. Auch im Reichsteil des Constantinus I. werden — wenn auch teils über einen längeren Zeitraum hinweg — die Vicennalien des Licinius I. z.B. mit der Rückseiteninschrift *vota vicennalia domini nostri Licini Augusti* erwähnt.

M86 Licinius I., Nummus (Bronze mit Silbersud), geprägt 313 zu Antiochia
Vs: IMP C VAL LICIN LICINIVS P F AVG, Kopf des Licinius mit Lorbeerkranz nach rechts
Rs: VOTIS/V/MVLTIS/X im Kranz
RIC —; vgl. RIC VII, S. 675; C. 207. — 3,32 g Gewicht

M87 Licinius I., Aureus (Gold), geprägt 317/318 zu Nicomedia
Vs: LICINIVS-AVGVSTVS, Kopf des Licinius I. nach rechts mit Lorbeerkranz
Rs: IOVI CONS — LICINI AVG, im Abschnitt SMNΔ, Jupiter auf Podest stehend mit Victoria auf Globus und Szepter, zu Füßen Adler; am Podest SIC X/SIC XX
RIC 18

M88 Licinius I., Nummus (Bronze), geprägt 321 zu Arles
Vs: IMP LICI-NIVS AVG, Kopf des Licinius nach rechts mit Lorbeerkranz
Rs: D N LICINI AVGVSTI, VOT/XX in Kranz, darunter S✱A
RIC 240

Die Vota der Caesares Licinius II., Crispus und Constantinus II.

Gemäß dem Friedensschluß von Serdica waren diese Kaisersöhne offiziell seit dem 1. März 317 zu von Osten und Westen anerkannten Caesares ernannt. Ihre *Vota* fallen daher jeweils auf die gleichen Zeiten.

Der äußerst seltene Festaureus auf die *Vota quinquennalia soluta decennalia suscepta* des Licinius II. ist somit 321/322 geprägt. Er gehört zu einer Serie von Festaurei des Licinius I. und seines Sohnes, die in Nicomedia und Antiochia aus Anlaß dieses Jubiläums geprägt wurden. Ihre enge Verbindung mit den entsprechenden silbernen Votaschalen (vgl. S. 51 ff.) liegt auf der Hand.

Die beiden Nummi des Crispus und des Constantinus II. aus der schon vorgestellten *Beata-tranquillitas*-Serie sind demgegenüber weniger exakt in der Zählung der Jahre. Das Festjahr der *Vota vicennalia suscepta* des Constantinus I. ging am 25. Juli 321 zu Ende, das der *Vota decennalia suscepta* der Caesares begann wenig früher, am 1. März 321. Eine Zusammenlegung dieser aufwendigen, mit *Donativa* verbundenen Zeremonien lag daher nahe und wurde wohl auch durchgeführt. Somit ist die Erwähnung der *Vicennalia*, auch auf den Münzen der Caesares, wohl als eine Angleichung an die Zählung der Jahre des Vaters zu verstehen.

M89 Licinius I. für Licinius II. Caesar, Aureus (Gold), geprägt 321/322 zu Nicomedia
Vs: D N VAL LICIN LICINVS NOB C, drapierte und gepanzerte Frontalbüste des Licinius II.
Rs: IOVI CONSER-VATORI CAES, im Abschnitt SMNΔ, Jupiter frontal sitzend auf Thron auf einer Plattform, mit Victoriola auf Globus und Szepter, zu Füßen Adler; auf Plattform SIC · V · /SIC · X ·
Leihgabe Bayerische Hypotheken- und Wechsel-Bank
RIC 42; B. Overbeck in: Die Kunstsammlung der Bayerischen Hypotheken- und Wechsel-Bank AG, München, 2. Aufl., o.J., 22 f.

M90 Constantinus I. für Crispus Caesar, Nummus (Bronze), geprägt 322 zu Trier
Vs: IVL CRISPVS NOB CAES, gepanzerte Büste des Crispus mit Lorbeerkranz nach links, Speer über der rechten Schulter, Schild am linken Arm
Rs: BEATA TRANQVILLITAS, im Abschnitt PTR ·; Globus auf Altar mit der Inschrift VO/TIS/XX, darüber drei Sterne
RIC 346

M91 Constantinus I. für Constantinus II. Caesar, Nummus (Bronze), geprägt 322/323 zu Trier
Vs: CONSTANTINVS IVN NOB C, drapierte Büste des Constantinus II. mit Lorbeerkranz nach links, Victoria auf Globus und Mappa haltend
Rs: BEATA TRAN-QVILLITAS, im Abschnitt ·PTR⌣; Globus auf Altar mit Inschrift VO/TIS/XX, darüber drei Sterne
RIC 382

Spätere Beispiele von Vota-Prägungen

Gemäß seiner Ernennung zum Caesar im Jahre 333 feierte Constans seine *Vota decennalia soluta, quindecennalia suscepta* 342/343. Offensichtlich als *Donativa* geprägte Goldsolidi und Medaillons feiern dieses Jubiläum zusammen mit einem angeblich überwältigenden Sieg des Constans, der sich auf seinen Kampf gegen die Franken beziehen soll und den auch Ammianus Marcellinus (XXX,75) bezeugt.

Der *Vota-publica*-Aureus des Valens ist zweifellos eine besondere Festemission aus Anlaß bestimmter *Vota* der Kaiser Valentinianus I. und Valens, die beide auf der Rückseite thronend dargestellt sind. Das Münzbild mag sich dabei auf den gemeinsamen Antritt eines Konsulats oder nur auf die traditionellen *Vota*-Feierlichkeiten des 3. Januar bezogen haben.

M92 Constans, Solidus (Gold), geprägt 342/343 zu Trier
Vs: FL IVL CONSTANS P F AVG, drapierte und gepanzerte Büste des Constans mit Lorbeerkranz und Rosettendiadem nach rechts
Rs: OB VICTORIAM TRIVMFALEM, im Abschnitt TR; zwei Victorien stehen einander gegenüber und halten einen Kranz mit der Inschrift VOT X / MVLT XV
RIC 124

M93 Valens, Solidus (Gold), geprägt 367/375 zu Constantinopel
Vs: D N VALENS — P F AVG, Büste des Valens in Consulartrabea mit Perlendiadem, Mappa und Szepter nach links
Rs: VOTA-PV-BLICA, im Abschnitt ∗CONS Kranz; zwei Kaiser in Consulartrabea mit Nimbus frontal thronend, jeder mit Mappa und Szepter, rechts und links Gefangene
RIC 29 (b)

Kat.-Nr. M87

Kat.-Nr. M93

Heeres- und Militärsymbolik auf Münzen

Naturgemäß spielt jede Art von Militärpropaganda seit eh und je auf Münzen eine große, manchmal vorherrschende Rolle. Waren es doch die Soldaten, die auf die Geldwirtschaft, ihren Sold angewiesen waren. Entsprechend oft kommen, speziell in schwierigen Zeiten, auf den Münzrückseiten militärische Motive vor.

Die entsprechenden Götterdarstellungen sind überaus häufig, und man ist versucht, Jupiter, Hercules, Victoria, um nur Beispiele zu nennen, hier mitzubehandeln. Dennoch sei auf das Kapitel zur Götterwelt (S. 97) verwiesen und sich hier ganz auf das römische Heer selbst beschränkt und schlaglichthaft einige Beispiele angeführt.

Vgl. auch M18 M22 M39 M43 M46 M49 M63 M68 Berühmtestes Beispiel einer ganzen Serie von Militärprägungen sind die Legionsantoniniane des Gallienus, die jener anläßlich der Bildung einer Elitetruppe prägen ließ, die als mobile Eingreifreserve zu Mediolanum stationiert wurde. Aus allen Heeresteilen wurden Abteilungen zu diesem Zweck nach Mediolanum abkommandiert. Eine Serie von Antoninianen nennt alle diese Einheiten, zeigt ihre besonderen Embleme und preist sie als *pia* und *fidelis*, fromm und loyal, wobei diese Eigenschaften jeweils als Ehrentitel verliehen und durchgezählt wurden. Andere Münzen des gleichen Kaisers preisen die Loyalität, die Treue der Soldaten, etwa mit der Darstellung der Feldzeichen und des (Legions-)Adlers auf dem Globus. Den Legionsantoninianen des Gallienus in der Motivwahl und Thematik vergleichbar ist eine Serie von Aurei, welche verschiedene Legionen nennt, die sich bei der Belagerung und Einnahme der Stadt Augustodunum (Autun) in Gallien unter Kaiser Victorinus ausgezeichnet hatten. Diese seltene Serie dürfte wohl nur zu Geschenkzwecken vom siegreichen Kaiser an die beteiligte Truppe ausgegeben worden sein.

Eine gänzlich neue Entwicklung der Spätantike ist das Motiv des Festungsbaus, meist des Kastelltors, als Sinnbild militärischer Stärke, wie es uns seit tetrarchischer Zeit mit verschiedenen Umschriften auf den Münzrückseiten begegnet. Zweifellos ist dies ein interessanter Hinweis auf den Stellenwert der Defensive in dieser Zeit, wo Festungsbau zur *Virtus*, militärischer Tugend, und *Providentia*, Voraussicht, gehörte. *Vgl. auch M52*

Die Darstellung der *Concordia*, der Eintracht der Soldaten gegenüber dem Kaiser ist demgegenüber eher konventionell, originell ist dagegen das constantinische Zitat einer Münzrückseite des Traianus, also zwei Jahrhunderte früher, das zwei Standarten und ein Legionsfeldzeichen zeigt und die Umschrift auf der Münze des Traianus S(ENATVS) P(OPVLVS)Q(VE) R(OMANVS) OPTIMO PRINCIPI, „der Senat und das römische Volk dem besten Herrscher" wortwörtlich wiederholt.

Das letzte Beispiel zeigt eine regelrechte Schlachtenszene, eine Episode aus der Schlacht von Singara in Mesopotamien des Jahres 344, wo der persische Thronfolger durch römische Soldaten ums Leben kam. Dieser Vorfall wird als *felicium temporum reparatio*, die Wiederherstellung glücklicher Zeiten, gefeiert, eine Parole, die auch sonst immer wieder auf den Münzen der Zeit, gleichsam als Wunschdenken, beschworen wird.

Katalog

M94 Gallienus, Antoninian (Billon), geprägt ca. 258 zu Mediolanum (Mailand)
Vs: GALLIENVS AVG, drapierte Büste des Gallienus nach rechts mit Strahlenkrone
Rs: LEG I ADI VI P VI F, *Capricornu* (Mischwesen aus Ziege und Fisch) als Emblem der *Legio prima adiutrix* nach rechts
RIC 315; B. Overbeck, Germanen 31
Die Stammtruppe lag in Brigetio, Provinz Pannonia superior.

M95 Gallienus, Antoninian (Billon), geprägt ca. 259 zu Mediolanum (Mailand)
Vs: GALLIENVS AVG, gepanzerte Büste des Gallienus nach rechts mit Strahlenkrone
Rs: LEG I ITAL VII P VII F, Hippocamp (Mischwesen mit Fischschwanz) als Emblem der *Legio prima Italica* nach rechts
RIC 320; B. Overbeck, Germanen 32
Die Stammtruppe lag in Novae, Provinz Moesia inferior.

M96 Gallienus, Antoninian (Billon), geprägt ca. 258 zu Mediolanum (Mailand)
Vs: GALLIENVS AVG, gepanzerte Büste des Gallienus mit Strahlenkrone nach rechts
Rs: LEG I MIN VI P VI F, Minerva mit Victoriola, Speer und Schild nach links stehend, Emblem der *Legio prima Minervia*
RIC 322; B. Overbeck, Germanen 33
Die Stammtruppe lag in Bonna, Provinz Germania inferior.

M97 Gallienus, Antoninian (Billon), geprägt ca. 258 zu Mediolanum (Mailand)
Vs: GALLIENVS AVG, Büste des Gallienus mit Strahlenkrone, Speer und Schild nach links
Rs: Leg II ADI VI P VI F, Pegasus nach rechts springend als Emblem der *Legio secunda Adiutrix*
RIC 324; KOSH 492; B. Overbeck, Germanen 34
Die Stammtruppe lag in Aquincum, Provinz Pannonia inferior.

M98 Gallienus, Antoninian (Billon), geprägt ca. 258 zu Mediolanum (Mailand)
Vs: GALLIENVS AVG, Büste des Gallienus mit Strahlenkrone nach rechts
Rs: LEG III ITAL VI P VI F, Storch nach rechts als Emblem der *Legio tertia Italica*
RIC 339 A; B. Overbeck, Germanen 35
Die Stammtruppe lag in Castra Regina, Provinz Raetia.

M99 Gallienus, Antoninian (Billon), geprägt ca. 258 zu Mediolanum (Mailand)

Vs: GALLIENVS AVG, gepanzerte Büste des Gallienus mit Strahlenkrone rechts
Rs: LEG IIII FL VI P VI F, nach rechts springender Löwe als Emblem der *Legio quarta Flavia*
RIC 343; B. Overbeck, Germanen 36
Die Stammtruppe lag in Singidunum, Provinz Moesia superior.

M100 Gallienus, Antoninian (Billon), geprägt ca. 258 zu Mediolanum (Mailand)
Vs: GALLIENVS AVG, gepanzerte Büste des Gallienus mit Strahlenkrone nach rechts
Rs: LEG VIII AVG VI P VI F, Stier nach rechts schreitend als Emblem der *Legio octava Augusta*
RIC 353; B. Overbeck, Germanen 38
Die Stammtruppe lag in Argentorate, Provinz Germania superior.

M101 Gallienus, Antoninian (Billon), geprägt ca. 258 zu Mediolanum (Mailand)
Vs: GALLIENVS AVG, drapierte und gepanzerte Büste des Gallienus mit Strahlenkrone rechts
Rs: COHH PRAET VI P VI F, Löwe mit Strahlenkranz rechts schreitend
RIC 370; B. Overbeck, Germanen 42
Hier handelt es sich um die Eliteeinheit der Praetorianerkohorten

M102 Gallienus, Antoninian (Billon), geprägt ca. 259 zu Lugdunum (Lyon)
Vs: GALLIENVS P F AVG, gepanzerte Büste des Gallienus nach links mit Strahlenkrone, Schild und geschulterter Lanze
Rs: FIDES MILITVM, Adler auf Globus zwischen zwei Feldzeichen
RIC 15

M103 Victorinus, Aureus (Gold), geprägt 270 n.Chr. in einer gallischen Münzstätte
Vs: IMP C VICTORINVS P F AVG, gepanzerte Büste des Victorinus, der Speer und Schild trägt, mit Lorbeerkranz nach links
Rs: LEG V MACIDONICA P F im Abschnitt, Stier links neben Adler auf Globus mit Kranz im Schnabel
RIC 16; Schulte 34 a (dies Exemplar); B. Overbeck, Germanen 46
Da die genannte fünfte makedonische Legion in Potaissa in Dacien (Rumänien) stand, weit außerhalb des Machtbereichs des gallischen Imperiums, dürfte höchstens eine kleinere Abordnung *(vexillatio)* unter gallischem Kommando gestanden sein.

M104 Galerius Maximianus, Argenteus (Silber), geprägt zu Trier 305/306
Vs: MAXIMIANVS P F AVG, Kopf des Maximianus mit Lorbeerkranz nach rechts
Rs: VIRTVS MILITVM, im Abschnitt PTR, Lagertor mit vier Türmen und geöffneten Türflügeln
RIC 635

M105 Constantin I., Nummus (Bronze), geprägt 325/326 zu Arles
Vs: CONSTANTINVS AVG, Kopf des Constantinus mit Lorbeerkranz nach rechts
Rs: VIRTVS AVGG, im Abschnitt PA⌣RL; Lagertor mit geöffneten Türflügeln und vier Türmen, darüber Stern
RIC 291

M106 Constantinus I., Nummus (Bronze), geprägt 326/327 zu Siscia

Vs: CONSTANTINVS AVG, Kopf des Constantinus mit Lorbeerkranz nach rechts
Rs: PROVIDENTIAE AVGG, im Abschnitt · ΓSIS ·; Lagertor mit zwei Türmen ohne Türen, darüber Stern
RIC 200

M107 Constantinus I., Nummus (Bronze), geprägt 310/312 zu Londinium (London)
Vs: CONSTANTINVS P AVG, gepanzerte Büste des Constantinus mit Helm und Lorbeerkranz nach links, über rechter Schulter Speer, am linken Arm Schild
Rs: CONCORD(IA) MILIT(VM), rechts im Feld Stern, im Abschnitt PLN; Concordia nach links stehend, in jeder Hand eine Standarte
RIC 203

M108 Constantinus I., Nummus (Bronze), geprägt 312/313 zu Rom
Vs: IMP CONSTANTINVS P F AVG, drapierte Büste des Constantinus mit Lorbeerkranz nach rechts
Rs: SPQR OPTIMO PRINCIPI, im Abschnitt RQ; Legionsadler nach links zwischen zwei Feldzeichen
RIC 348 a

M109 Constantius II., Pecunia Maiorina (Bronze), geprägt 350/355 zu Antiochia
Vs: D N CONSTAN-TIVS P F AVG, drapierte und gepanzerte Büste des Constantius II. nach rechts mit Diadem
Rs: FEL TEMP REPARATIO, links im Felde Γ, im Abschnitt ANZ; römischer Fußsoldat bedroht einen über sein gestürztes Pferd gefallenen persischen Reiter mit der Lanze
RIC 132; vgl. KOSH 684; vgl. B. Overbeck, Germanen 77

Die heidnische Götterwelt — eine Auswahl

Jupiter

zl.
ch
36
45
50
53
56
57
50
52

Oberster Staatsgott der römischen Kaiserzeit war Jupiter, ihm beigesellt waren im Kapitol Juno und Minerva, als Dreieinheit die capitolinische Trias formend. Entsprechend häufig erscheint Jupiter in verschiedensten Eigenschaften auf den Münzen. In den unruhigen Zeiten der Krise des 3. Jahrhunderts wird er zur siegbringenden Gottheit des römischen Heeres. Auch seine Eigenschaft als rächender Gott *(ultor)* wird oftmals hervorgehoben. Von Diocletianus wird er ge-

wissermaßen in die Reform des Reiches miteinbezogen. Oberster und persönlicher Schutzgott des Joviers Diocletianus, wird er in vielen Eigenschaften und Funktionen auf Münzen dargestellt, einschließlich der kämpferischen Pose des sagenhaften Kampfes gegen die Titanen. Auch Licinius I. und sein Sohn rechneten sich dem Hause der Jovier zu und *Jupiter Conservator* wird das bevorzugte Rückseitenbild fast aller Münzen aus seinem Reichsteil.

M110 Gallienus, Antoninian (Billon), geprägt ca. 258/259 zu Lugdunum (Lyon)
Vs: GALLIENVS P F AVG, gepanzerte Büste des Gallienus nach rechts mit Strahlenkrone
Rs: IOVI VI-CTORI, Jupiter mit Victoria und Szepter auf einem Sockel stehend, der die Inschrift trägt: IMP/C E S *(Imperator cum exercitu suo)*
RIC 23; vgl. KOSH 489; B. Overbeck, Germanen 29

M111 Gallienus, Antoninian (Billon), geprägt 259/268 zu Rom
Vs: IMP GALLIENVS AVG, gepanzerte Büste des Gallienus nach links mit Strahlenkrone, in der Rechten Lanze, in der Linken Schild
Rs: IOVI VLTORI, links im Felde S; Jupiter nach rechts mit Szepter, Blitz schleudernd
RIC 220 (Büstenvariante)

M112 Diocletianus, Aureus (Gold), geprägt zu Rom ca. 284/293

Vs: IMP C C VAL DIOCLETIANVS P F AVG, gepanzerte und drapierte Büste des Diocletian mit Lorbeerkranz nach rechts
Rs: IOVI FVLGERATORI, im Abschnitt PR, Jupiter nach rechts laufend mit Blitz, Titanen niederwerfend
RIC 144

M113 Licinius I., Nummus (Bronze), geprägt 315/316 zu Antiochia
Vs: IMP LIC LICINIVS P F AVG, drapierte und gepanzerte Büste des Licinius nach rechts mit Lorbeerkranz
Rs: IOVI CONSERVATORI AVGG NN, im Felde rechts B, im Abschnitt ANT, Jupiter mit Szepter und Victoria auf Globus nach links stehend, links zu seinen Füßen Adler mit Kranz
RIC 17

35 Jupiter-Kameo
Fundort unbekannt (1598 im Besitz der bayerischen Herzöge, 1659 im Inventar der Herzöge von Sachsen-Gotha, bis 1945 in Gotha, 1961 aus dem Kunsthandel erworben)
14,6 x 10,2 cm
4. Jahrhundert n.Chr. (Datierung umstritten)
Stuttgart, Württembergisches Landesmuseum Inv. Arch 62/3
Der hoch rechteckige Kameo hat abgerundete Ecken. Er besteht aus einem mehrschichtigen Sardonyx. Der Grund ist dunkelbraun, die Figuren sind teils weiß (Gesichter, Oberkörper des Jupiter, Untergewand der Juno), teils in hellen Brauntönen angelegt.

Spätantike Nr. 105 (D. Stutzinger) mit Lit. — Wolf-Rüdiger Megow, Kameen von Augustus bis Alexander Severus (AMUGS, Band 11) (Berlin 1987) Nr. A 132. — Klaus Stemmer (Hrsg.), Kaiser Marc Aurel und seine Zeit. Das Römische Reich im Umbruch. Abguß-Sammlung Antiker Plastik (Berlin 1988) 86 f. Nr. G 8.

Minerva

Die jungfräuliche Göttin Minerva, voll bewaffnet der Stirne des Jupiter-Zeus entsprungen, wird meist recht stereotyp mit Helm, Schild und Lanze dargestellt. Gegenüber ihren militärischen Tugenden steht ihre Funktion als Patronin der Wissenschaft in der späteren Kaiserzeit zurück. Die zwei ausgewählten Beispiele der relativ selten auf Münzen der späten Kaiserzeit wiedergegebenen Göttin zeigen sie als kaiserliche Schutzherrin des Gallienus und des Constantius Chlorus, hier ausdrücklich als *comes Augustorum*, Beschützerin, Begleiterin der Kaiser, bezeichnet.

M114 Gallienus, Antoninian (Billon), geprägt 259/268 in einer Münzstätte der Provinz Asia
Vs: GALLIENVS AVG, Kopf des Gallienus nach links mit Strahlenkrone
Rs: MINERVA AVG, Minerva nach rechts stehend mit Schild und Lanze
RIC 651

M115 Constantius Chlorus, Aureus (Gold), geprägt 295/305 zu Trier
Vs: CONSTANTIVS N C, Kopf des Constantius nach rechts mit Lorbeerkranz
Rs: COMES AVGG, im Abschnitt PT; Minerva mit Schild und Lanze von vorn stehend, den behelmten Kopf nach rechts
RIC 5 (Variante: Kopf der Minerva r.)

Rechts ist der thronende Jupiter dargestellt. Er sitzt auf einem hölzernen Thron mit Rückenlehne und gedrechselten Füßen, die Beine auf einem Holzschemel. Den bärtigen Kopf schmückt ein Lorbeerkranz. Die Rechte hält das Szepter, die Linke den Blitz. Jupiter blickt auf die links leicht hinter dem Schemel stehende, ihm zugewandte Göttin (Juno?) in Tunica und über den Kopf gezogenen Mantel.
Sofern die Darstellung über die reine Götterrepräsentation hinausweist, kann man an einen Bezug zum Kaisertum und seiner Ideologie denken — die Apotheose des Kaisers beginnt bereits bei Augustus, und seit dem 3. Jahrhundert schlägt sich die zuvor allenfalls offiziöse, aber nicht offizielle Idee auch in der Anrede des Kaisers als Herr und Gott nieder.
Da die Datierung des Kameo unter den Archäologen umstritten ist, läßt sich auch der Name der potentiell Dargestellten nicht mit Sicherheit eruieren. Man hat an Claudius und Agrippina (Mitte des 1. Jahrhunderts), an Septimius Severus und Iulia Domna (Ende des 2. Jahrhunderts) und an Constantin und Fausta (um 315) gedacht.

36 Minerva-Schale
Nordafrika
Zweite Hälfte 4. Jahrhundert n.Chr.
Dm 17,7 cm
München, PStslg. Inv. 1988, 5629
Die außergewöhnlich hohe, fast halbkugelige Schale trägt im Inneren vier Appliken: eingerahmt von zwei tordierten Säulen mit Basis und Kapitell links ein großes Spitzblatt, in dessen Spitze eine Taube nach links blickt, und rechts eine stehende, nach links blickende Minerva im Peplos mit Brustband, auf dem Kopf ein attischer Helm mit großem Kamm, in der Linken die Lanze aufstützend, die Rechte auf den am Boden stehenden Rundschild gelegt.

Apollon

In der Zeit des Gallienus wird noch einmal nach altheidnischer Tradition das ganze Pantheon der Götterwelt bemüht, das gefährdete Reich zu beschützen. Daher gibt es fast von jeder Gottheit eine Repräsentation auf einer Münze der Zeit. Apollon ist sonst keineswegs besonders häufig auf reichsrömischen Münzen vertreten. Einerseits Förderer der Künste, hat er auch mystisch-dunkle Züge als Heilgott und in orientalischen Kulten, etwa als Apollo Arnazi in Xanthus in Lykien. Neben der ganz typischen Darstellung mit der Lyra erscheint auch eines seiner Attribute, der Greif in seiner ab-

schreckenden Wehrhaftigkeit. Bei allen gezeigten Münzen von Gallienus und Claudius Gothicus wird der Gott *Conservator,* also Beschützer des Kaisers genannt.

M116 Gallienus, Antoninian (Billon), geprägt 259/268 zu Mediolanum (Mailand)
Vs: GALLIENVS AVG, Kopf des Gallienus nach rechts mit Strahlenkrone
Rs: APOLLO CONSER, Apollo von vorn stehend, die Rechte über den Kopf erhoben, mit der Linken die Lyra auf einen Fels setzend
RIC 467

M117 Gallienus, Antoninian (Billon), geprägt 259/268 zu Rom
Vs: IMP GALLIENVS AVG, Kopf des Gallienus mit Strahlenkrone nach rechts
Rs: APOLLINI CONS AVG, Greif nach links schreitend   *Vgl.*
RIC 165   *Kat-*
   Nr.
   287

M118 Glaudius II. Gothicus, Antoninian (Billon), geprägt 268/270 zu Rom
Vs: IMP CLAVDIVS AVG, Kopf des Claudius II. nach rechts mit Strahlenkrone
Rs: APOLLINI CONS, rechts im Felde H; Apollo mit Zweig und Lyra nach links stehend
RIC 22

Diana

Apollons jungfräuliche Schwester Diana begegnet auch mehrmals auf Münzen der Zeit des Gallienus. Außer der herkömmlichen Repräsentation als Jagdgöttin gibt es in der Serie der Münzen mit den Schutzgottheiten, *Conservatores,* des Kaisers die Darstellung des Wildes als ihr Attribut, eine besonders künstlerisch gelungene, von den Normen steifer Götterstatuen weit entfernte Art des Hinweises auf die entsprechende Gottheit.

M119 Gallienus, Antoninian (Billon), geprägt 253/259 zu Mediolanum (Mailand)
Vs: IMP GALLIENVS AVG, gepanzerte Büste des Gallienus mit Strahlenkrone nach rechts
Rs: DIANA FELIX, Diana mit Pfeil und Bogen nach rechts laufend, Hund zu ihren Füßen
RIC 380

M120 Gallienus, Antoninian (Billon), geprägt 259/268 zu Rom
Vs: IMP GALLIENVS AVG, Kopf des Gallienus nach rechts mit Strahlenkrone
Rs: DIANAE CONS AVG, Reh nach rechts, den Kopf zurückwendend
RIC 176

Liber Pater

Aus der gleichen Serie der *Conservatores,* der Bewahrer, Beschützer des Gallienus stammt auch der Panther als Attribut des Liber Pater, einer italischen Gottheit, die eng mit dem Fruchtbarkeitskult verbunden war. In dieser Zeit wurde er weitgehend mit Bacchus gleichgesetzt, zu dem der Panther als Attribut eigentlich gehört.

M121 Gallienus, Antoninian (Billon), geprägt 259/268 zu Rom
Vs: GALLIENVS AVG, Kopf des Gallienus nach rechts mit Strahlenkrone

Rs: LIBERO P CONS AVG, im Abschnitt B; Panther nach links
RIC 230; vgl. KOSH 501

Dea Segetia

Die einzige Darstellung dieser Gottheit sehen wir auf Münzen der Salonina, der Gemahlin des Gallienus. Göttin der reifenden Saat, hat sie die Züge einer Fruchtbarkeitsgöttin. Vermutlich ist ihr Schrein, der sich zu Rom im Circus Maximus befand, dargestellt.

M122 Gallienus für Salonina, Antoninian (Billon), geprägt 258 zu Lugdunum (Lyon)
Vs: SALONINA AVG, drapierte Büste der Salonina mit Diadem auf Mondsichel nach rechts
Rs: DEAE SEGETIAE, die Göttin Segetia im Tempelschrein
RIC 5

Mars

Als Militärgottheit ist Mars natürlich recht häufig auf den Münzrückseiten anzutreffen. Oft ist er in der Art der Darstellung gleichgesetzt mit *Virtus,* der militärischen Tapferkeit. Unsere Beispiele zeigen zwei Haupttypen der Darstellung, einmal den siegreichen Gott, die Trophäe geschultert, unter Gallienus, dann als spätestes Beispiel den Angreifer mit Schild und Lanze, von Constantinus I. als *Mars Pater Propugnator,* als Vater und Vorkämpfer gepriesen. Bis etwa 316 finden wir diesen Gott noch auf den Münzen des Constantinus I.

M123 Gallienus, Antoninian (Billon), geprägt 259 zu Lugdunum (Lyon)
Vs: GALLIENVS P F AVG, drapierte und gepanzerte Büste des Gallienus mit Strahlenkrone nach rechts

Rs: P M TR P VII COS IIII P P, Mars mit Trophäe und
Lanze nach rechts
RIC 8

stantinus I. Gerade in der Spätzeit verliert Victoria ihren
heidnischen Charakter und lebt als Sinnbild der Sieghaftigkeit auch in der christlichen Symbolik weiter.

*Vgl.
auch
M66
M67*

**M124 Constantinus I., Nummus (Bronze), geprägt 307/310 zu
Londinium (London)**
Vs: IMP CONSTINVS P AVG, gepanzerte Büste des
Constantinus mit Lorbeerkranz nach rechts
Rs: MARTI PATRI PROPVG(NATOR), im Abschnitt
PLN; Mars mit Speer und Schild nach rechts
RIC 109

M125 Tacitus, Antoninian (Billon), geprägt 275/276 zu Rom
Vs: IMP C M CL TACITVS AVG, drapierte und gepanzer-
te Büste des Tacitus nach rechts mit Strahlenkrone
Rs: VICTORIA AVG, im Abschnitt P; Victoria mit ausge-
breiteten Schwingen leicht nach links zwischen zwei
Rundschilden stehend, in den Händen ein Diademband
RIC 170

M126 Diocletianus, Aureus (Gold), geprägt 293 zu Cyzicus
Vs: DIOCLETIANVS — AVGVSTVS, Kopf des Diocletianus nach links mit Lorbeerkranz.
Rs: CONCORDI-AE AVGG NN, die zwei Kaiser mit
Szepter und Globus auf curulischen Stühlen nach links
sitzend, über ihnen Victoria mit ausgebreiteten Schwingen
RIC —; vgl. RIC 601 (dort Kopf rechts); K. Pink, Die Goldprägung des Diocletianus und seiner Mitregenten, Numismatische Zeitschrift, Neue Folge 24, 1931, 43, 4. Periode;
vgl. KOSH 583

37 Fragment von Mars-Schale
Nordafrika
Zweite Hälfte 4. Jahrhundert n.Chr.
München, PStslg. Inv. 1983, 1231
Die Scherbe zeigt — rechts und unten im rechten Winkel be-
grenzt — den nackten Gott nach links gewandt stehend, auf
dem Kopf ein Helm mit herabhängendem Busch, die linke
Hand am Griff des am Balteus hängenden Schwertes, die
Rechte auf den am rechten Bein lehnenden Schild gestützt.

Victoria

*l.
b
5
7
8
5*

Innerhalb der Reichspropaganda und als Militärgottheit
nimmt sie naturgemäß einen besonders hohen Rang ein. Als
Garant der Herrschaft hält sie das Diadem, schwebt siegver-
heißend über den einträchtig thronenden Kaiserpaar der Tetrarchie oder zwei Victorien halten den Votaschild des Con-

M127 Constantinus I., Nummus (Bronze), geprägt 319 zu Siscia
Vs: IMP CONSTINVS AVG, Büste des Constantinus
mit Panzer, Helm, Schild und Lanze nach links
Rs: VICTORIAE LAETAE PRINC PERP, in der Mitte
des Altarfeldes I, im Abschnitt BSIS; zwei Victorien
einander gegenüberstehend, Schild mit der Inschrift
VOT/PR auf Altar haltend
RIC 74

101

38 Fragment von Victoria-Platte
Nordafrika
Zweite Hälfte 4. Jahrhundert n.Chr.
München, PStslg. Inv. 1988, 3009
Die Randscherbe zeigt die Applike einer Victoria, die in langem Gewand nach links schwebt, auf dem Kopf einen Kammhelm, in der erhobenen Rechten ursprünglich wohl einen Kranz, in der gesenkten Linken einen langen Palmzweig. In der Größe entspricht die Applike ungefähr dem Mars von Nr. 37. Sie begegnet auch auf dem Rand des Pegasus-Tabletts Nr. 252.

Sol

Vgl. auch
M13
M19
M44
M51
A6

Kat.-Nr. 312

S.190

Der Sonnengott Sol, oft auch ORIENS auf den Münzen hat gerade im 3. und angehenden 4. Jahrhundert eine bedeutende Stellung als Staatsgott erlangt. Orientalische Vorstellungen haben dabei zweifellos eine wichtige Rolle gespielt.
Unter Gallienus ist er einer seiner *Conservatores*, symbolisiert durch Pegasus, das himmlische Blitzroß, eine recht unkonventionelle Zuweisung zu diesem Gott. Aurelians Oriens ist ganz der oberste Staatsgott, dem der Kaiser seine Siege verdankt. Auch Probus zeigt diesen obersten Staatsgott, hier als *Sol invictus*, den unbesiegten Sonnengott, ein Adjektiv, das auch dem Lichtgott Mithras zu eigen war. Bis weit nach dem Zeitpunkt der Schlacht an der milvischen Brücke, etwa bis 318/319, ist der Sonnengott auch der *invictus comes*, der unbesiegte Begleiter, des Constantinus I.

M128 Gallienus, Antoninian (Billon), geprägt 259/268 zu Rom
Vs: GALLIENVS AVG, Kopf des Gallienus nach rechts mit Strahlenkrone

Rs: SOLI CONS AVG, im Abschnitt H; Pegasus nach rechts
RIC 283

M129 Aurelianus, Antoninian (Billon), geprägt 270/275 zu Rom
Vs: IMP AVRELIANVS AVG, gepanzerte Büste des Aurelianus nach rechts mit Strahlenkrone
Rs: ORIENS AVG, im Felde rechts T, im Abschnitt XXI∗; Sol mit Globus nach links stehend zwischen zwei Gefangenen
RIC 63

M130 Probus, Antoninian (Billon), geprägt ca. 279 zu Rom
Vs: IMP C M AVR PROBVS P F AVG, Büste des Probus nach links mit Strahlenkrone, im Kaisermantel mit Adlerszepter
Rs: SOLI INVICTO, im Abschnitt R✱B; Sol in Viergespann von vorn
RIC 204; vgl. KOSH 552; Pink, Aufbau, 4. Emission

M131 Constantinus I., Nummus (Bronze), geprägt 313/314 zu Londinium (London)
Vs: IMP CONSTANTINVS AVG, gepanzerte Büste des Constantinus mit Lorbeerkranz nach rechts
Rs: SOLI INVICTO COMITI, im Felde links S, rechts F, im Abschnitt PLN; Sol mit Chlamys über Schulter nach links stehend, Globus in der Linken, die Rechte erhoben
Vgl. RIC 5 (andere Vs.-Umschrift)

Kat.-Nr. M120 Rs

Kat.-Nr. M121 Rs

Kat.-Nr. M130 Rs

Kat.-Nr. M135 Vs

M132 Constantinus I., Nummus (Bronze) mit Resten von Silbersud, geprägt 319 zu Thessalonica
Vs: CONSTANTINVS AVG, Büste des Constantinus mit Lorbeerkranz und Panzer nach rechts
Rs: VIRT EXERC, im Abschnitt · TS · Δ · ; Sol mit erhobener Rechten und Globus über rechtwinkligem Strahlensymbol stehend
RIC 66 var. (andere Trennung der Umschrift)

Hercules

Eigentlich Heros, nicht Gottheit, wurde Hercules einer der beliebtesten Militär- und Staatsgötter, gerade in der späten Kaiserzeit. Auch die *Conservator*-Serie des Gallienus bezieht sich auf ihn durch Darstellung eines seiner Attribute, den erymantischen Eber, somit auf eine der Taten des Hercules bezugnehmend. Der auf Münzen des gallischen Teilreiches erscheinende Hercules von Deuso ist wohl einer jener lokalen Gottheiten, die von Rom dann adaptiert wurden. Der Kaiser Postumus selbst läßt sich ebenfalls als Hercules mit Keule und Löwenfell darstellen, ein Zeichen seiner *Virtus*, seiner Tapferkeit, einer der hervorragenden Eigenschaften des Hercules.

Gemäß der imperialen Theologie des Diocletianus kam Hercules in der Zeit der Tetrarchie zu höchsten Ehren. Das in Jovier und Herculier aufgeteilte tetrarchische Kaiserhaus wies dem Maximianus Herculius und dem Constantius Chlorus diesen Gott als besonderen Patron zu, und entsprechend häufig ist ihr Münzbild. Dieser Staatsmythologie folgen gewissermaßen auch die Rückseitenbilder von Nummi des Maximinus Daia, obgleich er kein Herculier war.

M133 Gallienus, Antoninian (Billon), geprägt 259/268 zu Rom
Vs: GALLIENVS AVG, Kopf des Gallienus nach rechts mit Strahlenkrone
Rs: HERCVLI CONS AVG, im Abschnitt Є, der erymantische Eber nach rechts laufend
RIC 202

M134 Postumus, Antoninian (Billon), geprägt 262 zu Lugdunum (Lyon)
Vs: IMP C POSTVMVS P F AVG, drapierte Büste des Postumus mit Strahlenkrone nach rechts
Rs: HERC DEVSONIENSI, Hercules, auf Keule gelehnt, mit Bogen und Löwenfell nach rechts stehend
RIC 64 C; KOSH 507

M135 Postumus, Antoninian (Billon), geprägt ca. 266 zu Köln(?)
Vs: POSTVMVS AVG, Büste des Postumus nach links mit Strahlenkrone, die Keule geschultert, das Fell des nemeischen Löwen um die linke Schulter
Rs: PAX AVG, Pax mit Ölzweig und Szepter links stehend
RIC 319; vgl. KOSH 513

M136 Maximianus Herculius, Aureus (Gold), geprägt 288/293 zu Rom
Vs: MAXIMIA-NVS P F AVG, gepanzerte Büste des Maximianus nach rechts mit Lorbeerkranz
Rs: HERCVLI VICTORI, im Abschnitt PR, Hercules sitzt frontal auf einem Felsen, auf die Keule gestützt, rechts neben ihm Köcher und Bogen
K. Pink, Die Goldprägung des Diocletianus und seiner Mitregenten, Numismatische Zeitschrift, Neue Folge 24, 1931, 19, Gruppe b/2; RIC —

M137 Constantius Chlorus, Aureus (Gold), geprägt 295/305 zu Trier

Vs: CONSTANTIVS N C, Kopf des Constantius nach rechts mit Lorbeerkranz
Rs: HERCVLI VICTORI, im Abschnitt PTR; Hercules frontal auf Felsen sitzend, seitlich links die Keule, rechts Bogen und Köcher
RIC 51

M139 Maxentius, Nummus (Bronze mit Silbersud), geprägt 307 zu Aquileia
Vs: IMP C MAXENTIVS P F AVG, Kopf des Maxentius mit Lorbeerkranz
Rs: CONSERV — VRB SVAE, im Abschnitt AQP; vier- *Vgl.* säulige Tempelfront, im Innern die thronende Göttin *auch* Roma, die dem vor ihr stehenden Maxentius den Globus *M14* als Herrschaftssymbol übergibt *M35*
RIC 113   *M81*
    M82

M138 Maximinus Daia, Nummus (Bronze mit Silbersud), geprägt ca. 311/312 zu Cyzicus
Vs: IMP C GAL VAL MAXIMINVS P F AVG, Kopf des Maximinus nach rechts mit Lorbeerkranz
Rs: HERCVLI VICTORI, links im Felde S, darunter Punkt, im Abschnitt MKV; Hercules nach rechts stehend, auf Keule gelehnt
RIC 89 var. (Variante: Punkt als Beizeichen); Privatbesitz

M140 Maxentius, Nummus (Bronze mit Silbersud), geprägt 307 zu Karthago
Vs: IMP MAXENTIVS P F AVG, Kopf des Maxentius nach rechts mit Lorbeerkranz
Rs: CONSERVATO-RES KART SVAE, im Abschnitt *Vgl.* PKΓ, sechssäulige Tempelfront, im Innern die Stadtgöt- *auch* tin Karthago mit Früchten in beiden Händen *M30*
RIC 60   *M32*

Stadtgottheiten

Die Göttin Roma hatte schon immer, besonders im Zusammenhang mit dem Kaiserkult, einen wichtigen Platz in der Hierarchie der römischen Staatsgötter. Entsprechend oft erscheint ihr Bildnis auf Münzen bis in die Spätantike. Hier sei ein Sonderfall herausgegriffen. Der gegen das tetrarchische Regime rebellierende Maxentius, dessen Hauptmacht auf dem Besitz Italiens und der Hauptstadt Rom beruhte, rechtfertigt seine Herrschaft auf dem Münzbild, indem er sie gleichsam von Roma selbst empfängt. Sie überreicht ihm den Globus in ihrem Allerheiligsten, dem Romatempel.
Seit der Zeit des Diocletianus kommt auch immer wieder Karthago als Stadtgottheit auf den Münzen dieser Münzstätte vor. Das Adjektiv *felix,* das sie oft trägt, und die Früchte in den Händen der Göttin beziehen sich auf die Fruchtbarkeit der Provinz Africa, wichtiger Kornlieferant Roms. Unser Beispiel stammt aus der Zeit des Maxentius.
In constantinischer Zeit werden Stadtgottheiten immer mehr zu Symbolfiguren geographischer Begriffe ohne jeden religiösen Inhalt.

Die Genien

Der Genius des Kaisers *(Augusti, Imperatoris, Caesaris)* oder der Genius des römischen Volkes sind gewissermaßen gottgewordene Begriffe, in der heidnischen Tradition verwur- *Vgl.* zelt. Meist tragen sie stereotyp eine Opferschale und ein *auch* Füllhorn, bisweilen ergänzt durch weitere Attribute, wie un- *M23* ter Gallienus das Feldzeichen, den militärischen Charakter *M31* des Genius Augusti betonend. In der Tetrarchie gehört der *M33* Nummus mit der Rückseite des Genius Populi Romani (des *M48* römischen Volkes) zu den häufigsten Massenemissionen. Gegen 316 werden unter Constantin die letzten Nummi mit diesem Motiv geprägt.

M141 Gallienus, Antoninian (Billon), geprägt 259/268 zu Rom
  Vs: GALLIENVS AVG, gepanzerte Büste des Gallienus
    nach rechts mit Strahlenkrone
  Rs: GENIVS AVG, im Felde Q; Genius nach links stehend
    mit Patera und Füllhorn, rechts ein Feldzeichen
  RIC 197

M143 Julianus II. Philosophus, Doppelmaiorina (Bronze), geprägt 361/363 zu Sirmium
  Vs: D N FL CL IVLI-ANVS P F AVG, drapierte und gepanzerte Büste des Julianus nach rechts mit Diadem
  Rs: SECVRITAS REIPVB(LICAE), im Abschnitt
    ∗ASIRM Kranz; Apisstier nach rechts, darüber ∗ ∗
  RIC 106; vgl. KOSH 698

M142 Galerius Maximianus Caesar, Nummus (Bronze mit Silbersud), geprägt 301/303 zu Lugdunum (Lyon)
  Vs: MAXIMIANVS NOB C, Büste des Maximianus im
    Kaisermantel mit Adlerszepter nach links
  Rs: GENIO POVLI ROMANI, im Felde links Altar, rechts
    A, im Abschnitt PLG, Genius mit Opferschale und
    Füllhorn nach links stehend
  RIC 169 b

Der Phönix

Die in der früheren Kaiserzeit nur selten auf Münzen belegte Darstellung des Phönix wird ca. 348/350 unter den christlich orientierten Kaisern Constans und Constantius II. wieder aufgegriffen. Die Wiedergeburt des Phönix aus der Asche ist hier nicht mehr als ein Symbol für die Wiederherstellung des Reiches, die *felicium temporum reparatio*, die Wiederherstellung glücklicher Zeiten. Das Bild zeigt also ein religiös völlig neutrales Gleichnis.

Der Apisstier

Unter Julianus II. Philosophus erfahren heidnische Kulte und Philosophie reichliche Förderung. Die Doppelmaiorinen mit dem Stier werden daher auf den Fund eines Apisstieres zu dieser Zeit in Ägypten bezogen. Die zwei Sterne als Symbole der Göttlichkeit mögen dazu einen Anhaltspunkt bieten. Andererseits könnte sich das Bild eines kampfbereiten Stiers auch ganz einfach als Symbol der *Securitas Rei Publicae*, der Sicherheit des Reiches erklären lassen. Vielleicht ist die Ambivalenz durchaus gewollt.

M144 Constans, Centenionalis (Bronze), geprägt 348/350 zu Trier
  Vs: D N CONSTA-NS P F AVG, drapierte und gepanzerte Büste des Constans mit Diadem nach rechts
  Rs: FEL(ICIVM) TEMP(ORVM) REPARATIO, im
    Abschnitt TRS; Phönix nach rechts auf Globus
  RIC 232

Mercurius

Der Gott des Handels und Wandels war Götterbote und Seelengeleiter der Verstorbenen und schützte Handel und Verkehr.

39 Fragment von Merkur-Teller
Nordafrika
Zweite Hälfte 4. Jahrhundert n.Chr.
München, PStslg. Inv. 1988, 3004

Merkur sitzt — wie komplett erhaltene Exemplare der Applike zeigen — auf einem Felsen oder Geröllhaufen. Er stützt das linke Bein auf halber Höhe ab. Ein über den linken Oberarm nach hinten herabfallender Mantel ist auf der rechten Schulter geknotet. In der Linken hält der Gott den Botenstab *(caduceus)*, auf dem Kopf sitzt der typische Flügelhut, am rechten Handgelenk hängt eine perlengeschmückte Börse *(marsupium)* herab. Darunter kauert ein Ziegenbock, rechts daneben steht ein kleiner Altar, auf dem ein Widderkopf als Opfer liegt.
Von dieser Applike ist auch eine Patrize bekannt, das (erhabene) Modell, von dem die (vertiefte) Model abgenommen wurde. Zum Typ: L. Bakker, Bonner Jahrb. 180, 1980, 628 ff. Abb. 7—8.

Christentum und Reichspropaganda auf Münzen

Das Jahr 315, Jahr des Triumphes des Constantinus I. über den drei Jahre zuvor an der milvischen Brücke vor den Toren Roms besiegten Gegenspieler Maxentius, ist auch das Jahr, in dem christliche Staatssymbolik deutlich und an hervorragender Stelle erstmals auf der Münze erscheint. Der Constantinsbogen zu Rom wurde in diesem Jahr fertiggestellt, und ebenso wie dieser ist auch das berühmte Medaillon des Constantinus von Ticinum mit dem gleichen Anlaß verbunden: den großen Siegesfeierlichkeiten. Auf der Vorderseite erscheint das behelmte Frontalporträt des Kaisers, durchaus kriegerisch und mit dem Pferd am Zügel, eine keineswegs naturalistische, symbolhaft verkürzte und erzählende Darstellung des siegreichen Feldherrn Constantinus, der das Christogramm zu seinem Zeichen in der Schlacht und so auch zu seinem Siegessymbol gemacht hatte. Das kleine ovale Medaillon mit dem Zeichen Christi am Spangenhelm des Kaisers bestätigt als authentische Quelle die Überlieferung der Kirchenschriftsteller, die zu dem wahren Kern der Übernahme des christlichen Zeichens als Kampfessymbol verschiedene Versionen geben. Lactantius (*de mortibus persecutorum* 44,5) berichtet, Constantinus habe geträumt, er möge das göttliche Zeichen des Christusmonogramms seinen Truppen als Schildzeichen geben. Eusebius hat in seiner *Vita Constantini* (1,28—31) eine leicht abweichende Version. Demnach erschien dem Kaiser das Kreuz mit der Inschrift „Hierdurch siege" am Himmel. Feststeht jedenfalls die ganz offensichtliche Verwendung des Christogramms als Heilszeichen für die Truppen Constantins, siegbringend, wie auch die Rückseite der gleichen Prägung zeigt: Inmitten seiner Kavallerietruppe wird der Kaiser hier von Victoria bekrönt, vielleicht eine merkwürdige Mischung zwischen christlicher Symbolik auf der Vorder- und heidnischer Bildsprache auf der Rückseite. Jedoch wird Victoria immer mehr zum Bildsymbol des Sieges, ist nicht so sehr Gottheit in der Spätantike. Zu dieser Zeit muß man freilich auch bedenken, daß die heidnischen Götter auch in der constantinischen Propaganda nach wie vor ihren Platz hatten. Bis etwa 319 erscheint auf den Nummi noch *Sol invictus comes*, der unbesiegte Sonnengott, als Beschützer des Kaisers. Nur in den Augen der Gläubigen hatte der christliche Gott Ausschließlichkeitsanspruch. Constantinus, erst auf dem Sterbebett getauft, verhielt sich dagegen zunächst nach allen Seiten offen, freilich

Kat.-Nr. M143

Kat.-Nr. M148

Kat.-Nr. M149

Kat.-Nr. M146 Rs

Kat.-Nr. M151 Rs

das Christentum, das ihm in der Entscheidungsschlacht geholfen hatte, besonders mit seiner Gunst bedenkend.

Das Feldzeichen mit dem Monogramm Christi, das Labarum, sollte bald innerhalb der Reichs- und Militärpropaganda des constantinischen Hauses immer öfter auf den Münzrückseiten erscheinen. Wohl an den Sieg über das Heidentum und über den als seinen speziellen Schutzgott Jupiter favorisierenden Licinius I. soll jener seltene Nummus des Constantinus I. erinnern, der das Labarum über einer sich windenden Schlange zeigt, symbolhafte Darstellung der *Spes publica*, der Hoffnung des Reiches auf den Sieg des christlichen Zeichens über das Üble.

Die nach dem Tode des Constantinus I. von seinen drei Söhnen ausgegebenen Nummi mit dem Porträt des Verstorbenen bedienen sich auch einer neuartigen Symbolsprache. Diese Massenprägung bietet eine merkwürdige Mischung aus heidnischer Tradition und neuen, christlichen Vorstellungen. Das verschleierte Haupt des als *Divus* im alten heidnischen Sinne vergöttlichten Kaisers entspricht ganz der heidnischen Tradition. Auch das Viergespann auf der Rückseite, in dem der verschleierte Verstorbene gen Himmel fährt, gehört zu den gängigen Vorstellungen. Ganz und gar neu ist die Hand Gottes, die sich ihm von oben entgegenstreckt und die nur durch den neuen, christlichen Einfluß auf die Gestaltung der Münzrückseiten erklärt werden kann, durch den nach und nach heidnische Bilder verdrängt und durch neutrale oder christliche Motive ersetzt wurden.

Eine 350 im Machtbereich des illyrischen Kaisers Vetranio geprägte Münze für Constantius II. zeigt den christlichen Kaiser mit dem Labarum, bekrönt von Victoria, keine heidnische Gottheit, sondern Symbolfigur, die christliche Sieghaftigkeit des Kaisers bildlich ausdrückend. Die Umschrift **IN HOC SIGNO VICTOR ERIS**, „unter diesem Zeichen wirst Du siegen", ist eine direkte Anspielung an die Ereignisse vor der Schlacht an der milvischen Brücke und an Constantinus I., Vater des Constantius II. Wie sehr diese Vision beeindruckt hatte, mag auch aus einem ähnlichen Ereignis, wenig später, erschlossen werden können. Nach den christlichen Quellen soll am 7. März 351 als Zeichen des Sieges der Waffen des Constantius II. über den gallischen Usurpator Magnentius ein Kreuz über Jerusalem erschienen sein.

Eben dieser gallische Usurpator Magnentius benützte das Christogramm, ergänzt durch die Inschrift *Salus dominorum nostrorum Augusti et Caesaris* („das Heil unserer Herrscher, des Kaisers und seines Thronfolgers"), als alleiniges Rückseitenmotiv. Es sei dahingestellt, wie weit man das Christogramm mit dem Alpha und Omega als Symbol für Anfang und Ende als antiarianisches Symbol gegen den der arianischen Glaubenslehre anhängenden Constantius II. deuten kann. Wahrscheinlicher ist die Wahl des Bildes ganz einfach als Appell des Kaisers an die Gottheit, vielleicht auch als Zurschaustellung christlicher Überzeugung gegenüber den christlich Denkenden in seinem Heer gegen Constantius II. Daß die Truppen des Constantius II. nach der Beseitigung des Magnentius an diesem Münzbild keinen Anstoß nehmen, mag aus der Tatsache erschlossen werden, daß das gleiche Motiv in Trier in einer ersten Übergangsperiode weiterhin geprägt wurde, nur daß das „Heil" sich nun wieder auf den alleinigen und rechtmäßigen Herrscher der Dynastie des Constantinus bezog.

Die meisten weiteren Zeugnisse christlichen Einflusses auf das Münzbild wirken gegenüber den früheren Beispielen recht stereotyp. Der christliche Kaiser trägt meist das Labarum als ein Feldzeichen im Kampf. Meist wird seine oder seines Heeres *Virtus* (Tapferkeit), sein Sieg *(Victoria)* genannt, oder er ist der Wiederhersteller des Reiches *(Restitutor Rei Publicae)* unter diesem christlichen Vorzeichen. Einmal hält der Kaiser das Labarum auch auf einem von Victoria gesteuerten Schiff, eine direkte Anspielung auf die Britannien-Expedition, die Constans 342/343 durchführte.

Katalog

M145 Constantinus I., Medaillon (Silber), geprägt 315 zu Ticinum (Pavia)

Vs: IMP CONSTANTINVS P F AVG, Büste des Constantinus I. im Dreiviertelprofil, leicht nach links, mit Helm und Panzer, Schild und Szepter; seine Rechte hält die Zügel eines Pferdes; am Helmbusch vorne eine Scheibe mit Christogramm

Rs: SALVS REI PVBLICAE, der Kaiser auf Podest mit Trophäe in der Linken, die Rechte im Adlocutionsgestus erhoben; Victoria rechts neben ihm stehend bekränzt ihn. Links und rechts neben dieser Gruppe Soldaten mit Vexilla im Hintergrund, mit Pferden im Vordergrund

RIC 36; KOSH 632

M146 Constantinus I., Nummus (Bronze), geprägt ca. 327/328 zu Constantinopel
Vs: CONSTANTINVS MAX AVG, Kopf des Constantinus I. mit Lorbeerkranz nach rechts
Rs: SPES PVBLIC, links im Feld A, im Abschnitt CONS∗; Labarum mit drei Medaillons und von Christogramm bekrönt, auf Schlange gesetzt
RIC 19 var. (Stern bei Münzstättenzeichen); KOSH 653; Privatbesitz

M149 Magnentius, Doppelmaiorina (Bronze), geprägt ca. 353 zu Trier
Vs: D N MAGNEN-TIVS P F AVG, drapierte und gepanzerte Büste des Magnentius nach rechts
Rs: SALVS DD NN AVG ET CAES, im Abschnitt TRS; Christogramm mit A und ω
RIC 318; vgl. KOSH 677

M147 Die Söhne Constantins I. für Divus Constantinus I., Nummus (Bronze), geprägt 337/340 zu Trier
Vs: DIV CONSTANTINVS PT AVGG, verschleierte Büste des Constantinus nach rechts
Rs: Im Abschnitt · TRS, der verschleierte Kaiser in einer Quadriga nach rechts fahrend, aus dem Himmel streckt sich ihm die Hand Gottes entgegen
RIC 44; KOSH 665

M150 Constantius II., Pecunia Maiorina (Bronze), geprägt 353 zu Trier
Vs: D N CONSTAN-TIVS P F AVG, drapierte und gepanzerte Büste des Constantius II. mit Diadem nach rechts
Rs: SALVS AVG NOSTRI, im Abschnitt (TRP∗); Christogramm mit A und ω
RIC 332

l.
ch
5

M148 Constantius II., Pecunia Maiorina (Bronze mit Silbersud), geprägt 350 zu Siscia
Vs: D N CONSTAN-TIVS P F AVG, im Felde A-∗; drapierte und gepanzerte Büste des Constantius II. mit Diadem nach rechts
Rs: HOC SIGNO VICTOR ERIS, links im Felde A, im Abschnitt · ASIS · ; Victoria bekränzt den nach links mit Szepter und Standarte stehenden Constantius II. Die Standarte trägt auf dem Banner das Christogramm.
RIC 286; B. Overbeck, Germanen 59; vgl. KOSH 682

M151 Constantius II., schweres Miliarense (Silber) geprägt 347/348 zu Trier
Vs: FL IVL CONSTAN-TIVS P F AVG, drapierte und gepanzerte Büste des Constantius II. mit Diadem nach rechts
Rs: VIRTVS DD NN AVGG, im Abschnitt TR; der Kaiser frontal stehend, nach links blickend mit dem Labarum
RIC 171

M152 Constans, Pecunia Maiorina (Bronze), geprägt 348/350 zu Trier
Vs: D N CONSTA-NS P F AVG, drapierte und gepanzerte Büste des Constans mit Diadem nach rechts
Rs: FEL TEM-P-REPARATIO *(felicium temporum reparatio)*, im Abschnitt TRS; der Kaiser mit Labarum und Victoria auf Globus in einer von Victoria gesteuerten Galeere
RIC 219 A; vgl. KOSH 670

M154 Magnus Maximus, Solidus (Gold), geprägt 383/388 zu Trier
Vs: D N MAG MA-XIMVS P F AVG, drapierte und gepanzerte Büste des Magnus Maximus mit Rosettendiadem nach rechts
Rs: RESTITVTOR-REIPVBLICAE, links im Felde Stern, im Abschnitt SMTR; Kaiser frontal stehend mit Kopf nach rechts, Labarum und Victoria auf Globus haltend
RIC 76

M153 Theodosius I., Pecunia Maiorina (Bronze), geprägt 383/388 zu Heraclea
Vs: D N THEODO-SIVS P F AVG, drapierte und gepanzerte Büste des Theodosius mit Perlendiadem nach rechts
Rs: VIRTVS E-XERCITI, im Abschnitt · SMHA; der Kaiser nach rechts stehend mit Labarum und Globus, den linken Fuß auf einen Gefangenen setzend
RIC 24 (b)

M155 Honorius, Solidus (Gold), geprägt 394/395 zu Mediolanum (Mailand)
Vs: D N HONORI-VS P F AVG, gepanzerte und drapierte Büste des Honorius mit Perlendiadem nach rechts
Rs: VICTORI-A AVGGG, links im Felde M, rechts im Felde D, im Abschnitt COMOB; Kaiser nach rechts stehend mit Standarte und Victoria auf Globus, Fuß auf Gefangenen setzend
RIC 35 (c)

Archäologische Zeugnisse des Christentums in Bayern

Bei der Sichtung der Quellen und Belege für das älteste Christentum in Bayern ist zu unterscheiden zwischen archäologischer und literarischer Überlieferung.

Durch Bodenfunde belegt ist die Anwesenheit von Christen in Augusta Vindelicum — Augsburg, in Castra Regina — Regensburg (Nr. 42) sowie in den spätantiken Kastellen und Befestigungen von Batava — Passau-Niedernburg (Nr. 44), Abusina — Eining (Nr. 45), Abodiacum — Epfach-Lorenzberg (Nr. 47) und Weßling (Nr. 43).

Daneben gibt es Fundstücke, die christlich interpretiert werden, aber auch anders verstanden werden und gemeint sein können, wie das Kreuz auf der Glasschale von Pons Aeni — Pfaffenhofen am Inn (Nr. 49).

Alle diese Fundstücke sind bei neueren Grabungen zu Tage gekommen. Für einige besonders schöne Funde, deren Fundgeschichte weiter zurückreicht, ist nicht mit hinreichender Sicherheit auszuschließen, daß sie erst in der Neuzeit aus dem mediterranen Bereich (vor allem aus Rom) nach Bayern gebracht wurden. Dies gilt für das Goldglas von Regensburg (Nr. 40) ebenso wie für die Bronzelampe Nr. 48 und die Tonlampe Nr. 46 von Augsburg.

40 Goldglas mit den Aposteln Petrus und Paulus
Angeblich Regensburg (wohl Rom)
Um 350 n.Chr.
Dm 9 cm
München, PStslg. Inv. IV 1197
Auf eine runde Glasscheibe ist eine dünne Goldfolie aufgebracht, aus der die Darstellung mit der Nadel herausgearbeitet ist. Zum Schutz des Bildes wurde eine zweite Glasscheibe am Rand auf die Platte aufgeschmolzen. Das Glas ist links unten abgebrochen.
In einem quadratischen Rahmen sitzen die Apostel Petrus und Paulus auf Klappstühlen, deren Füße als Löwenpfoten ausgebildet sind. Die bartlos Dargestellten sind angetan mit Tunica und Pallium. Sie sind einander leicht zugewandt. Mit der Linken greifen sie in die Falten des Mantels; während Petrus die Rechte gegen Paulus ausstreckt, hält dieser die Rechte vor die Brust. Die Namen der Apostel sind — von den Köpfen unterbrochen — in zwei Zeilen am oberen Rand ausgeschrieben:

PE   TRV   S
PA   VLV   S

Der freie Raum ist mit Rosetten aus Kreisscheiben und mit einzelnen Scheiben ausgefüllt.

Das Glas soll angeblich vor 1688 von Weihbischof Albert Ernst Graf von Wartenberg im Keller seines Kanonikalhofes am Domplatz beim Neubau seiner Hauskapelle (jetzt Maria Läng) gefunden worden sein. Eher dürfte er es jedoch von einer Studienreise nach Rom mitgebracht haben, da diese Gläser nördlich der Alpen fast nicht vorkommen, wohl aber in großer Zahl in den antiken Katakomben Roms in den Putz der Verschlüsse von Wandgräbern eingedrückt waren. Die ältesten Funde sind für das 16. Jahrhundert bezeugt, die größte Sammlung befindet sich im Museo Sacro der Biblioteca Apostolica Vaticana in Rom.

Neben Porträts und christlichen Motiven begegnen auch heidnische Szenen, die allerdings auch christlich interpretiert werden können.

Obwohl manche Gläser am Rand Bruchkanten aufweisen, kennt man kein komplettes Gefäß; es ist daher wahrscheinlich, daß alle diese *fondi d'oro* (und nicht nur die Medaillons mit rundgeschmolzenem Rand) eigens für die Verwendung in Katakomben angefertigt wurden.
Regensburg zur Römerzeit 138 f.; 147 Farbtafel; 441 f. Nr. I 46 mit Lit. (K. Dietz)

41 Fragment von Goldglas
Fundort unbekannt
Größte L 3,7 cm
4./5. Jahrhundert n.Chr.
München, PStslg. Inv. IV 1200
Die kleine Scherbe zeigt links ein Medaillon mit bartloser
männlicher Büste, rechts sind Reste einer stehenden Figur zu erkennen. Über dem Medaillon ist von der ursprünglichen Beschriftung der Buchstabe M und der punktförmige Rest eines
weiteren Buchstabens erhalten.
Die ursprüngliche Komposition könnte aus einer radial um den
Mittelpunkt angeordneten Folge von Medaillons und Figuren
bestanden haben, die jeweils durch Punkte voneinander abgesetzt waren.

42 Grabstein der Sarmannina
Regensburg, im Nordwesten des großen römischen Gräberfel-
des 1839 gefunden
Um 400 n.Chr.
H 38 cm
Regensburg, Museum der Stadt Inv. Lap. 24 (Nachbildung
München, PStslg. Inv. 1961, 780)
Die Inschrift auf dem Stein lautet:

IN A ☧ ⲱ Beatam Memoriam
SARMANNiNE
QVIESCENTI IN PACE
MARTIRIBVS SOCIATAE

Christus (ist) Anfang und Ende!
Zum seligen Gedächtnis
der Sarmannina.
Sie ruht in Frieden,
mit den Martyrern vereint.

Der Regensburger Stein ist der älteste christliche Grabstein aus
Bayern. In der Mitte der ersten Zeile steht das Monogrammkreuz ☧ mit den griechischen Anfangsbuchstaben X (chi) und
P (rho) des Namens Christus, flankiert von A (alpha) und ⲱ
(omega), dem ersten und dem letzten Buchstaben des griechischen Alphabets (nach Offenbarung des Johannes 1,8: Ich bin
das A und das O, der Anfang und das Ende, spricht der Herr,
der da ist und der da war und der da kommt, der Allmächtige).
Die Christin Sarmannina — der Name ist vermutlich germa-
nisch — war nach den Angaben der Grabinschrift in der Nähe
von Glaubenszeugen im römischen Friedhof von Regensburg
bestattet. Sie war wohl nicht selbst als Glaubenszeugin einer
Christenverfolgung zum Opfer gefallen und so „den Martyrern
zugestellt" worden, und dieser Ausdruck ist wohl auch nicht
allgemein als Aufnahme unter die Martyrer im Himmel zu verstehen, sondern bezieht sich am ehesten auf Kultstätten für
Blutzeugen (oder Reliquien solcher Blutzeugen): Die Verehrung
dieser Stätten ließ es als besondere Auszeichnung erscheinen, in
der Nähe solcher Stätten bestattet zu werden. Bezeugt ist dies
z.B. für St. Ulrich und Afra in Augsburg.
Regensburg zur Römerzeit 138 f.; 381 Abb. 147; 424 f. Nr. I 29
mit Lit. (K. Dietz). — Die Bajuwaren 374 Nr. M I 17 (N. Heger).

43 Fingerring mit Christogramm
Weßling, Ldkr. Starnberg, Oberbayern
4. Jahrhundert n.Chr.
Dm 2 x 2,4 cm
München, PStslg. Inv. 1988, 5630
Der Bronzering ist gegossen. Auf einer ovalen Platte (0,95 x 1,1
x 0,18 cm) ist ein Christogramm eingraviert, dessen Enden kleine Querhasten tragen. Beidseits der Platte verbreitert sich der
dünne, im Tragen stark abgenutzte Reif, um anschließend wieder einzuziehen.

44 Fingerring mit Christogramm
Passau, Niederbayern. Klosterkirche Heiligkreuz in Niedern-
burg (spätantikes Kastell BATAVA)
4. Jahrhundert n.Chr.
Dm 1,9 x 2,3 cm
München, PStslg. Inv. 1981, 3194
Der Bronzering ist gegossen. In der mitgegossenen runden Fassung sitzt eine Einlage aus brauner Glaspaste mit seitenverkehr-
tem Christogramm als metallische Einlage zwischen Kupferste-
gen.

R. Christlein, Das archäologische Jahr in Bayern 1980 (1981) 126 Abb. 99; ders., in: Severin zwischen Römerzeit und Völkerwanderung (Katalog Enns 1982) 589 Nr. 8.60 Taf. 62; Th. Fischer, in: Anzeiger Germ. Nationalmus. 1987, 95 Abb. 6,9; ders., Passau in römischer Zeit. In: B. Engelhardt und K. Schmotz (Hsg.), Vorträge des 5. Niederbayer. Archäologentages (Deggendorf 1987) 116 Abb. 54,5.

45 Fingerring
Eining, Stadt Neustadt a.d.D., Ldkr. Kelheim, Niederbayern.
Gefunden 1904 in der Nordostecke des Kastells ABVSINA beim Eckturm.
4. Jahrhundert n.Chr.
Dm 2,3 x 2,5 cm
Landshut, Museum (Nachbildung München, PStslg. Inv. 1974, 5883)
Der Bronzering trägt auf einer runden Platte die seitenverkehrte (also zum Siegeln geeignete) Inschrift VIVA/S IN D/EO (lebe in Gott).
Vollmer Nr. 351 A.

Im Spiegel punktgefülltes Christogramm, darunter Blatt, auf der Schulter gefüllte Kreise und Kantharoi.
Das Stück stammt laut einem aufgeklebten Zettel aus der Sammlung des Abtes von St. Moritz in Augsburg. Wie bei dem Goldglas Nr. 40 von Regensburg dürfte es sich aber eher um ein Mitbringsel aus Rom als um einen echten Bodenfund handeln, obwohl auch dies nicht ganz auszuschließen ist.
Mackensen 223 Nr. 5 Taf. 23,2.

47 Christogramm-Lampe
Lorenzberg bei Epfach, Ldkr. Weilheim-Schongau, Oberbayern
Zweite Hälfte 4. Jahrhundert n.Chr.
München, PStslg. Inv. 1958, 1404
Die in der spätantiken Anlage auf dem Lorenzberg gefundene Scherbe zeigt im Spiegel Reste eines einfachen Christogrammes mit Querhasten an den Enden, dazu auf der Schulter einen Eierstab, der im Gegensatz zu den meisten anderen in der Ausstellung gezeigten Lampen nur am Griff, nicht aber am Kanal zur Schnauze unterbrochen ist.
Die ergänzte Nachbildung vermittelt einen Eindruck vom ursprünglichen Aussehen.
G. Pohl, Die frühchristliche Lampe vom Lorenzberg bei Epfach, in: Aus Bayerns Frühzeit, Festschr. Fr. Wagner (1962) 219 ff.; ders., in: J. Werner (Hsg.), Der Lorenzberg bei Epfach. Die spätrömischen und frühmittelalterlichen Anlagen (1969) 163 Taf. 31,19; 52,7; Mackensen 222 Nr. 3 Taf. 24,2; Die Römer in Schwaben 295 Abb. 241,1 (L. Bakker).

47

46 Christogramm-Lampe
Angeblich Augsburg, Schwaben
Zweite Hälfte 4. Jahrhundert n.Chr.
L 14 cm (Griff und Schnauze ergänzt)
München, PStslg. Inv. IV 862

48 Kreuz-Lampe
Angeblich Augsburg, Schwaben
5./6. Jahrhundert n.Chr.
L 11,2 cm
München, PStslg. Inv. 1962, 647
Die Bronzelampe trägt anstelle eines Reflektors über dem Ringgriff ein schräggestelltes Kreuz mit verbreiterten zipfligen Enden. Die Einfüllöffnung für das Öl ist mit einem Klappdeckel in Form einer Muschel verschlossen. Im Boden Loch von der Einzapfung in den Vierkantstab eines Kandelabers.
Das Stück stammt aus einer Wiener Privatsammlung und trug die Beschriftung „Augsburg 1867", die sich natürlich statt des Fundortes auch auf den Erwerbungsort beziehen kann.
H.-J. Kellner, Die Römer in Bayern [4](1978) Abb. 179; Die Römer in Schwaben 295 Abb. 242 (L. Bakker).

49 Fragment von Glasschale
Pfaffenhofen a. Inn, Gde. Schechen, Ldkr. Rosenheim, Oberbayern (Pons Aeni)
4. Jahrhundert n.Chr.
München, PStslg. Inv. 1972, 267
Der Boden trägt in einem durch Schrägstriche angedeuteten Kranz ein gleicharmiges Kreuz. Die Balken bestehen aus je zwei eingeritzten Strichen, die Enden sind offen. In den Zwickeln sind kurze Doppelstriche.
Es kann sich um einen Anklang an das konstantinische Christogramm handeln, eher aber um ein neutrales Ziermotiv.
BVbl. 41, 1976, 88 Abb. 32,4 (J. Garbsch).

Christliche Darstellungen auf Keramik

In der spätantiken Kunst gibt es zahlreiche Darstellungen von Geschichten sowohl des Alten wie des Neuen Testamentes. Hierbei werden die alttestamentarischen Szenen in der Regel nicht um ihrer selbst willen erzählt, sondern als Hinweise auf die neutestamentarische Heilsgeschichte.

Die Ausstellung zeigt eine Auswahl unterschiedlicher Szenen aus dem Alten und dem Neuen Testament, deren gemeinsame Botschaft — neben dem Evangelium, der christlichen Erlösungsbotschaft — auch dem nichtchristlichen spätantiken Betrachter individuelle Lebenshilfe anbot: Errettung aus der Not und Gefahr des Alltags und der unsicheren Zeitläufte.

Dieses Motiv versteht sich für die Wunderberichte der neutestamentarischen Evangelien von selbst — ob es nun um die Auferweckung des Lazarus, um die Heilung des Gichtbrüchigen oder der blutflüssigen Frau, um die Auferstehung oder das Bild des Guten Hirten geht.

Aber auch die Motive aus dem Alten Testament sind so zu verstehen: die Rettung Isaaks vor dem Opfer, die Bewahrung Josephs vor der Versuchung, der drei Männer im Feuerofen vor dem Flammentod und des Daniel in der Löwengrube vor den wilden Tieren, das Urteil Salomos als Sieg des Rechts über das Unrecht, die Errettung des Jona aus dem Bauch des Meerungeheuers und der Ausblick der Kundschafter in das gelobte Land.

All dies sind Teile der vorweggenommenen „frohen Botschaft" des Evangeliums (griechisch εὐαγγέλιον) im Sinne von Jesaja 52,7.

Motive aus dem Alten Testament

Der Sündenfall (1. Mose 3, 1—7)

VND DIE SCHLANGE WAR LISTIGER DENN ALLE Thier auff dem felde / die Gott der HERR gemacht hatte / vnd sprach zu dem Weibe / Ja / solt Gott gesagt haben / Jr solt nicht essen von allerley Bewme im Garten?

²DA sprach das Weib zu der Schlangen / Wir essen von den früchten der bewme im Garten. ³Aber von den früchten des Bawms mitten im Garten hat Gott gesagt / Esset nicht da von / rürets auch nicht an / Das jr nicht sterbet. ⁴Da sprach die Schlang zum Weibe / Jr werdet mit nicht des tods sterben / ⁵Sondern Gott weis / das / welchs tags jr da von esset / so werden ewre augen auff gethan / vnd werdet sein wie Gott / vnd wissen was gut vnd böse ist.‖

⁶VND das Weib schawet an / das von dem Bawm gut zu essen were / vnd lieblich anzusehen / das ein lüstiger Bawm were / weil er klug mechte / Vnd nam von der Frucht / vnd ass / vnd gab jrem Man auch da von / Vnd er ass. ⁷Da wurden jr beider Augen auffgethan / vnd wurden gewar / das sie nacket waren / Vnd flochten Feigenbletter zusamen / vnd machten jnen Schürtze.

Von rechts unten windet sich die geschuppte Schlange um die Vorderseite des Stammes; über dem Aststummel treten Vorderleib und Kopf wieder nach links hervor.

Der Sündenfall wird auf einem nordafrikanischen Teller mit vier Appliken geschildert: in der Mitte der Baum, aus dem in halber Höhe links der aufgerollte Leib und der Kopf der Schlange herausragen, links Eva, rechts Adam, einander anblickend, darunter ein Blatt.

In der Ausstellung kann diese Darstellung nicht gezeigt werden, sondern nur der Baum der Erkenntnis in drei verschiedenen Ausführungen. Rechts und links vom Baum sind wohl die Figuren von Adam und Eva zu supponieren, wie etwa auf dem Sarkophag des Iunius Bassus in St. Peter zu Rom aus dem Jahr 359 n.Chr., auf einem Sarkophag in S. Paolo fuori le mura in Rom (3./4. Jh. n.Chr.) oder auf Kölner Glasschalen des 4. Jahrhunderts bis hin zu der Glasschale von Arras im Louvre zu Paris (Anfang 5. Jh. n.Chr.).

50 Fragment eines Sündenfall-Tellers
Nordafrika
Zweite Hälfte 4. Jahrhundert
München, PStslg. Inv. 1988, 3004
Die im Oberteil unvollständige Applike zeigt einen gedrungenen, knorrigen Baum mit breiter Wurzel. In halber Höhe des Stammes sitzt links ein abgesägter Aststummel. Der Baum ist dicht belaubt und erinnert an einen Obst- oder Ölbaum.

51 Randscherbe einer Sündenfall-Platte
Nordafrika
Zweite Hälfte 4. Jahrhundert
München, PStslg. Inv. 1988, 3016
Die ebenfalls oben abgebrochene Applike ist detailreicher als das vorangehende Stück. Der Baum ist größer, hat eine breitere asymmetrische Wurzel, der Aststummel ist zweifach eingekerbt. Zwischen den Blättern sind die Äste deutlich zu erkennen, links außen befindet sich zwischen den Spitzen der beiden untersten Äste eine kugelige Frucht, wohl ein Apfel oder eine Orange. Auch hier windet sich die Schlange von links unten nach oben, der Hinterleib ist — bis auf die besser erhaltene Detailzeichnung — mit der ersten Schlange identisch; hinter dem Aststummel verborgen, kommt der Mittelteil dann jedoch wieder S-förmig zum Vorschein, um unter den untersten Ästen hinter dem Stamm zu verschwinden und anschließend mit Vorderteil und Kopf wieder rechts unten in der Nähe des Schwanzes zu enden.

Der Schlangenleib ist detailliert angegeben; durch eine Rippe sind der gekerbte Bauch und der geschuppte, durch winzige Kreise wiedergegebene Rücken voneinander abgesetzt.

52 Fragment einer Sündenfall-Platte
Nordafrika
Zweite Hälfte 4. Jahrhundert
München, PStslg. Inv. 1984, 3631
Die Randscherbe zeigt rechts die Applike eines Laubbaumes mit einer breiten, von etwa 10 Ästen gebildeten Krone. Um den niedrigen Stamm windet sich eine Schlange; ihr Kopf ist unten rechts zu erkennen.
Links die Applike eines zotteligen Bären, der den Kopf zum Baum zurückwendet. Irgendein weitergehender Bezug zur Geschichte vom Sündenfall ist nicht auszumachen.

Das Opfer Abrahams (1. Mose 22, 1—14)

NACH DIESEN GESCHICHTEN / VERSUCHTE GOTT Abraham / vnd sprach zu jm / Abraham / Vnd er antwortet / Hie bin ich. ²Vnd er sprach / Nim Jsaac deinen einigen Son / den du lieb hast / vnd gehe hin in das land ᵃMorija / vnd opffere jn da selbs zum Brandopffer auff einem Berge / den ich dir sagen werde.

³DA stund Abraham des morgens früe auff / vnd gürtet seinen Esel / vnd ‖ nam mit sich zween Knaben / vnd seinen son Jsaac / vnd spaltet holtz zum Brandopffer / Macht sich auff / vnd gieng hin an

den Ort / da von jm Gott gesagt hatte. ⁴Am dritten tage hub Abraham seine augen auff / vnd sahe die stet von ferne / ⁵Vnd sprach zu seinen Knaben / Bleibt jr hie mit dem Esel / Jch vnd der Knabe wollen dort hin gehen / Vnd wenn wir angebetet haben / wollen wir wider zu euch komen.

⁶VND Abraham nam das holtz zum Brandopffer / vnd legets auff seinen son Jsaac / Er aber nam das Fewr vnd Messer in seine hand / Vnd giengen die beide miteinander. ⁷Da sprach Jsaac zu seinem Vater Abraham / Mein vater. Abraham antwortet / Hie bin ich / mein Son. Vnd er sprach / Sihe / Hie ist fewr vnd holtz / Wo ist aber das schaf zum Brandopffer? ⁸Abraham antwortet / mein Son / Gott wird jm ersehen ein schaf zum Brandopffer. Vnd giengen die beide miteinander.

VND als sie kamen an die stet / die jm Gott saget / bawet Abraham daselbs einen Altar / vnd legt das holtz drauff / Vnd band seinen son Jsaac / legt jn auff den Altar oben auff das holtz / ¹⁰Vnd recket seine Hand aus / vnd fasset das Messer / das er seinen Son schlachtet.

¹¹DA rieff jm der Engel des HERRN vom Himel / vnd sprach / Abraham / Abraham / Er antwortet / Hie bin ich. ¹²Er sprach / Lege deine hand nicht an den Knaben / vnd thu jm nichts / Denn nu weis ich / das du Gott fürchtest vnd hast deines einigen Sons nicht verschonet / vmb meinen willen. ¹³Da hub Abraham seine augen auff / vnd sahe einen Wider hinder jm / in der Hecken mit seinen Hörnern hangen / Vnd gieng hin / vnd nam den Wider / vnd opffert jn zum Brandopffer an seines Sons stat.

¹⁴Vnd Abraham hies die stet / Der HERR ᵃsihet / Da her man noch heutiges tages sagt / Auff dem Berge / da der HERR sihet.

Die Bereitschaft Abrahams, seinen Sohn Isaak zu opfern, wurde von den Kirchenvätern als Hinweis auf die Kreuzigung Jesu verstanden. Die Verhinderung des Opfers durch Gott war andererseits ein Beispiel für Gnade und Erlösung. Anders ausgedrückt: einerseits der Bezug zur Passion Christi und Ostern, andererseits zur Rettung der Seele aus dem Tod. Entsprechend wurde auch der Weg Abrahams mit Isaak als Opfergang verstanden, analog der Kreuztragung Jesu. Auch hierfür gibt es eine Darstellung auf nordafrikanischen Tellern: rechts Abraham mit dem Opfermesser, links Isaak mit dem Holzbündel auf dem Rücken. Wesentlich häufiger erhalten ist jedoch die Darstellung des bevorstehenden Opfers mit Vater und Sohn am Altar.
Eine besonders schöne Darstellung des Opfers findet sich auf einer Wandmalerei der Katakombe an der Via Latina in

Rom aus dem 4. Jahrhundert: in hellblauer Toga dominiert Abraham mit erhobenem Schwert. Rechts kniet Isaak mit auf den Rücken gefesselten Händen, links steht der Altar mit dem aufgeschichteten Holz, daneben der Widder, der zu Abraham aufblickt.

Weitere Darstellungen bringen u.a. ein Goldglas des 4. Jahrhunderts in Rom, der Sarkophag des Iunius Bassus († 359 n.Chr.) in St. Peter zu Rom sowie eine Bleischale des 4. Jahrhunderts aus Karthago in Berlin (Ost) und die Glasschale von Podgorica in der Eremitage.

In den beiden letztgenannten Fällen bildet die Szene den Schmuck des Mittelfeldes, während auf den Rändern Daniel in der Löwengrube und die Jona-Geschichte dargestellt werden, dazu im ersten Fall Löwe, Gazelle, Delphine, Pfauen und Fische, auf der Glasschale der Sündenfall, die drei Männer im Feuerofen und die Auferweckung des Lazarus.

53—54 Zwei Fragmente von Abraham und Isaak-Tellern
Nordafrika
Zweite Hälfte 4. Jahrhundert n.Chr.
München, PStslg. Inv. 1983, 1233 und 1984, 3637

55—56 Zwei Fragmente von Abraham und Isaak-Platten
Nordafrika
Zweite Hälfte 4. Jahrhundert n.Chr.
München, PStslg. Inv. 1988, 3016 und 1988, 5689
Erhalten ist bei den vier Scherben — in unterschiedlichem Umfang — jeweils nur die einteilige Applike des Opfers. Sie zeigt

Vater und Sohn, beide in kurzer gegürteter Tunica, zwischen ihnen den Altar. Links steht Abraham, in der Rechten das gezückte Schwert, bereit, es auf den Hals Isaaks niederfallen zu lassen, dessen Kopf der Vater mit der Linken niederhält.
Isaak hat auf den Rücken gefesselte Hände und kniet mit einem Bein vor dem Altar, der als Quader mit hochgezogenen Hörnerenden dargestellt ist, zwischen denen acht Holzscheite liegen (zu sehen sind die als Punkte wiedergegebenen Enden der Hölzer).
Zum Motiv: Atlante Taf. 88,3 (Motiv 158).

57 Fragment von Abraham- und Isaak-Platte (?)
Nordafrika
Zweite Hälfte 4. Jahrhundert n.Chr.
München, PStslg. Inv. 1984, 3633
Die Randscherbe zeigt einen Widder nach rechts, links daneben Reste einer oder zweier nicht eindeutig zu ergänzenden Appliken. Es könnte sich um eine Darstellung des Opfers Isaaks handeln.
Zum Motiv: Atlante Taf. 82,28 (Motiv 51).

Joseph und Potiphars Weib (1. Mose 39, 1—23)

Joseph ward hin ab in Egypten gefüret / vnd Potiphar ein Egyptischer man / des Pharao kamerer vnd hofemeister / kaufft jn von den Jsmaeliten / die jn hinab brachten. ²Vnd der HERR war mit Joseph / das er ein glückseliger Man ward / vnd war in seines Herrn des Egypters hause. ³Vnd sein Herr sahe / das der HERR mit jm war / denn alles was er thet / da gab der HERR glück zu durch jn. ⁴Also / das er gnade fand fur seinem Herrn / vnd sein Diener ward / der setzt jn vber sein Haus / vnd alles was er hatte / thet er vnter seine hende. ⁵Vnd von der zeit an / da er jn vber sein Haus vnd alle seine Güter gesetzt hatte / segenete der HERR des Egypters haus / vmb Josephs willen / vnd war eitel Segen des HERRN in allem / was er hatte zu Hause vnd zu Felde. ⁶Darumb lies ers alles vnter Josephs henden / was er hatte / Vnd er nam sich keins ‖ dings an / weil er jn hatte / denn das er ass vnd tranck. Vnd Joseph war schön vnd hübsch von angesicht.

VND es begab sich nach diesem geschicht / das seines Herrn weib jre augen auff Joseph warff / vnd sprach / Schlaffe bey mir. 8Er wegert sichs aber / vnd sprach zu jr / Sihe / Mein Herr nimpt sich nichts an fur mir / was im Hause ist / vnd alles was er hat / das hat er vnter meine hende gethan / 9Vnd hat nichts so gros in dem Hause / das er fur mir verholen habe / On dich / in dem du sein Weib bist. Wie solt ich denn nu ein solch gros vbel thun / vnd wider Gott sündigen? 10Vnd sie treibe solche wort gegen Joseph teglich / Aber er gehorcht jr nicht / das er nahe bey jr schlieff / noch vmb sie were.

ES begab sich der tage einen / das Joseph in das Haus gieng / sein Geschefft zu thun / vnd war kein Mensch vom gesinde des hauses dabey / 12Vnd sie erwischt jn bey seinem Kleid / vnd sprach / Schlaffe bey mir. Aber er lies das Kleid in jrer Hand / vnd flohe / vnd lieff zum hause heraus. 13Da sie nu sahe / das er sein Kleid in jrer hand lies / vnd hin aus entflohe / 14rieff sie dem Gesinde im hause / vnd sprach zu jnen / Sehet / Er hat vns den ebreischen Man herein gebracht / das er vns zuschanden mache. Er kam zu mir herein / vnd wolt bey mir schlaffen. Jch rieff aber mit lauter stim / 15Vnd da er höret / das ich ein geschrey machte vnd

rieff / da lies er sein Kleid bey mir / vnd flohe / vnd lieff hinaus.

16VND sie leget sein Kleid neben sich / bis sein Herr heim kam / 17vnd saget zu jm eben die selben wort / vnd sprach / Der Ebreische knecht / den du vns herein gebracht hast / kam zu mir herein / vnd wolt mich zuschanden machen. 18Da ich aber ein geschrey machte / vnd rieff / da lies er sein Kleid bey mir / vnd flohe hin aus. 19Als sein Herr höret die rede seines Weibes / die sie jm saget / vnd

sprach / Also hat mir dein Knecht gethan / ward er seer zornig.

DA nam jn sein Herr / vnd legt jn ins Gefengnis / da des Königs gefangene inne lagen / Vnd er lag alda im gefengnis. 21Aber der HERR war mit jm vnd neiget sein Hulde zu jm / vnd lies jn gnade finden fur dem Amptman vber das Gefengnis / 22Das er jm vnter seine hand befalh alle Gefangenen im gefengnis / auff das alles was da geschach / durch jn geschehen muste. 23Denn der Amptman vber das Gefengnis / nam sich keines dings an / denn der HERR war mit Joseph / Vnd was er thet / da gab der HERR glück zu. ‖

Die Versuchung Josephs wird in der Darstellung durch die bildliche Wiedergabe von Vers 12 umgesetzt: die Frau des Potiphar erwischt ihn bei seinem Kleid, aber er läßt das Kleid in ihrer Hand und flieht. Es ist eine Geschichte der Versuchung und der Errettung: der Herr läßt Joseph Gnade finden. So kann die Geschichte auch als Hinweis auf die Gnadentat Gottes und seines Sohnes im Neuen Testament verstanden werden.

58 Joseph- und Feuerofen-Teller
Nordafrika
Zweite Hälfte 4. Jahrhundert n.Chr.
Dm 18 cm
Mainz, RGZM Inv. 0.39675
Zwei Szenen sind durch einen Baum und einen Palmzweig voneinander getrennt. In der einen verfolgt die Frau des Potiphar von links den nach rechts eilenden Joseph, indem sie mit der Linken seinen Mantel festhält, der ihm daraufhin von der Schulter gleitet. Er blickt sich zwar nach ihr um, eilt aber weiter. In der anderen Szene verlassen die drei Hebräer nackt den gemauerten Feuerofen, aus dessen kaminartiger Spitze und Türe Flammen schlagen, und eilen ebenfalls nach rechts.
Der bienenkorbähnliche Ofen erinnert an Töpferöfen und ist auch als solcher gedeutet worden. Natürlich war für den Töpfer der Applike ein Töpferofen die nächstliegende Vorlage für einen „Feuerofen", doch lassen die drei aus dem Ofen herausstürzenden Männer kaum eine andere als die hier vertretene Interpretation zu.
Die Kombination beider Szenen geht wohl nicht nur auf die gleichläufige Bewegung im Uhrzeigersinn zurück, sondern vielleicht auch auf das gemeinsame Motiv der Flucht, möglicherweise sogar auf eine Stelle in den Testamenta XII Patricharum (2,2), wo der Widerstand eines Mannes gegen die Versuchung einer schamlosen Frau mit einer brennenden Flamme verglichen wird, vor welcher der Gott Israels ihn bewahrt.
Age of Spirituality Nr. 315 (G. Vikan) mit Abb.; Spätantike Nr. 259.

59 Fragment eines Joseph-Tellers
Nordafrika
Zweite Hälfte 4. Jahrhundert n.Chr.
München, PStslg. Inv. 1988, 3015
Links von der Mitte des Tellers ist die Applike einer weiblichen sitzenden bzw. gebückt laufenden Frau mit erhobener Rechten angebracht. Wie ein kleiner Stab (?) zwischen rechtem Unterarm und linkem Knie zeigt, handelt es sich um die gleiche Figur wie auf dem Joseph-Teller Nr. 58, also vermutlich auch hier um Potiphars Weib (andererseits kann natürlich das Fehlen der Figur des Joseph auch so gedeutet werden, daß die weibliche Figur hier eine andere Person darstellen soll).

Die Kundschafter im Lande Kanaan
(4. Mose 13, 1—34, besonders 24)

VND DER HERR redet mit Mose / vnd sprach / ³Sende Menner aus / die das land Canaan erkunden / das ich den kindern Jsrael geben wil / Aus jglichem stam jrer veter einen fürnemlichen Man. ⁴Mose der sandte sie aus der wüste Paran nach dem wort des HERRN / die alle fürnemliche Menner waren vnter den kindern Jsrael / ⁵vnd hiessen also.

SAmmua der son Zacur des stams Ruben. ⁶Saphat der son Hori des stams Simeon. ⁷Caleb der son Jephunne des stams Juda. ⁸Jgeal der son Joseph des stams Jsaschar. ⁹Hosea der son Nun des stams Ephraim. ¹⁰Palti der son Raphu des stams BenJamin. ¹¹Gadiel der son Sodi des stams Sebulon. ¹²Gaddi der son Susi des stams Joseph von Manasse. ¹³Ammiel der son Gemalli des stams Dan. ¹⁴Sethur der son Michael des stams Asser. ¹⁵Nahebi der son ‖ Vaphsi des stams Naphthali. ¹⁶Guel der son Machi des stams Gad. ¹⁷Das sind die namen der Menner / die Mose aussand zu erkunden das Land / Aber den Hosea den son Nun nante Mose Josua.

DA sie nu Mose sandte das land Canaan zu erkunden / sprach er zu jnen / Ziehet hin auff an den Mittag / vnd gehet auff das Gebirge ¹⁹vnd besehet das Land / wie es ist / vnd das Volck das drin-

nen wonet / obs starck oder schwach / wenig oder viel ist. ²⁰Vnd was fur ein Land ist darinnen sie wonen / obs gut oder böse sey / vnd was fur Stedte sind darinnen sie wonen / ob sie in Gezelten oder Festungen wonen. ²¹Vnd was fur Land sey / obs fett oder mager sey / vnd ob Bewme drinne sind oder nicht / Seid getrost / vnd nemet der früchten des lands / Es war aber eben vmb die zeit der ersten weindrauben.

SJe giengen hin auff vnd erkundeten das Land / von der wüsten Zin / bis gen Rehob / da man gen Hamath gehet. ²³Sie giengen auch hin auff gegen dem Mittag / vnd kamen bis gen Hebron / da war Ahiman / Sesai vnd Thalmai / die kinder Enak / Hebron aber war sieben jar gebawet vor Zoan in Egypten. ²⁴Vnd sie kamen bis an bach Escol / vnd schnitten daselbs eine Reben ab mit einer Weindrauben / vnd liessen sie Zweene auff einem stecken tragen / dazu auch Granatepffel vnd Feigen. ²⁵Der ort heisst bach Escol / vmb des Draubens willen / den die kinder Jsrael daselbs abschnitten.

VND sie kereten vmb da sie das Land erkundet hatten nach vierzig tagen / ²⁷giengen hin / vnd kamen zu Mose vnd Aaron vnd zu der gantzen Gemeine der kinder Jsrael in die wüsten Paran gen Kades / vnd sagten jnen wider vnd der gantzen Gemeine / wie es stünde / Vnd liessen sie die Früchte des Landes sehen. ²⁸Vnd erzeleten jnen / vnd sprachen / Wir sind ins Land komen / da hin jr vns sandtet / da milch vnd honig innen fleusst / vnd dis ist jre Frucht. ²⁹On das starck Volck drinnen wonet / vnd seer grosse vnd feste Stedte sind / vnd sahen auch Enaks kinder daselbs. ³⁰So wonen die Amalekiter im Lande gegen mittag / die Hethiter vnd Jebusiter vnd Amoriter wonen auff dem Gebirge / die Cananiter aber wonen am Meer vnd vmb den Jordan.

³¹CAleb aber stillet das volck gegen Mose / vnd sprach / Lasst vns hin auff ziehen vnd das Land einnemen / denn wir mügen es vberweldigen. ³²Aber die Menner / die mit jm waren hin auff gezogen / sprachen / Wir vermügen nicht hin auff zu ziehen gegen das Volck / denn sie sind vns zu starck. ³³Vnd machten dem Lande das sie erkundet hatten / ein böse geschrey vnter den kindern Jsrael / vnd sprachen / Das Land da durch wir gegangen sind zu erkunden / frisset seine Einwoner / vnd alles Volck das wir drinnen sahen sind Leute von grosser lenge. ³⁴Wir sahen auch Rysen daselbs / Enaks kinder von den Rysen / vnd wir waren fur vnsern augen als die Hewschrecken / vnd also waren wir auch fur jren augen.

Die Geschichte der Kundschafter erzählt eine große Verhei-ßung, die der Herr seinem Volk eröffnet. Diese Verheißung kann auch im neutestamentlichen Sinn verstanden werden, als Symbol der vielen Verheißungen etwa der Bergpredigt oder allgemein als Symbol der Verheißung des Glaubens. Nach dem hl. Ambrosius ist die Stange Sinnbild des Kreuzes und die Traube das Symbol Christi (De fide 4,12: ille botrus peregrinus, qui sicut uva de vite, ita ille in carne crucis pependit in ligno). Dasselbe formuliert der hl. Augustin in ähn-lichen Worten (Contra Faustum 12,42: ipse est bothrus ille qui pependit in ligno).

60 Kundschafter-Lampe
Nordafrika
Erste Hälfte 5. Jahrhundert n.Chr.
L 14,2 cm
Privatbesitz
Zwei frontal dargestellte Kundschafter tragen an einer über die Schultern gelegten, mit beiden Armen gehaltenen Holzstange eine riesige Traube, deren Spitze bis unter ihre Füße reicht. Auf der Schulter Ranken.
Entsprechend tragen auf anderen Darstellungen z.B. Jäger oder ihre Sklaven die erlegte Beute an solchen Holzstangen auf den Schultern.
Terra Sigillata Nr. N 87. — Vergleichsstücke: Menzel Nr. 597 mit Lit.; Graziani Abbiani Nr. 8; Ennabli Nr. 46—52 (Varian-ten); F. Bejaoui, Africa 9, 1982, 143 f. Abb. 8—9; Wolfe Nr. 76 (Model Nr. 122).

Das Urteil Salomos (1. Könige 3, 16—28)

Zv der zeit kamen zwo huren zum könige / vnd tratten fur jn. [17]Vnd das eine Weib sprach / Ah mein Herr / Jch vnd dis Weib woneten in einem Hause / vnd ich gelag bey jr im hause. [18]Vnd vber drey tage da ich geborn hatte / gebar sie auch / Vnd wir waren bey einander / das kein Frembder mit vns war im hause / on wir beide. [19]Vnd dieses weibs Son starb in der nacht / Denn sie hatte jn im schlaff erdrückt. [20]Vnd sie stund in der nacht auff / vnd nam meinen Son von meiner seiten / da deine Magd schlieff / vnd legt jn an jren arm / vnd jren todten Son legt sie an meinen arm. [21]Vnd da ich des morgens auff stund meinen Son zu seugen / sihe / da war er tod / Aber am morgen sahe ich jn eben an / vnd sihe / es war nicht mein son den ich geboren hatte. [22]Das ander Weib sprach / Nicht also / Mein son lebt / vnd dein son ist tod. Jene aber sprach / Nicht also / dein son ist tod / vnd mein son lebet / vnd redten also fur dem Könige.

[23]VND der König sprach / Diese spricht / Mein son lebt vnd dein son ist tod / Jene spricht / nicht also / Dein son ist tod vnd mein son lebt. [24]Vnd der König sprach / Holet mir ein Schwert her. Vnd da das Schwert fur den König bracht ward / [25]sprach der König / Teilet das lebendige Kind in zwey teil / vnd gebt dieser die helffte / vnd jener die helffte. [26]Da sprach das weib des Son lebete / zum Könige (Denn jr mütterlich hertz entbrand vber jren son) Ah mein Herr / Gebet ‖ jr das Kind leben-dig / vnd tödtet es nicht. Jene aber sprach / Es sey weder mein noch dein / Lasst es teilen. [27]Da ant-wortet der König / vnd sprach / Gebt dieser das

Kind lebendig vnd tödtets nicht / die ist seine Mutter. [28]Vnd das Vrteil erschall fur dem gantzen Jsrael / das der König gefellet hatte / Vnd furchten sich fur dem Könige / Denn sie sahen / das die weisheit Gottes in jm war / Gericht zu halten.

Das Urteil Salomos symbolisiert den Sieg des Rechts über das Unrecht, der Vernunft über die Heuchelei. So kann die Geschichte als Hinweis verstanden werden, daß die christliche Heilsbotschaft siegen wird.
Die älteste Darstellung ist aus Pompei belegt, ferner u.a. auf einem Sarkophag des 4. Jahrhunderts und auf einem feuervergoldeten Silber-Reliquiar vom Ende des 4. Jahrhunderts aus S. Nazaro Maggiore im Dom zu Mailand. Die Applike des thronenden Königs Salomo erscheint auch auf Tonlampen des 5. Jahrhunderts — ohne die Frauen.

61 Salomo-Teller
Nordafrika
Zweite Hälfte 4. Jahrhundert n.Chr.
Dm 17,4 cm
Mainz, RGZM Inv. 0.39449
In statischer Perspektive sind vier Punzen angeordnet:
1. Oben in der Mitte sitzt der bärtige Salomo auf einem von der Seite gesehenen Thron, in der Linken eine Rolle, während die Rechte auf die links stehende Frau weist.
2. Die Frau hat den Kopf abgewandt und streckt ebenso wie die ihr gegenüberstehende Frau den rechten Arm im Gespräch argumentierend gegen jene aus.
3. Ihr Gegenüber hält im leicht angewinkelten linken Arm den toten Säugling, die Rechte ist vorgestreckt.
4. Unten hält ein nach rechts gewandter Mann in Tunica das gezückte Schwert über ein rechts am Boden liegendes Kind (einen Knaben), das er mit der Linken am linken Unterarm hält.

Die Dynamik des Geschehens ist gut eingefangen: die selbstsichere Haltung der rechten Frau, der unbewegte Knecht mit dem Schwert, der souverän richtende König und die Mutter des Kindes, die sich — vom Schmerz überwältigt — vom grausigen Anblick abwendet.
Age of Spirituality Nr. 434 (H.L. Kessler) mit Abb.; Zaberns archäol. Kalender 1973, Blatt 4.—17.3.; Spätantike Nr. 260. Gleicher Teller: Wolfe Nr. 406.

62 Fragment von Salomo-Platte (?)
Nordafrika
Zweite Hälfte 4. Jahrhundert n.Chr.
München, PStslg. Inv. 1983, 1237
Vor einer Quadermauer, die durch Doppelpfeiler oder -halbsäulen gegliedert ist und gestufte Zinnen trägt, steht am rechten Rand eine weibliche Gestalt.

Die Deutung der Darstellung ist mangels keramischer Parallelen schwierig. Es könnte sich um einen Teil der Jona-Geschichte handeln (vor dem Tor von Ninive), aber auch um das Urteil des Salomo. Schließlich ist auch an den Einzug Jesu in Jerusalem zu denken (Matth. 21,1 ff.; Mark. 11,1 ff.; Luk. 19,28 ff.). Da die weibliche Gestalt auch beim Urteil Salomos begegnet, wurde die Scherbe hier eingeordnet.

63 Fragment von Salomo-Platte (?)
Nordafrika
Zweite Hälfte 4. Jahrhundert n.Chr.
München, PStslg. Inv. 1988, 5690
Auf dem gewölbten Rand Applike einer stehenden Frau in langem Gewand. Der linke Arm ist gesenkt, der rechte Arm seitlich ausgestreckt. Es handelt sich um die gleiche Figur wie auf Fragment Nr. 62.

64 Fragment von Salomo-Teller
Nordafrika
Zweite Hälfte 4. Jahrhundert n.Chr.
München, PStslg. Inv. 1988, 3015
Die Applike zeigt eine stehende, zur Tellermitte blickende Frau in langem Gewand mit gesenktem linken und ausgestrecktem rechten Arm. Im linken Arm hält sie einen länglichen, abgebrochenen Gegenstand.
Es dürfte sich um die dritte Punze des Salomo-Tellers Nr. 61 handeln: die Frau hielt den toten Säugling im linken Arm.

DER König NebucadNezar lies ein gülden Bilde machen / sechzig ellen hoch vnd sechs ellen breit / vnd lies es setzen im lande zu Babel / auff einen schönen Anger. ²Vnd der könig NebucadNezar sandte nach den Fürsten / Herrn / Landpflegern / Richtern / Vogten / Reten / Amptleuten / vnd allen Gewaltigen im Lande / das sie zusamen komen solten / das Bilde zu weihen / das der könig NebucadNezar hatte setzen lassen. ³Da kamen zusamen die Fürsten / Herrn / Landpfleger / Richter / Vögte / Rete / Amptleute vnd alle Gewaltigen im lande / das Bilde zu weihen / das der könig NebucadNezar hatte setzen lassen. Vnd sie musten gegen das Bilde treten / das NebucadNezar hatte setzen lassen.

⁴VND der Ernhold rieff vber laut / Das lasst euch gesagt sein / jr Völcker / Leute vnd Zungen / ⁵wenn jr hören werdet den schall der Posaunen / Drometen / Harffen / Geigen / Psalter / Lauten / vnd allerley Seitenspiel / So solt jr niderfallen / vnd das gülden Bilde anbeten / das der könig NebucadNezar hatte setzen lassen. ⁶Wer aber als denn nicht niderfellet vnd anbetet / Der sol von stund an in den glüenden Ofen geworfen werden. ⁷Da sie nu höreten den schall der posaunen / drometen / harffen / geigen / psalter / vnd allerley Seitenspiel / fielen nider alle Völcker / Leute vnd Zungen / vnd beteten an das gülden Bilde / das der könig NebucadNezar hatte setzen lassen.

VON STUND AN TRATTEN HIN ZU ETLICHE CHALdeische menner / vnd verklagten die Jüden / ⁹fiengen an / vnd sprachen zum könige NebucadNezar / Herr König / Gott verleihe dir langes leben. ¹⁰Du hast ein Gebot lassen ausgehen / Das alle Menschen / wenn sie sie hören würden den schall der posaunen / drometen / harffen / geigen / psalter / lauten / vnd allerley Seitenspiel / solten sie nider fallen / vnd das gülden Bilde anbeten. ¹¹Wer aber nicht niderfiele / vnd anbetet / Solt in einen glüenden Ofen geworffen werden. ¹²Nu sind da Jüdische menner / welche du vber die Ampt im Lande zu Babel gesetzt hast / Sadrach / Mesach / vnd AbedNego / Die selbigen verachten dein Gebot / vnd ehren deine Götter nicht / vnd beten nicht an das gülden Bilde / das du hast setzen lassen.

¹³DA befalh NebucadNezar mit grim vnd zorn / Das man fur jm stellet Sadrach / Mesach / vnd AbedNego / Vnd die menner wurden fur den König gestellet. ¹⁴Da fieng NebucadNezar an / vnd sprach zu jnen / Wie? wolt jr Sadrach / Mesach / AbedNego meinen Gott nicht ehren? vnd das gülden Bilde nicht anbeten / das ich habe setzen lassen? ¹⁵Wolan / schickt euch / So bald jr hören werdet den schall der posaunen / drometen / harffen / geigen / psalter / lauten / vnd allerley Seitenspiel / So fallet nider / vnd betet das bilde an / das ich habe machen lassen. Werdet jrs nicht anbeten / So solt jr von stund an in den glüenden Ofen geworffen werden / Las sehen / wer der Gott sey / der euch aus meiner Hand erretten werde.

DA fiengen an Sadrach / Mesach / AbedNego / vnd sprachen zum könige NebucadNezar / Es ist nicht not / das wir dir drauff antworten. ¹⁷Sihe / vnser Gott / den wir ehren / kan vns wol erretten aus dem glüenden Ofen / da zu auch von deiner Hand erretten. ¹⁸Vnd wo ers nicht thun wil / So soltu dennoch wissen / Das wir deine Götter nicht ehren / noch das gülden Bilde / das du hast setzen lassen / anbeten wöllen.

¹⁹DA ward NebucadNezar vol Grims / vnd stellet sich scheuslich wider Sadrach / Mesach / vnd AbedNego / Vnd befalh / man solte den Ofen sieben mal heisser machen / denn man sonst zu thun pflegte. ²⁰Vnd befalh den besten Kriegsleuten / die in seinem Heer waren / Das sie Sadrach / Mesach / vnd AbedNego bünden / vnd in den glüenden Ofen würffen. ²¹Also wurden diese Men‖ner in jren menteln / schuhen / Hüten vnd andern kleidern / gebunden / vnd in den glüenden Ofen geworffen / ²²Denn des Königes gebot must man eilend thun. Vnd man schurt das fewr im Ofen so seer / das die Menner / so den Sadrach / Mesach / vnd AbedNego verbrennen solten / verdorben von des fewrs flammen. ²³Aber die drey menner Sadrach / Mesach / vnd AbedNego / fielen hin ab in den glüenden Ofen / wie sie gebunden waren.

DA entsatzt sich der könig NebucadNezar / vnd fur eilends auff / vnd sprach zu seinen Reten / Haben wir nicht drey Menner / gebunden in das fewr lassen werffen? Sie antworten / vnd sprachen zum Könige / Ja Herr König. ²⁵Er antwortet / vnd sprach / Sehe ich doch vier Menner los im fewr gehen / vnd sind vnuerseret / Vnd der vierde ist gleich als were er ein Son der Götter.

²⁶VND NebucadNezar trat hin zu / fur das Loch des glüenden Ofens / vnd sprach / Sadrach / Mesach / AbedNego / jr knechte Gottes des Höhesten /

gehet her aus / vnd kompt her. Da giengen Sadrach / Mesach / vnd AbedNego heraus aus dem fewr. 27Vnd die Fürsten / Herrn / Vögte vnd Rete des Königes kamen zusamen / vnd sahen / das das fewr keine macht / am leibe dieser Menner / beweiset hatte / vnd jr Heubthar nicht versenget / vnd jre Mentel nicht verseeret waren. Ja man kundte keinen brand an jnen riechen.

DA fieng an NebucadNezar / vnd sprach / Gelobet sey der Gott / Sadrach / Mesach / vnd AbedNego / der seinen Engel gesand / vnd seine Knechte errettet hat / die jm vertrawet / vnd des Königs gebot nicht gehalten / Sondern jren Leib dar gegeben haben / das sie keinen Gott ehren noch anbeten wolten / on allein jren Gott. 29So sey nu dis mein Gebot / Welcher vnter allen Völckern / Leuten vnd Zungen / den Gott Sadrach / Mesach / vnd AbedNego lestert / Der sol vmbkomen / vnd sein Haus schendlich verstöret werden / Denn es ist kein ander Gott / der also erretten kan / als dieser. 30Vnd der König gab Sadrach / Mesach / vnd AbedNego / grosse gewalt im Lande zu Babel. ||

Auch die Geschichte der drei Männer im Feuerofen erzählt von Versuchung, Bedrohung und Existenzgefährdung. Zugleich ist so auch sie ein Beispiel für die Errettung der Gläubigen durch den Herrn.

Als Hebräer werden die Männer in phrygischer Tracht — mit Mütze und Hosen — dargestellt, z.B. auf einer Wandmalerei des sog. Velatio-Grabes in der Priscilla-Katakombe zu Rom (Mitte 3. Jahrhundert n.Chr.) oder auf dem vergoldeten Silber-Reliquiar von S. Nazaro Maggiore in Mailand (allerdings ohne Ofen, aber in Begleitung eines Engels; die Szene hat Ähnlichkeit mit der Anbetung der Weisen aus dem Morgenland, die in der gleichen Kleidung abgebildet werden).

Überaus zahlreich sind Darstellungen auf Sarkophagen seit konstantinischer Zeit, wobei ganz ähnliche Feueröfen abgebildet werden wie auf den in der Ausstellung gezeigten keramischen Darstellungen: gemauerte herdartige Öfen mit drei offenen, gewölbten Schürlöchern im Unterteil. Diese Öffnungen fehlen auf der Keramik, und seitliche Hörner lassen eher an Altäre, auf denen Brandopfer dargebracht wurden, denken als an Öfen. Möglicherweise sind die „Hörner" aber mißverstandene Flammenzungen, die bei den Sarkophag-Öfen meist an den Ecken züngeln.

Interessanterweise ist nicht nur der Aufenthalt im Ofen oder das Verlassen des (Töpfer-)Ofens auf keramischen Darstellungen belegt, sondern auch die Vorgeschichte: Der thronende Nebukadnezar konfrontiert die Männer mit seiner auf einer Säule angebrachten vergoldeten Büste (Nr. 65). Auch diese Szene ist von Sarkophagen des frühen 4. Jahrhunderts bekannt. Die Komposition ähnelt wiederum der Anbetung des Christuskindes: Dort nähern sich die drei Weisen aber mit Gaben in den Händen der Thronenden Maria mit dem Jesuskind.

Daß nicht immer nur eine Geschichte auf einer Platte oder einem Teller erzählt wurde, zeigen Kombinationen der Geschichte von Joseph und Potiphars Weib mit der Geschichte von den drei Männern im Feuerofen auf ein und derselben Platte oder demselben Teller (Nr. 58).

65 Nebukadnezar-Lampe
Nordafrika
Ende 4./erste Hälfte 5. Jahrhundert n.Chr.
L 14 cm
Privatbesitz

Im Spiegel thront links Nebukadnezar; von rechts nähern sich die drei Männer einer Säule, auf der die vergoldete Büste Nebukadnezars steht, die sie anbeten sollen. Sie dürfte analog zu römischen Kaiserbüsten aus Edelmetall dargestellt sein, also auch wie die Büsten S 10 sowie Nr. 7 und 8.

Auf der Schulter abwechselnd gefüllte Kreisscheiben und Rhomben.

Zum Typ: Menzel Nr. 596; Ennabli Nr. 31; Wolfe Nr. 80.

66 Feuerofen-Teller
Nordafrika
Zweite Hälfte 4. Jahrhundert n.Chr.
Dm 18,6 cm
Mainz, RGZM Inv. 0.39630
Die Darstellung besteht aus vier Appliken.
1. Es dominiert ein gemauerter Altar mit Hörnerenden, auf dem ein Feuer züngelt.
2.—4. Um ihn herum tanzen drei junge Männer in Tunica: die beiden äußeren antithetisch mit erhobenen Händen, der mittlere unten mit ausgebreiteten Armen fast schwebend.
Das statische Anordnungsschema ist geteilt, d.h. Altar und Jünglinge sind nur durch Drehung um 180° „richtig" zu sehen.
Bei der Deutung hat man an eine Altarreinigungsszene gedacht (2. Makkabäer 1, 18—29); nachdem der gleiche Altar aber auch mit drei Jünglingen in den Flammen begegnet und daher am ehesten auf die Feuerofen-Geschichte zu beziehen ist, wird hier diese Interpretation bevorzugt.
Age of Spirituality Nr. 435 (H.L. Kessler) mit Abb.

67 Fragment einer Feuerofen-Platte (?)
Nordafrika
Zweite Hälfte 4. Jahrhundert n.Chr.
München, PStslg. Inv. 1984, 3624
Komplett erhalten ist die Applike des großen gemauerten Altares mit Hörnerecken, auf dessen Opferfläche mehrere brotartige Objekte aufgehäuft sind, aus denen 10 spitze Flammen züngeln. Da dieser Altar auch auf dem Teller Nr. 66 erscheint und dort mit großer Wahrscheinlichkeit mit der Geschichte von drei Männern im Feuerofen zu verbinden ist, wurde das Fragment versuchsweise auch in diesen Zusammenhang gestellt.

Links ist noch eine menschliche Hand (vielleicht von dem ausgestreckten Arm einer männlichen oder weiblichen Gewandfigur) erhalten.
Es könnte sich hierbei um die gleiche Applike handeln wie der linke Mann auf dem erwähnten Teller.

68 Fragment von Feuerofen-Platte
Nordafrika
Zweite Hälfte 4. Jahrhundert n.Chr.
München, PStslg. Inv. 1988, 3009
Auf dem Rand der Platte ist ein kleiner gemauerter Altar mit Hörnerecken dargestellt, in dessen hoch aufzüngelnden Flammen drei nackte Knaben oder Jünglinge stehen (dem Typus nach am ehesten Eroten). Links davon nähert sich ein Mann in Tunica, die nach links unten weit absteht, wie vom Wind gebauscht oder wie in eiligem Lauf. Dieser Umriß erinnert stark an die Darstellung des von Potiphars Weib verfolgten Joseph, doch weicht u.a. die Armhaltung des Mannes davon ab, so daß die auf der Platte Nr. 58 vermutete Darstellung beider Geschichten hier keine eindeutige Wiederholung erfährt.
J.W. Salomonson deutet die Szene als Darstellung der Geburt von Helena und den Dioskuren aus dem von Zeus befruchteten Ei der Leda.

69 Fragment von Feuerofen-Teller
Nordafrika
Zweite Hälfte 4. Jahrhundert n.Chr.
München, PStslg. Inv. 1988, 3007
Die gleiche Applike des brennenden gemauerten Altares mit drei nackten Knaben wie auf der vorangehenden Nr. 68 dürfte ebenfalls am ehesten auf die Geschichte der drei Männer im Feuerofen zu beziehen sein, sofern man nicht Salomonsons Deutung auf die Geburt der Drillinge aus der Geschichte von Leda und dem Schwan folgen will.
Auch auf Tonlampen sind die Männer auf züngelnden Flammen dargestellt (Graziani Abbiani Nr. 6 Taf. 1,1).

70 Fragment von Feuerofen-Platte (?)
Nordafrika
Zweite Hälfte 4. Jahrhundert n.Chr.
München, PStslg. Inv. 1988, 3009
Die Randscherbe zeigt rechts einen Altar, eine Truhe oder ein
Gebäude mit Hörnern; in der linken oberen Ecke ist die Büste
eines jungen Mannes mit phrygischer Mütze zu sehen. Links
geht ein Mann mit phrygischer Mütze, langärmliger Tunica und
Umhang mit ausgestreckten Händen nach links. Er folgt einer
weiblichen Figur in langem Gewand. Möglicherweise waren
rechts die drei Männer im Feuerofen dargestellt, links ihre Befreiung durch den Engel des Herrn.
Eine Deutung auf die Anbetung der Weisen aus dem Morgenland scheidet aus, da diese stets zu dritt und in Hosen sowie mit
Gaben in den ausgestreckten Händen auftreten (z.B. auf Lampen und Sarkophagreliefs).

Daniel in der Löwengrube (Daniel 6, 1—24)

VND DARIUS AUS MEDEN NAM DAS REICH EIN /
da er zwey vnd sechzig jar alt war. ¹Vnd Darius sahe es fur gut an / das er vber das gantze
Königreich setzte hundert vnd zwenzig Landuögte. ²Vber diese setzet er drey Fürsten (der einer
war Daniel) welchen die Landuögte solten rechnung thun / vnd der König der mühe vberhaben
were.

DAniel aber vbertraff die Fürsten vnd Landuögte alle / Denn es war ein hoher geist in jm /
Darumb gedachte der König jn vber das gantze
Königreich zu setzen. ⁴Derhalben trachteten die
Fürsten vnd Landuögte darnach / wie sie eine
Sache zu Daniel fünden / die wider das Königreich
were. Aber sie kundten keine sache / noch vbelthat
finden / Denn er war trew / das man keine schuld
noch vbelthat an jm finden mochte. ⁵Da sprachen
die Menner / Wir werden keine Sache zu Daniel
finden / on vber seinem Gottesdienst.

⁶DA kamen die Fürsten vnd Landuögte heuffig
fur den König / vnd sprachen zu jm also / Herr
könig Darius / Gott verleihe dir langes leben. ⁷Es
haben die Fürsten des Königreichs / die Herrn /
die Landuögte / die Rete vnd Heubtleute alle gedacht / Das man einen königlichen Befelh soll ausgehen lassen / vnd ein strenge Gebot stellen / Das /
wer in dreissig tagen / etwas bitten wird von jrgend
einem Gott oder Menschen / On von dir König
alleine / solle zu den Lewen in graben geworffen
werden. ⁸Darumb / lieber König / soltu solch Gebot bestetigen / vnd dich vnterschreiben / Auff das
nicht wider geendert werde / nach dem Rechte der
Meder vnd Perser / welchs niemand vbertretten
thar. ⁹Also unterschreib sich der König Darius.

ALs nu Daniel erfur / das solch Gebot vnterschrieben were / gieng er hinauff in sein haus
(Er hatte aber an seinem Sommerhause / offene
fenster gegen Jerusalem) Vnd er kniet des tages
drey mal auff seine Knie / betet / lobet vnd dancket
seinem Gott / wie er denn vorhin zu thun pfleget.
¹¹Da kamen diese Menner heuffig / vnd funden
Daniel beten / vnd flehen fur seinem ‖ Gott. ¹²Vnd
traten hinzu / vnd redeten mit dem König / von
dem königlichen Gebot / Herr König / Hastu nicht
ein Gebot vnterschrieben / das / wer in dreissig
tagen etwas bitten würde / von jrgend einem Gott
oder Menschen / on von dir König alleine / solle zu
den Lewen in den Graben geworffen werden? Der
König antwortet / vnd sprach / Es ist war / vnd das
Recht der Meden vnd Persen / sol niemand vbertretten. ¹³Sie antworten vnd sprachen fur dem
Könige / Daniel der Gefangenen aus Juda einer /
der achtet weder dich / noch dein Gebot / das du
verzeichnet hast / Denn er betet des tages drey mal.

DA der König solchs höret / ward er seer betrübt / vnd thet grossen vleis / das er Daniel er-
lösete / vnd mühet sich / bis die Sonne vntergieng /
das er jn errettet. ¹⁵Aber die Menner kamen heuffig
zu dem Könige / vnd sprachen zu jm / Du weissest
herr König / Das der Meder vnd Perser recht ist /
das alle Gebot vnd befelh / so der König beschlos-
sen hat / sol vnuerendert bleiben. ¹⁶Da befalh der
König / das man Daniel her brechte / Vnd worffen
jn zu den Lewen in den Graben. Der König aber
sprach zu Daniel / Dein Gott / dem du on vnterlas
dienest / der helffe dir. ¹⁷Vnd sie brachten einen
Stein / den legten sie fur die thür am graben / den
versiegelt der König mit seinem eigen Ringe / vnd
mit dem ringe seiner Gewaltigen / Auff das sonst
niemand an Daniel mutwillen vbet. ¹⁸Vnd der
König gieng weg in seine Burg / vnd bleib vn-

gessen vnd lies kein essen fur sich bringen / kund auch nicht schlaffen.

DEs morgens frü / da der tag anbrach / stund der König auff / vnd gieng eilend zum Graben / da die Lewen waren. [20]Vnd als er zum graben kam / rieff er Daniel mit kleglicher stim / Vnd der König sprach zu Daniel / Daniel / du Knecht des lebendigen Gottes / Hat dich auch dein Gott / dem du on vnterlas dienest / mügen von den Lewen erlösen? [21]Daniel aber redet mit dem Könige / Herr könig / Gott verleihe dir langes Leben / [22]Mein Gott hat seinen Engel gesand / der den Lewen den rachen zugehalten hat / das sie mir kein leid gethan haben / Denn fur jm bin ich vnschüldig erfunden / So hab ich auch wider dich / Herr könig / nichts gethan. [23]Da ward der könig seer fro / Vnd hies Daniel aus dem Graben ziehen / Vnd sie zogen Daniel aus dem graben / vnd man spüret keinen schaden an jm / Denn er hatte seinem Gott vertrawet.

[24]DA hies der König die Menner / so Daniel verklagt hatten / her bringen / vnd zun Lewen in den Graben werffen / sampt jren Kindern vnd Weibern / Vnd ehe sie auff den boden hinab kamen / ergriffen sie die Lewen / vnd zumalmeten auch jre gebeine.

Die Geschichte von Daniel in der Löwengrube wird im frühen Christentum als Symbol für Errettung und Erlösung der Welt, also auf Christus gedeutet, als Befreiung von Verfolgung und Lebensgefahr des einzelnen.
Darstellungen dieser Geschichte sind überaus zahlreich erhalten geblieben, z.B. auf Sarkophagen seit dem ausgehenden 3. Jahrhundert (Sarkophag in S. Paolo fuori le mura in Rom, Sarkophag im Museum Velletri) und im 4. Jahrhundert (Sarkophag des Aurelius von S. Lorenzo fuori le mura in Rom, Sarkophag des Iunius Bassus von 359 in St. Peter zu Rom), auf Wandmalereien (z.B. im Hypogaeum dei Giordani in Rom) und auf Glasschalen (Schale von Arras im Louvre) sowie auf Elfenbeinarbeiten (Lipsanothek von Brescia aus dem zweiten Drittel des 4. Jahrhunderts) und auf einer Bleischale aus Karthago in Berlin (Ost).
Später war das Motiv sehr beliebt auf burgundischen Gürtelschnallen, und zwar sowohl in Knochen und Bein wie Bronze und Eisen (mit Tauschierung).

71 Daniel-Teller
Nordafrika
Zweite Hälfte 4. Jahrhundert n.Chr.
Dm 18,5 cm
Köln, Römisch-Germanisches Museum Inv. KL 546
In statischer Perspektive erzählen drei Appliken die Geschichte: oben in der Mitte ein Kantharos, in dem David nackt mit waagrecht ausgebreiteten Armen steht. Darunter flankieren zwei fast senkrecht angeordnete springende Löwen den Kantharos.
Das Motiv des Kantharos bzw. des Menschen zwischen zwei antithetischen Tieren ist schon im Alten Orient weit verbreitet. Den Bezug der alttestamentarischen Geschichte auf Christus macht auch das Kreuzsymbol deutlich, das durch die ausgebreiteten Arme Davids entsteht (auf anderen Darstellungen ist er mit den üblichen erhobenen Armen des Adoranten zu sehen).
Spätantike Nr. 261 mit Lit. (D. Stutzinger).

72 Randfragment von Daniel-Platte (?)
Nordafrika
Zweite Hälfte 4. Jahrhundert n.Chr.
München, PStslg. Inv. 1984, 3630
In einem getriebenen Metallkessel mit Standfuß, aber ohne Henkel, ist ein Mann in persischer Tracht (offenbar auch persisch/phrygischer Mütze) mit betend erhobenen Armen dargestellt. Von rechts springt ein Löwe auf ihn zu.

Die Ähnlichkeit der Komposition mit dem vorangehenden Teller sowie die für die Darstellung von Hebräern übliche Kleidung läßt an eine Variation des Daniel-Themas denken.

73 Löwen-Lampe
Nordafrika
Ende 4./erste Hälfte 5. Jahrhundert n.Chr.
L 14 cm
Privatbesitz
Im Spiegel quer Löwe nach links. Auf den Schultern abwechselnd gefüllte Dreiecke und Quadrate, an den Enden zur Schnauze fünfblättrige Blüte mit Stiel. Bei der Interpretation ist auch an den Löwen als Symbol des Evangelisten Markus zu denken, aber auch an Tierkampf und Jagd.
Zum Typ: Ennabli Nr. 287—289 (Variante).

74 Kleine Löwen-Lampe
Fundort unbekannt (Nordafrika?)
Erste Hälfte 5. Jahrhundert n.Chr.
L 11,2 cm

München, Staatl. Antikensammlung Inv. 7017
Im Spiegel quer kauernder Löwe nach links, auf den Schultern punktgefüllte Herzen, zur Schnauze hin je eine gefüllte Scheibe.

Die Geschichte von Jona (Jona 1—4)

ES GESCHACH DAS WORT DES HERRN ZU JONA dem son Amithai / vnd sprach / ²Mache dich auff / vnd gehe in die grosse stad Nineue / / vnd predige drinnen / Denn jre bosheit ist er auff komen fur mich. ³Aber Jona machte sich auff vnd flohe fur dem HERRN / vnd wolt auffs Meer / vnd kam hin ab gen Japho / Vnd da er ein Schiff fand / das auffs Meer wolt faren / gab er Fehrgeld vnd trat drein / das er mit jnen auffs Meer füre / fur dem HERRN. ||

DA lies der HERR einen grossen wind auffs Meer komen / vnd hub sich ein gros vngewitter auff dem Meer / Das man meinet / das Schiff würde zu brechen. ⁵Vnd die Schiffleute furchten sich / vnd schrien / ein jglicher zu seinem Gott / vnd worffen das Gerete / das im Schiff war / ins Meer / das es leichter würde. Aber Jona war hinunter in das Schiff gestiegen / lag vnd schlieff. ⁶Da trat zu jm der Schiffherr / vnd sprach zu jm / Was schleffestu? Stehe auff / ruffe deinen Gott an / Ob vieleicht Gott an vns gedencken wolte / das wir nicht verdürben.

⁷VND einer sprach zum andern / Kompt / wir wollen lossen / das wir erfaren / vmb welchs willen es vns so vbel gehe / Vnd da sie losseten / traffs Jonam. ⁸Da sprachen sie zu jm / Sage vns / warumb gehet es vns so vbel? Was ist dein gewerbe? vnd wo kompstu her? Aus welchem Lande bistu? vnd von welchem Volck bistu? ⁹Er sprach zu jnen / Jch bin

ein Ebreer / vnd fürchte den HERRN Gott von Himel / welcher gemacht hat das Meer vnd das Trocken. ¹⁰Da furchten sich die Leute seer / vnd sprachen zu jm / Warumb hastu denn solches gethan? Denn sie wusten / das er fur dem HERRN flohe / Denn er hatte es jnen gesagt.

¹¹DA sprachen sie zu jm / Was sollen wir denn mit dir thun / das vns das Meer stille werde? Denn das meer fuhr vngestüm. ¹²Er sprach zu jnen / Nemet mich vnd werfft mich ins Meer / so wird euch das Meer still werden / Denn ich weis / das solch gros Vngewitter vber euch kompt vmb meinen willen. ¹³Vnd die Leute trieben / das sie wider zu lande kemen / Aber sie kundten nicht / Denn das Meer fuhr vngestüm wider sie. ¹⁴Da rieffen sie zu dem HERRN / vnd sprachen / Ah HERR / las vns nicht verderben vmb dieses Mannes seele willen / vnd rechne vns nicht zu vnschüldig blut / Denn du HERR thust / wie dirs gefellet.

¹⁵VND sie namen Jona / vnd wurffen jn ins Meer / Da stund das Meer still von seinem wüten. ¹⁶Vnd die Leute furchten den HERRN seer / vnd theten dem HERRN opffer vnd gelübde. ¹Aber der HERR verschafft einen grossen Fisch / Jona zuerschlingen / Vnd Jona war im leibe des Fisches / drey tag vnd drey nacht.

II.

VND Jona betet zu dem HERRN seinem Gott / im Leibe des Fisches / ³vnd sprach.

JCH rieff zu dem HERRN in meiner Angst / vnd er antwortet mir / Jch schrey aus dem Bauche der Hellen / vnd du höretest meine stim.

⁴DV warffest mich in die Tieffe mitten im Meer / das die Flut mich vmbgaben / Alle deine wogen vnd wellen giengen vber mich.

⁵DAs ich gedacht / Jch were von deinen Augen verstossen / Jch würde deinen heiligen Tempel ᵃnicht mehr sehen.

⁶WAsser vmbgaben mich / bis an mein Leben / Die Tieffe vmbringete mich Schilff bedeckte mein Heubt.

⁷JCH sanck hinuntern zu der Berge gründe / Die Erde hatte mich verriegelt ewiglich / Aber du hast mein Leben aus dem Verderben gefürt / HERR mein Gott.

⁸DA meine Seele bey mir verzagt / Gedacht ich an den HERRN / Vnd mein Gebet kam zu dir / in deinen heiligen Tempel.

⁹ᵇDJe da halten vber dem Nichtigen / Verlassen jre gnade.

¹⁰JCh aber wil mit Danckopffern / Meine Gelübde wil ich bezalen dem HERRN / das er mir geholffen hat.

¹¹VND der HERR sprach zum Fische / Vnd der selb speiet Jona aus ans Land. ‖

III.

VND es geschach das wort des HERRN zum andern mal zu Jona / vnd sprach / ²Mach dich auff / gehe in die grosse stad Nineue / vnd predige jr die Predigt / die ich dir sage. ³Da macht sich Jona auff / vnd gieng hin gen Nineue / wie der HERR gesagt hatte / Nineue aber war ein stad Gottes / drey Tagereise gros. ⁴Vnd da Jona anfieng hin ein zugehen eine Tagereise in die Stad / predigt er / vnd sprach / Es sind noch vierzig tage / So wird Nineue vntergehen. ⁵Da gleubten die Leute zu Nineue an Gott / vnd liessen predigen / Man solte fasten / Vnd zogen Secke an / beide gros vnd klein.

⁶VND da das fur den König zu Nineue kam / stund er auff von seinem Thron vnd legt seine Purpur abe / vnd hüllet einen Sack vmb sich / vnd setzt sich in die Asschen. ⁷Vnd lies aus schreien vnd sagen zu Nineue / aus befelh des Königes vnd seiner Gewaltigen also / Es sol weder mensch noch Thier / weder Ochsen noch Schafe etwas kosten / vnd man sol sie nicht weiden / noch wasser trincken lassen. ⁸Vnd sollen Seck vmb sich hüllen / beide Menschen vnd Thier / vnd zu Gott ruffen hefftig / Vnd ein jglicher bekere sich von seinem bösen wege vnd vom freuel seiner hende. ⁹Wer weis? Gott möcht sich bekeren vnd rewen / vnd sich wenden von seinem grimmigen zorn / das wir nicht verderben.

¹⁰DA aber Gott sahe jre Werck das sie sich bekereten von jrem bösen wege / Rewete jn des Vbels / das er geredt hatte jnen zu thun / vnd thets nicht.

IIII.

DAS verdros Jona fast seer / vnd ward zornig / ²Vnd betet zum HERRN vnd sprach / Ah HERR / Das ists / das ich saget / da ich noch in meinem Lande war / darumb ich auch wolte zuuor komen zufliehen auffs Meer / Denn ich weis / das du Gnedig / Barmhertzig / Langmütig vnd von grosser Güte bist / vnd lesst dich des Vbels rewen. ³So nim doch nu HERR meine Seele von mir / Denn ich wolt lieber tod sein denn leben. ⁴Aber der HERR sprach / Meinstu / das du billich zürnest.

VND Jona gieng zur Stad hin aus / vnd satzt sich gegen Morgen werds der Stad / vnd macht jm daselbs eine Hütten / da satzt er sich vnter / in den schatten / Bis er sehe / was der Stad widerfaren würde.

⁶GOtt der HERR aber verschafft einen Kürbis / der wuchs vber Jona / das er schatten gab vber sein Heubt / vnd errettet jn von seinem vbel· / vnd Jona frewet sich seer vber dem Kürbis. ⁷Aber der HERR verschaffte einen Wurm / des morgens / da die Morgenröte anbrach / der stach den Kürbis / das er verdorrete. ⁸Als aber die Sonne auffgegangen war / verschaffte Gott einen dürren Ostwind / vnd die Sonne stach Jona auff den Kopff / das er matt ward. Da wündschet er seiner Seelen den tod / vnd sprach / Jch wolt lieber tod sein denn leben. ⁹DA sprach Gott zu Jona / Meinstu / das du billich zürnest vmb den Kürbis? Vnd er sprach / Billich zürne ich / bis an den tod. ¹⁰Vnd der HERR sprach / Dich jamert des Kürbis / daran du nicht geerbeitet hast / hast jn auch nicht auff gezogen / welcher in einer nacht ward / vnd in einer nacht verdarb. ¹¹Vnd Mich solt nicht jamern Nineue solcher grossen Stad / Jn welcher sind mehr denn hundert vnd zwenzig tausent Menschen / die nicht wissen vnterscheid / was recht oder linck ist / Dazu auch viel Thiere.

Auch die Jona-Geschichte ist ein Beispiel — wenn nicht *das* Symbol — für die Errettung aus der Gefahr, ja einer existentiellen Bedrohung. Sie verheißt den Gläubigen die ewige Ruhe und steht für Tod und Auferstehung Christi (vgl. Matth. 12, 39—40).

Die Geschichte erscheint auf zahlreichen Sarkophagen, auf Mosaiken des 4. Jahrhunderts wie den berühmten Pavimenten in der Kirche des Bischofs Theodorus unter dem Dom von Aquileia, auf Goldgläsern des 4. Jahrhunderts, auf Wandmalereien in der Callixtus-Katakombe in Rom (erste Hälfte des 3. Jahrhunderts) oder in der Katakombe der SS. Pietro e Marcellino in Rom (Ende des 3. Jahrhunderts) und auf Elfenbeinarbeiten wie der Lipsanothek von Brescia aus dem zweiten Drittel des 4. Jahrhunderts. Vier Szenen begegnen auf dem Rand einer Bleischale des 4. Jahrhunderts aus Karthago in Berlin (Ost). Auch auf christlichen Grabsteinen erscheint sie (etwa aus der Praetextatus-Katakombe in Rom) oder als rundplastische Marmorplastik (Jona und der Walfisch im Augenblick des Verschlingens und des Ausspeiens, Rast in der Laube).

Auf den Sarkophagen erscheinen mindestens seit der Zeit um 300 alle Elemente, die auf den Sigillata-Gefäßen in verkürzter Form wiedergegeben sind: ein Segelschiff mit zwei oder drei Matrosen oder Passagieren, der Sprung vom Schiff, das Meerungeheuer, die Ausspeiung und die Rast in der Kürbislaube. Das letztgenannte Motiv weicht von der alttestamentarischen Erzählung ab, begegnet aber immer wieder, offenbar als spezifisch christliches Sinnbild des Friedens und der Ruhe, während die Darstellung von Verschlingen und Ausspeien wohl als Sinnbilder für die Errettung aus dem Tod gelten.

Die Betonung der Ruhe und des Friedens ermöglicht zugleich eine Verknüpfung mit maritimen und bukolischen Szenen als weitere Assoziationen eines ruhigen, heiteren und friedvollen Glücks: ein solches Glück erhoffte man sich wenn nicht im irdischen, so doch im jenseitigen Leben.

Ein letzter Ausläufer der spätantiken Bildtradition ist die Jona-Schnalle aus Knochen, die im Grab eines Kanonikers unter St. Ulrich und Afra zu Augsburg gefunden wurde: Sie ist eine südfranzösische Arbeit der zweiten Hälfte des 6. Jahrhunderts und liegt damit schon jenseits der Zeitgrenze dieser Ausstellung. Die Jona-Geschichte ist neben der Jugendgeschichte Achills im übrigen die einzige szenische Darstellung, die sich bisher auf zahlreichen keramischen und anderen Denkmälern nachweisen läßt. Im Bereich der nordafrikanischen Keramik ist sie auf Tellern, Platten und Tablett-Randfriesen gleichermaßen (und meist auch mit den gleichen Motiven) vertreten. Bisher sind dabei mindestens drei Varianten der Applik mit der Rast in der Kürbislaube bekannt.

75

75 Jona-Teller (Abbildung S. 131)
Nordafrika
Zweite Hälfte 4. Jahrhundert n.Chr.
Dm 17,5 cm
Köln, Römisch-Germanisches Museum Inv. KL 553/1
Die Geschichte wird mit fünf um die Tellermitte im Uhrzeigersinn angeordneten Appliken erzählt:
1. Von einem nach links segelnden Schiff mit drei Mann Besatzung, von denen nur die Köpfe über die Reling ragen, springt der nackte Jona nach rechts ins Meer.
2. Von rechts nähert sich ein Seedrache mit dreiflossigem Schwanz, um Jona zu verschlingen.
3. Der nun nach rechts schwimmende Drache speit Jona wieder aus.
4. Unter der Kürbislaube ruht Jona halb sitzend, halb liegend.
5. Jona sitzt, nachdem der Kürbis verdorrt ist, auf einem Stein, den Kopf in die linke Hand gestützt.
Die Darstellung entspricht somit jener auf dem Teller Nr. 76, nur ist dort die 5. Applike durch ein Versehen der Töpferei schon vor der 4. Szene angeordnet.
Spätantike Nr. 204 (D. von Boeselager) mit Lit. (Foto seitenverkehrt).

76 Jona-Teller
Nordafrika
Zweite Hälfte 4. Jahrhundert n.Chr.
Dm 18,8 cm
Mainz, RGZM Inv. 0.39677
Mit fünf Motiven wird die Geschichte im Uhrzeigersinn erzählt:
1. Ein Segelschiff mit drei Passagieren oder Matrosen, von denen nur die Köpfe über die Reling schauen, segelt nach links. Die Männer sehen dem über Bord geworfenen nackten Jona nach.
2. Von rechts schwimmt der „Walfisch" heran.
3. Jona sitzt nackt auf einem Felsen und blickt nach rechts.
4. Der nach rechts schwimmende Walfisch speit Jona Kopf voran aus.
5. Jona ruht halb sitzend, halb liegend in der Kürbis-„Laube".
Die eklektische, durch den Einschub von Szene 3 auch „unlogisch" wirkende Form der Darstellung zeigt, wie weit der Bildkanon schon formelhaft geworden war, so daß der Töpfer bei der Komposition weitgehend frei verfahren konnte (die Alternative, in Szene 3 Jona im Leib des Walfisches sitzend zu denken, erscheint wenig plausibel). Die gleiche Applike erscheint auch auf einem Teller mit Orpheus als gutem Hirten (hier Nr. 191). Falls ein Bezug beabsichtigt ist, dürfte das gemeinsame Motiv der Bewahrung anzunehmen sein.
Age of Spirituality Nr. 384 (E. Lucchesi-Palli) mit Abb.; Spätantike Nr. 205 (M. Weber).

77 Fragment von Jona-Teller
Nordafrika
Zweite Hälfte 4. Jahrhundert n.Chr.
München, PStslg. Inv. 1988, 3007
Die kleine Bodenscherbe zeigt die Rast in der Laube.
Zum Motiv: Atlante Taf. 88,7 (Motiv 161).

78 Fragment von Jona-Platte
Nordafrika
Zweite Hälfte 4. Jahrhundert n.Chr.
München, PStslg. Inv. 1983, 1236
Die Randscherbe zeigt Segelboot und Sprung ins Meer (nur Beine des Jona erhalten).
Zum Motiv: Atlante Taf. 88,5 (Motiv 159).

79 Fragment von achteckiger Jona-Platte
Nordafrika
Zweite Hälfte 4. Jahrhundert n.Chr.
München, PStslg. Inv. 1984, 3623
Die Randscherbe zeigt Segelboot und Sprung ins Meer (nur rechter Fuß des Jona erhalten).

80—81 Drei Randfragmente von Jona-Fries eines Tabletts
Nordafrika
Zweite Hälfte 4. Jahrhundert n.Chr.
München, PStslg. Inv. 1988, 3006 bzw. Privatbesitz

Der Fries besteht aus mindestens sechs Appliken:
1. Segelschiff mit drei Matrosen oder Passagieren, von dem Jona nach rechts ins Meer springt.
2. Seedrache nach links.
3. Seedrache nach rechts speit Jona aus.
4. Segelschiff mit drei Matrosen oder Passagieren nach links.
5. Walfisch.
6. Fischerboot mit zwei Fischern.

Zu diesem oder einem zweiten Fries gehört die Rast in der Kürbislaube.
Zum Fries: Garbsch 1981, 109 Nr. 13 Taf. 7.2,13. — Garbsch 1980, 185 f., 194; Abb. 27

82 Fragment von Jona-Teller
Nordafrika
Zweite Hälfte 4. Jahrhundert n.Chr.
München, PStslg. Inv. 1988, 3015

Die Bodenscherbe zeigt einen Seedrachen mit langem Hals, der den Kopf zurückwendet zu einem nackten Mann, welcher entweder auf seinem Rücken reitet oder unter einer Kürbis-Laube ruht. Die Pose des Gelagerten, der Seedrache und die Laube mit dem herabhängenden Kürbis machen die Deutung auf Jona sicher. Auch auf einem Sarkophag des 3. Jahrhunderts in Kopenhagen sind Ausspeiung und Rast in der Laube ähnlich eng benachbart dargestellt, desgleichen auf einem Sarkophag im Museum Velletri und auf dem Sarkophag des Aurelius aus den Katakomben von S. Lorenzo fuori le mura in der Vatikanischen Museen.
Schließlich ist die Szene — stärker stilisiert — in gleicher Art auch auf Lampen belegt (Atlante Taf. 150, 2).

Motive aus dem Neuen Testament

Die Auferweckung des Lazarus (Johannes 11, 1—46)

ES LAG ABER EINER KRANCK / MIT NAMEN LAZArus / von Bethania / in dem flecken Maria vnd jrer schwestern Martha. ²Maria aber war / die den HErrn gesalbet hatte mit salben / vnd seine Füsse getrücket mit jrem har / Derselbigen bruder Lazarus war kranck. ³Da sandten seine Schwestern zu jm / vnd liessen jm sagen / HErr / sihe / den du lieb hast / der ligt kranck.

DA Jhesus das höret / sprach er / Die kranckheit ist nicht zum tode / sondern zur ehre Gottes / das der Son Gottes da durch geehret werde. ⁵Jhesus aber hatte Martham lieb / vnd jre Schwester vnd Lazarum. ⁶Als er nu höret / das er kranck war / bleib er zween tage an dem Ort / da er war. ⁷Darnach spricht er zu seinen Jüngern / Lasst vns wider in Judeam ziehen. ⁸Seine Jünger sprachen zu jm / Meister / Jenes mal wolten die Jüden dich steinigen / vnd du wilt wider da hin ziehen? ⁹Jhesus antwortet / Sind nicht des tages zwelff stunde? Wer des tages wandelt / der stössest sich nicht / denn er sihet das Liecht dieser welt. ¹⁰Wer aber des nachts wandelt / Der stösset sich / denn es ist kein Liecht in jm. ‖

¹¹SOlchs saget er / vnd darnach spricht er zu jnen / Lazarus vnser Freund schlefft / Aber ich gehe hin / das ich jn auffwecke. ¹²Da sprachen seine Jünger / HErr / schlefft er / so wirds besser mit jm. ¹³Jhesus aber saget von seinem tode / Sie meineten aber / er redet vom leiblichen schlaff. ¹⁴Da sagts jnen Jhesus frey heraus / Lazarus ist gestorben / ¹⁵vnd ich bin fro vmb ewren willen / das ich nicht da gewesen bin / auff das jr gleubet / Aber lasset vns zu jm ziehen. ¹⁶Da sprach Thomas / der genennet ist Zwilling / zu den Jüngern / Lasst vns mit ziehen / das wir mit jm sterben.

DA kam Jhesus / vnd fand jn / das er schon vier tage im Grabe gelegen war. ¹⁸Bethania aber war nahe bey Jerusalem / bey funffzehen Feldweges. ¹⁹Vnd viel Jüden waren zu Martha vnd Maria komen / sie zutrösten vber jren Bruder.

²⁰ALs Martha nu höret / das Jhesus kompt / gehet sie jm entgegen / Maria aber bleib da heime sitzen. ²¹Da sprach Martha zu Jhesu / HErr / werestu hie gewesen / mein Bruder were nicht gestorben. ²²Aber ich weis auch noch / das was du bittest von Gott / das wird dir Gott geben. ²³Jhesus spricht zu jr / Dein Bruder sol aufferstehen.

²⁴Martha spricht zu jm / Jch weis wol / das er aufferstehen wird in der Aufferstehung am Jüngsten tage. ²⁵Jhesus spricht zu jr / JCH BIN DIE AUFFERSTEHUNG VND DAS LEBEN / WER AN MICH GLEUBET / DER WIRD LEBEN / OB ER GLEICH STÜRBE / ²⁶VND WER DA LEBET VND GLEUBET AN MICH / DER WIRD NIMER MEHR STERBEN. Gleubestu das? ²⁷Sie spricht zu jm / HErr / ja / Jch gleube / das du bist Christus der Son Gottes / der in die Welt komen ist. VND da sie das gesagt hatte / gieng sie hin / vnd rieff jrer schwester Maria heimlich / vnd sprach / Der Meister ist da / vnd ruffet dir. ²⁹Die selbige / als sie das höret / stund sie eilend auff / vnd kam zu jm / ³⁰Denn Jhesus war noch nicht in den Flecken komen / sondern war noch an dem ort / da jm Martha war entgegen komen. ³¹Die Jüden / die bey jr im Hause waren vnd trösteten sie / da sie sahen Mariam / das sie eilend auffstund vnd hin aus gieng / folgeten sie jr nach / vnd sprachen / Sie gehet hin zum Grabe / das sie daselbs weine.

³²ALs nu Maria kam da Jhesus war / vnd sahe jn / fiel sie zu seinen füssen / vnd sprach zu jm / HErr / werestu hie gewesen / mein Bruder were nicht gestorben. ³³Als Jhesus sie sahe weinen / vnd die Jüden auch weinen / die mit jr kamen / ergrimmet er im Geist / vnd betrübt sich selbs / ³⁴vnd sprach / Wo habt jr jn hin gelegt? Sie sprachen zu jm / HErr / kom vnd sihe es. ³⁵Vnd Jhesu giengen die augen vber. ³⁶Da sprachen die Jüden / Sihe / wie hat er jn so lieb gehabt. ³⁷Etliche aber vnter jnen sprachen / Kundte / der dem Blinden die augen auffgethan hat / nicht verschaffen / das auch dieser nicht stürbe? ³⁸Jhesus aber ergrimmet abermal in jm selbs / vnd kam zum Grabe / Es war aber eine Klufft / vnd ein stein darauff gelegt.

³⁹JHesus sprach / Hebt den stein abe. Spricht zu jm Martha / die schwester des Verstorben / HErr / er stinckt schon / denn er ist vier tage gelegen. ⁴⁰Jhesus spricht zu jr / Hab ich dir nicht gesagt / So du gleuben würdest / du soltest die herrligkeit Gottes sehen. ⁴¹Da huben sie den stein ab / da der Verstorbene lag. Jhesus aber hub seine Augen empor / vnd sprach / VATER / ICH DANCKE DIR / DAS DU MICH ERHÖRET HAST. ⁴²DOCH ICH WEIS / DAS DU MICH ALLEZEIT HÖREST / SONDERN VMB DES VOLCKS WILLEN / DAS VMB HER STEHET / SAGE ICHS / DAS SIE GLEUBEN / DU HABEST MICH GESAND.

⁴³DA er das gesagt hatte / rieff er mit lauter stimme / Lazare kom her aus. ⁴⁴Vnd der Verstorbene kam her aus / gebunden mit Grabtücher an füssen vnd henden / vnd sein angesicht verhüllet mit einem Schweistuch. Jhesus spricht zu jnen / Löset jn

auff / vnd lasset jn gehen. ⁴⁵Viel nu der Jüden / die zu Maria komen waren / vnd sahen was Jhesus thet / gleubten an jn. ⁴⁶Etliche aber von jnen giengen hin zu den Phariseern / vnd sagten jnen / was Jhesus gethan hatte. ‖

Die Bedeutung der Lazarus-Geschichte für den Gläubigen liegt auf der Hand: hier erhält er einen Hinweis auf die individuelle Auferstehung nach dem Tod.

Die Grabaedicula mit dem bandagierten Leichnam begegnet bereits auf einem Fresko der Auferweckung vom Ende des 3. Jahrhunderts in der Katakombe SS. Pietro e Marcellino in Rom und später in der Katakombe an der Via Latina und der Domitilla-Katakombe in Rom, ferner auf dem Grabstein des zwanzigjährigen Christen Datus in Rom und im zweiten Drittel des 4. Jahrhunderts auf der Lipsanothek von Brescia. Auch römische Goldgläser des 4. Jahrhunderts und Glasbecher mit eingeschliffener Verzierung aus Köln zeigen die Auferweckung (allerdings ohne die Grabaedicula), desgleichen die Glasschale von Podgorica in der Ermitage.

Auf einem Sarkophag im Vatikan in Rom aus dem letzten Jahrzehnt des 3. Jahrhunderts ist die Auferweckung besonders ausführlich dargestellt: links in einem Grabbau, zu dem mehrere Stufen emporführen, die bandagierte Leiche des Lazarus, davor fünf Personen mit Blick auf das Grab: im Vordergrund Christus, links hinter und rechts vor ihm die beiden Schwestern des Lazarus und rechts im Hintergrund zwei Jünger.

Etwas reduziert findet sich die Szene rund 25 Jahre später auf einem römischen Friessarkophag: Die Grabaedikula mit der „Mumie" steht am linken Bildrand auf einem Podest, vor dem die Schwester des Lazarus kniet. Christus wendet sich dem Grabbau mit dem wundertätigen Stab zu.

Noch weiter verkürzt wird das Heilungswunder auf Lampen allein durch die Applik der Grabaedicula dargestellt, während die Aedicula auf Tablett-Randfriesen (vgl. die Abbildung S. 135) wohl nur als Füllmotiv zu verstehen ist.

83 Fragment von Lazarus-Teller
Nordafrika
Zweite Hälfte 4. Jahrhundert n.Chr.
München, PStslg. Inv. 1983, 1230
Zwei Appliken sind erhalten: links das Grab des Lazarus, rechts ein hinweisend ausgestreckter rechter Männerarm.
Das Felsgrab des Lazarus ist über einem zweistufigen, verzierten Sockel durch ein Türgewände mit skulptiertem Spitzgiebel dargestellt, wie es in großer Zahl heute noch im Nahen Osten (etwa in Petra oder im Kidron-Tal in Jerusalem) zu besichtigen ist.

ORATIONIBVSSANTORVMAPE
RDVCEATDOMINVS

Das Grab des Lazarus im Randfries eines Dioskuren-Tabletts.

Der Tote ist in Binden gewickelt — abweichend vom Text nicht nur an Beinen und Armen, aber andererseits auch ohne Schweißtuch über dem Gesicht.

Rechts vom Grab gehört der demonstrativ erhobene Mannerarm zu einer männlichen Gewandfigur, die u.a. auch auf Tellern, Platten und Tabletts belegt ist. Vermutlich handelt es sich um einen Apostel, und man möchte auf der anderen Seite des Grabes eine ähnliche Figur annehmen.

An sich läge es auch nahe, hier zwei weibliche Figuren zu ergänzen und auf Maria und Martha zu beziehen, zumal es eine weibliche Gewandfigur ganz ähnlicher Gestik gibt. Dagegen spricht jedoch das kurzärmelige Gewand, das nur für die männliche Figur belegt ist.

Schließlich kann hier natürlich auch Jesus selbst bei dem Akt der Auferweckung dargestellt gewesen sein, wie dies z.B. auf Sarkophagreliefs zu sehen ist.

Die Heilung des Gichtbrüchigen (Markus 2, 1—12)

VND vber etliche tage / gieng er widerumb gen Capernaum / Vnd es ward rüchtbar / das er im hause war / ²Vnd als bald versamleten sich viel / also / das sie nicht raum hatten / auch haussen fur der thür / vnd er sagt jnen das wort.

VND es kamen etliche zu jm / Die brachten einen Gichtbrüchigen / von vieren getragen. ⁴Vnd da sie nicht kundten bey jn komen / fur dem Volck / deckten sie das Dach auff / da er war / vnd grubens auff vnd liessen das Bette ernider / da der Gichtbrüchige innen lag. ⁵Da aber Jhesus jren Glauben sahe / sprach er zu dem Gichtbrüchigen / Mein son / deine sünde sind dir vergeben.

⁶ES waren aber etliche Schrifftgelerten / die sassen alda / vnd gedachten in jrem hertzen / ⁷Wie redet dieser · solche Gotteslesterung? Wer kan sünde vergeben / denn allein Gott? ⁸Vnd Jhesus erkennet bald in seinem Geist / das sie also gedachten bey sich selbs / vnd sprach zu jnen / Was gedencket jr solchs in ewren hertzen? ⁹Welchs ist leichter / zu dem Gichtbrüchigen zu sagen / Dir sind deine sünde vergeben? Oder / stehe auff / nim dein Bette / vnd wandele? ¹⁰Auff das jr aber wisset / Das des menschen Son macht hat / zuuergeben die sünde auff Erden / sprach er zu dem Gichtbrüchigen / ¹¹Jch sage dir / stehe auff / nim dein Bette / vnd gehe heim. ¹²Vnd als bald stund er auff / nam sein Bette / vnd gieng hin aus fur allen / Also / das sie sich alle entsatzten / vnd preiseten Gott / vnd sprachen / Wir haben solchs noch nie gesehen.

84 Gichtbrüchigen-Teller

Nordafrika
Zweite Hälfte 4. Jahrhundert n.Chr.
Dm 17,4 cm
Mainz, RGZM Inv. 0.39448

Die Darstellung ähnelt in der Komposition dem Teller mit dem Urteil Salomos (hier Nr. 61): die beherrschende Figur oben in der Mitte, darunter zwei stehende antithetische Gestalten, unten in diesem Fall zwei Appliken.

1. Oben in der Mitte trägt der Geheilte ein großes Bett mit gegitterter Schnurbespannung quer auf dem Rücken nach rechts, wobei er den Kopf zur linken Figur zurückwendet.

2. Links steht Christus mit einem Szepter in der Linken und einem Kranz im lockigen Haar, der mit der Rechten auf die zentrale Darstellung des Geheilten weist.

3. Rechts steht ein bärtiger Mann und deutet mit der Rechten ebenfalls zur Mitte. Er dürfte ein Jünger sein.

4. Der freie Raum zwischen den beiden Gestalten ist durch zwei Palmblätter gefüllt.

Szepter und Diadem als Herrschaftszeichen des Kaisers charakterisieren Christus als Weltenherrscher. Die rechte Figur erinnert stark an die Mutter des toten Säuglings im Urteil Salomos (hier Nr. 61), mit der sie bis auf den Kopf und den Säugling identisch ist. Andererseits gibt es auch eine weibliche Figur, die einen ähnlichen Gegenstand im linken Arm hält. Diese Beobachtungen lassen Rückschlüsse auf die Herstellung der Appliken bzw. deren Matrizen zu: je nach Bedarf wurden die unterschiedlichsten Einzelelemente miteinander kombiniert. So dürfte auch der Gichtbrüchige schon als Einzelfigur vorhanden gewesen sein, ehe man das Bett hinzufügte (nur der linke Arm ist durch die Bespannung gesteckt). Die scheinbar zum Tragen des Gestells hochgereckte Rechte entspricht eher der Gestik eines Gespräches. Ähnlich wirkt auch David im Kantharos (hier Nr. 71).

Age of Spirituality Nr. 402 (L. Kötzsche) mit Abb.; Zaberns archäol. Kalender 1972, Blatt 19.3—1.4.

Wunderheilungen haben eine lange Tradition, und kaum ein Heilungswunder ist prägnanter und einprägsamer als das sprichwörtliche „Nimm Dein Bett und wandle!"

Schon auf einer Wandmalerei vom Anfang des 3. Jahrhunderts im Baptisterium des sog. christlichen Hauses von Dura-Europos am Euphrat ist die Heilung des Gichtbrüchigen mit einem ähnlichen geschulterten Bett dargestellt, aber auch auf dem Seitenteil eines fünfteiligen Elfenbeindiptychons im Louvre vom Anfang des 5. Jahrhunderts n.Chr. oder auf den sog. Polychromen Fragmenten, marmornen Verschlußplatten eines Grabes aus Rom mit neutestamentlichen Reliefdarstellungen aus dem letzten Jahrzehnt des 3. Jahrhunderts.

Die Heilung der blutflüssigen Frau (Markus 5, 25—34)

VND da war ein Weib / das hatte den Blutgang zwelff jar gehabt / ²⁶vnd viel erlidden von vielen Ertzten / vnd hatte alle jr Gut drob verzeret / Vnd halff sie nichts / sondern viel mehr ward es erger mit jr. ²⁷Da die von Jhesu hörete / kam sie im Volck von hinden zu / vnd rürete sein kleid an / ²⁸Denn sie sprach / Wenn ich nur sein Kleid möcht anrüren / So würde ich gesund. ²⁹Vnd als bald vertrucket der brun jres bluts / Vnd sie fülets am Leibe / das sie von jrer Plage war gesund worden.

³⁰VND Jhesus fület als bald an jm selbs die Krafft / die von jm ausgangen war / Vnd wandte sich vmb zum Volck / vnd sprach / Wer hat meine Kleider angerüret? ³¹Vnd die Jünger sprachen zu jm / Du sihest / das dich das Volck dringet / vnd sprichst / Wer hat mich angerüret? ³²Vnd er sahe sich vmb / nach der die das gethan hatte. ³³Das Weib aber furchte sich / vnd zittert (denn sie wuste was an jr geschehen war) kam vnd fiel fur jm nider / vnd saget jm die gantze warheit. ³⁴Er sprach aber zu jr / Mein tochter / Dein glaube hat dich gesund gemacht / Gehe hin mit frieden / vnd sey gesund von deiner Plage.

Die militärische Kleidung im Verein mit dem Szepter soll Christus analog zu Kaiserdarstellungen seit dem 3. Jahrhundert n.Chr. als Weltenherrscher charakterisieren.
Spätantike Nr. 201 (D. Stutzinger) mit Lit.

Dieses Wunder ist auf einem Teller zusammen mit der Heilung des Gichtbrüchigen dargestellt, wenn man eine moderne Interpretation akzeptiert. Es könnte sich aber auch um ein anderes Wunder oder schlichtweg um Nebenfiguren zur Heilung des Gichtbrüchigen handeln.
Die Szene ist eine spiegelbildliche Wiedergabe einer Wandmalerei in der Katakombe SS. Pietro e Marcellino in Rom vom Ende des 3. Jahrhunderts. In der Mitte des 4. Jahrhunderts begegnet sie auf einem Sarkophag in St. Peter zu Rom, im fortgeschrittenen 4. Jahrhundert auf der elfenbeinernen Lipsanothek von Brescia und im Anfang des 5. Jahrhunderts auf dem Seitenteil eines fünfteiligen Elfenbeindiptychons im Louvre zu Paris.

85 Teller mit der Heilung der blutflüssigen Frau

Nordafrika
Zweite Hälfte 4. Jahrhundert n.Chr.
Dm 17 cm
Köln, Römisch-Germanisches Museum Inv. KL 548
In unterschiedlicher Perspektive werden zwei Geschichten erzählt: Christus und die blutflüssige Frau sowie die Heilung des Gichtbrüchigen.
Christus trägt die Tunica und einen an der Schulter durch eine Fibel gehaltenen Soldaten- bzw. Offiziersmantel und geschnürte Ledersandalen. Er hält als Herrschaftszeichen ein Szepter in Händen.
Von rechts nähert sich demütig die kranke Frau, die etwas kleiner dargestellt ist. Sie berührt Christus am Mantel.
Um 90° gedreht ist links ein bartloser Mann in Tunica dargestellt, der auf Christus blickt. Rechts daneben trägt der nackte Gichtbrüchige sein Bett vor sich her nach rechts (sein Körper ist also hinter der gegitterten Schnurbespannung). Er blickt im Gehen nach dem jungen Mann zurück.

Die Frauen am Grab und Himmelfahrt Christi

„Nach diesen Worten wurde er vor ihren Augen emporgehoben: eine Wolke nahm ihn auf und entzog ihn ihren Blicken" (Apostelgeschichte 1,9; Übersetzung Hermann Menge).
Nach der Kreuzigung hatte Joseph von Arimathia von Pontius Pilatus erreicht, daß er den Toten abnehmen und bestatten durfte. Das Grab lag im Garten Gethsemane (Joh. 19,41), es war in den Felsen gehauen (Matth. 27,60; Mark. 15,46), und Joseph von Arimathia hatte es vorsorglich für sich selbst erworben (Matth. 27,60).
Am Sabbat nach der Kreuzigung und Beisetzung kommen Frauen zum Grab und finden es leer; der vor die Tür gewälzte Stein war weggerollt worden. Später sehen sie zwei Engel zu Häupten und Füßen des Grabes. Christus erscheint ihnen und tröstet sie.
In Einzelheiten differieren die Berichte der Evangelien: nach Joh. 20,1 kam nur Maria Magdalena zum Grab, nach Matth.

beiden Seiten der Tür steht in einer Nische die Figur eines Togatus. Der zylindrische Oberbau wird von Säulen getragen; in den Zwickeln zwischen den Bogen sitzen Medaillons mit Büsten. Hinter dem Grab steht ein großer Olivenbaum, in dessen Zweigen zwei antithetische Vögel picken.

In der rechten Bildhälfte steigt Christus mit einer Rolle in der Linken zum Himmel empor und ergreift mit der Rechten die Hand Gottes, die in der rechten oberen Ecke aus einer Wolke hervorkommt. Zu Füßen Christi kauert ein Jünger mit gesenktem, in den Händen verborgenem Kopf, während ein zweiter mit leicht erhobenen Händen emporblickt.

Volbach Nr. 110 Taf. 59; Spätantike 367 Abb. 64 (G. Ristow).

86 Himmelfahrt-Lampe
Nordafrika
5. Jahrhundert n.Chr.
L 14 cm
Privatbesitz

Im Spiegel Himmelfahrt Christi: Der stehende Christus, mit Kreuzszepter im linken Arm und erhobenem rechten Arm, wird von zwei Engeln emporgetragen. Er steht in einer punktgerahmten Scheibe, über der die Symbole der vier Evangelisten angebracht sind (von links Adler-Johannes, Engel-Matthäus, Stier-Lukas und Löwe-Markus). Unter der Scheibe stehen zwei Jünger. Der rechte Mann weist mit erhobener Rechten auf den Auferstandenen.

Auf den Schultern Medaillons mit Christogramm bzw. Raute sowie strich-, punkt- und kreisgefüllte Quadrate, an den Enden zur Schnauze diagonal halbierte Quadrate.

Terra Sigillata Nr. N 86. — Zum Typ: Ennabli Nr. 75 (Fragment); Wolfe Nr. 124 (Model).

28,1 Maria Magdalena und „die andere Maria", nach Mark. 16,1 Maria Magdalena, Maria, Mutter des Jakobus, und Salome und nach Luk. 24,10 Maria Magdalena, Maria, Mutter des Jakobus, und Johanna.

Eine beeindruckende Darstellung bietet die in der Ausstellung nur im Foto gezeigte elfenbeinerne Diptychonplatte der Zeit um 400 n.Chr. im Bayerischen Nationalmuseum München. Die Platte zeigt zwei Szenen. Unten nähern sich von rechts die drei Frauen Maria, Maria Magdalena und Maria, des Jakobus Mutter, dem Grab Christi, vor dem ein Engel sitzt. Am quadratischen Unterbau des Mausoleums lehnen zwei schlafende Wächter, die Tür ist verschlossen, zu

Der gute Hirte (Psalm 23 und Johannes 10, 12—16)

¹Ein Psalm Dauids.

DER HERR IST MEIN Hirte / Mir wird nichts mangeln.

²Er weidet mich auff einer grünen Awen / Vnd füret mich zum frisschen Wasser.

³Er erquicket meine Seele / er füret mich auff rechter Strasse / Vmb seines Namens willen.

⁴VNd ob ich schon wandert im finstern Tal / fürchte ich kein Vnglück / Denn du bist bey mir / Dein Stecken vnd Stab trösten mich.

⁵DV bereitest fur mir einen Tisch gegen meine Feinde / Du salbest mein Heubt mit öle / Vnd schenckest mir vol ein.

⁶Gutes vnd Barmhertzigkeit werden mir folgen mein leben lang / Vnd werde bleiben im Hause des HERRN jmerdar.

JCh bin ein guter Hirte. Ein guter Hirte lesset sein Leben fur die Schafe. Ein Miedling / der nicht Hirte ist / des die Schafe nicht eigen sind / sihet den Wolff komen / vnd verlesset die Schafe / vnd fleucht / vnd der Wolff erhaschet vnd zerstrewet die Schafe. ¹³Der Miedling aber fleucht / denn er ist ein Miedling / vnd achtet der Schafe nicht. ¹⁴Jch bin ein guter Hirte / vnd erkenne die meinen / vnd bin bekand den meinen. ¹⁵Wie mich mein Vater kennet / vnd ich kenne den Vater / vnd ich lasse mein Leben fur die Schafe. ¹⁶Vnd ich habe noch andere Schafe / die sind nicht aus diesem Stalle / Vnd die selben mus ich her füren / vnd sie werden meine stimme hören / Vnd wird eine Herd vnd ein Hirte werden. ‖

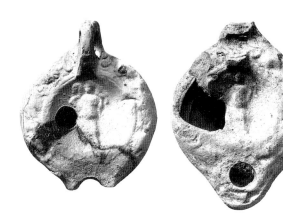

87—88 Zwei Guter Hirte-Lampen
Unbekannt
3. Jahrhundert n.Chr.
L noch 9,2 bzw. 10,2 cm
München, PStslg. Inv. 1988, 3032
Die fragmentarisch erhaltenen runden Lampen mit Henkel zeigen im Spiegel den Guten Hirten (= Schaftträger), der mit erhobenen Händen das auf seinen Schultern ruhende Schaf hält. Auf der Schulter Weintrauben, auf dem Boden Herstellerstempel ANNIVS.
Zum Typ: Menzel Nr. 565 mit Lit.; Frühchristliche Kunst Nr. 168—169.

Der Gute Hirte — lateinisch *pastor bonus* — wird in der altchristlichen Kunst häufig als allegorische Darstellung Christi wiedergegeben — von Fresken bis zu Mosaiken, auf Sarkophagen und als Statuette. Andererseits ist nicht jeder „Schaftträger" so zu verstehen, denn das bukolische Motiv des Hirten (und speziell des guten Hirten, der ein krankes Schaf auf der Schulter trägt) hat eine lange, weit in vorchristliche Zeit zurückreichenden Tradition. Daher ist in jedem einzelnen Fall zu prüfen, ob der Bildzusammenhang die christliche Interpretation erlaubt oder nahelegt.
Dabei wird man bei den in der Ausstellung gezeigten beiden Schaftträger-Lampen schon wegen der frühen Datierung einen solchen Bezug nicht sehen können.

Das Lamm Gottes (Johannes 1,29)

Siehe, das ist Gottes Lamm, welches der Welt Sünde trägt.

Das Lamm — ein junges Schaf oder eine junge Ziege — dient seit dem 4. Jahrhundert als Symbol für Christus: *agnus Dei*, Lamm Gottes. Schon Jesaia 53,7 hatte die Passion Christi als Leidensweg eines Lammes prophezeit, und in der Offenbarung des Johannes ist dies prägnant formuliert: Christus ist das unschuldige Opfer.
Damit einher geht das Gleichnis vom guten Hirten. Die Gläubigen sind die Herde, Christus als ihr Hirte hat ihre Sünden und die Sünde der Welt auf sich genommen. Im Lamm, das der Gute Hirte auf seinen Schultern trägt, trägt er die Seele des Verstorbenen zur Herde der Auserwählten. Allgemein ist das Lamm das Symbol der Reinheit, Unschuld und Geduld.
In den Darstellungen kommt neben dem (weiblichen) Schaf auch der (männliche) Widder als junges Tier — als „Lamm" — vor. Die Identifikation als Opfertier fällt umso leichter, als schon vom Opfer Abrahams her der Widder als Opfertier vertraut ist.

Selbstverständlich ist nicht jede Darstellung von Schaf oder Widder als Christussymbol zu deuten; eindeutig ist der Bezug nur, wenn das Lamm zusätzlich durch ein Christogramm oder ein Kreuz charakterisiert wird.

Drei Fragmente von Sigillatagefäßen zeigen die Applik eines nach rechts laufenden wolligen Widders mit einem Christogramm im Kreis über dem Nacken:

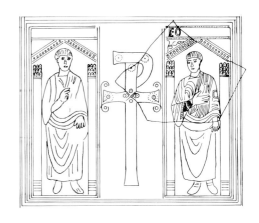

89 Fragment eines Deckels
Nordafrika
4. Jahrhundert n.Chr.
München, PStslg. Inv. 1988, 3008

Mittelfeld von Kreuzwache-Tablett

90 Fragment eines Tellers
Nordafrika
Zweite Hälfte 4. Jahrhundert n.Chr.
München, PStslg. Inv. 1988, 5693

91 Fragment eines Tellers
Nordafrika
Zweite Hälfte 4. Jahrhundert n.Chr.
München, PStslg. Inv. 1984, 3640

Christliche Szenen und Symbole

Kreuzwache und Aposteldarstellungen

Ein christliches Motiv auf Tabletts ist die sog. Kreuzwache: rechts und links von einem Monogrammkreuz stehen oder sitzen die Apostel Petrus und Paulus.
Die Version mit stehenden Aposteln ist derzeit durch ein Fragment im Ägyptischen Museum Kairo bekannt: in der Mitte ein juwelenbesetzes Monogrammkreuz mit ankerartig verbreiterten Enden, zu beiden Seiten von Säulen mit korinthischem Kapitell getragene Giebel, unter denen die Apostel frontal mit leicht zum Kreuz gewandtem Kopf darge-

stellt sind, die Rechte erhoben, die Linke gesenkt. Über dem Giebel ist ein Schriftfeld; von der Inschrift haben sich rechts nur die beiden Anfangsbuchstaben FO... erhalten (zu ergänzen etwa FOEDVS, FONS, FORMA, FORMATOR). Der Randfries ist abgebrochen.
Von der Version mit sitzenden Aposteln gibt es mehr Belege. Hier steht in der Mitte ein schlankeres und höheres Monogrammkreuz, das dicht mit Juwelen besetzt ist *(crux gemmata);* die Apostel sitzen zu Seiten des Kreuzes in Sesseln mit hoher runder Rückenlehne und breiter erhöhter Auflage für die Füße. Petrus (links) hält ein aufgeschlagenes Diptychon oder einen Codex in den Händen, Paulus (rechts) erhebt die Rechte wie im Gespräch argumentierend, während die Linke (mit einer Rolle?) im Schoß ruht.
Diese Darstellung ist in zwei Kombinationen überliefert: einmal ist das Motiv mit dem Jona-Fries (vgl. Nr. 80—81) auf dem Rand verbunden, im anderen Fall ist das Mittelfeld von einem Ranken-Rahmen gesäumt (Randfries nicht erhalten). Das Darstellungsschema erinnert an nebeneinander thronende Kaiser auf Münzrückseiten des Typs Gloria Romanorum des 4. Jahrhunderts (die Kaiser sind dort sogar nimbiert), aber auch an Elfenbein-Diptychen, auf denen auch entsprechende Architektur-Wiedergaben begegnen. Sofern die Apostel die Rechte erheben, ist auch an den Akklamationsgestus zu denken, also eine Huldigung der Apostel an das Kreuz. Daneben ist auch an Sarkophagdarstellungen des 4. Jahrhunderts zu erinnern mit Petrus und Paulus unter dem Kreuz mit Olivenkranz und eingeschriebenem Christogramm oder mit zwei Soldaten unter dem Monogrammkreuz (samt **A** und **ω**) als Symbol der Auferstehung.

Kreuzwache-Tablett mit Jona-Fries

92 Fragment von Kreuzwache-Tablett
Nordafrika
Zweite Hälfte 4./erste Hälfte 5. Jahrhundert n.Chr.
Privatbesitz
Die Mittelfeldscherbe zeigt die rechte untere Ecke: links der
senkrechte Balken des Kreuzes, rechts das Podest des Sessels, auf
dem der Apostel sitzt. Es dürfte sich um Paulus handeln.
Garbsch 1981, 108 Nr. 11 Taf. 7.2,11. — Zum Motiv: Atlante
Taf. 80,2 (Motiv E XVI).

93 Fragment von Apostel-Fries eines Tabletts
Ägypten (wohl Alexandria)
Etwa 420/440 n.Chr.
München, Staatl. Sammlung Ägyptischer Kunst Inv. 5968
(T 998)
Das Eckfragment hat leider keinen Rest der Mittelfelddekoration überliefert. Nach der Beschreibung eines mittlerweile verlorenen Dioskurentabletts (vgl. Nr. 219) könnten die beiden
Heroen dort abgebildet gewesen sein.   *S.179*
In der rechten oberen Ecke befindet sich ein juwelenbesetztes
Monogrammkreuz mit verbreiterten Enden, links davon an der
oberen Langseite ein bärtiger Mann im Pallium, nach rechts stehend, mit angewinkeltem rechten Arm und ausgestreckter
Hand.
Zwei nachträglich gebohrte Flicklöcher stammen von einer Reparatur mit Hilfe von Bleiklammern.
Garbsch 1980, 184 Abb. 22; M. Mackensen, Archäol. Anzeiger
1981, 536 Nr. 6 Abb. 1,6. — Zum Motiv des Palliatus: Atlante
Taf. 88,10 (Motiv 162).

94 Fragment von Apostel-Fries eines Tabletts

Ägypten (wohl Alexandria)

Etwa 375/440 n.Chr.

München, Staatl. Sammlung Ägyptischer Kunst Inv. 5969 (T 281)

Das Eckfragment zeigt eine stehende jugendliche Frau mit nach rechts gewandtem Kopf, die in der ausgestreckten Rechten einen Kranz hält, während die Linke eine Rolle oder Mappa vor dem Gewand hält.

Es könnte sich um die linke oder rechte untere Ecke des Apostelfrieses vom vorangehenden Tablett Nr. 93 handeln: aus *S.1* Platzgründen war hier kein Apostel unterzubringen, so daß man sich mit zwei weiblichen Appliken behalf. Auch hier ist ein Flickloch durchgebohrt, was aber nicht unbedingt als Indiz der Zugehörigkeit zur vorangehenden Scherbe gewertet werden kann.

M. Mackensen, Archäol. Anzeiger 1981, 536 Nr. 5 Abb. 1,5.

95 Mittelfeld-Fragment von Petrus- und Paulus-Tablett

Nordafrika

Zweite Hälfte 4./erste Hälfte 5. Jahrhundert n.Chr.

Privatbesitz

Von dem querrechteckigen, hohlkehlengerahmten Bildfeld ist etwa die Hälfte erhalten: von links eilt ein Mann in knöchellangem Gewand mit wehendem Mantel nach rechts. Die Rechte ist horizontal vorgestreckt, der (nicht erhaltene) Kopf hat einen Nimbus. Am oberen linken Bildrand ist mit Doppelstrichen der Name PETR[VS] eingeritzt.

Rechts ist der rechte, nach links gerichtete Fuß und ein Gewandrest einer zweiten männlichen Figur erhalten, die am ehesten als Paulus zu deuten ist.

Garbsch 1981, 108 f. Nr. 12 Taf. 7,2.12.

Sechs-Apostel-Tabletts und -Platten

Eine Scherbe vom Mittelfeld eines Tabletts (Nr. 96), die in der Prähistorischen Staatssammlung aufbewahrt wird, gibt einen Hinweis auf ein bisher nicht belegtes Motiv. Unter einem rankenverzierten, von zwei Säulen getragenen Bogen steht oder schreitet ein bärtiger Mann mit erhobenem Kopf und rechtem Arm nach rechts. An der oberen Bruchkante setzt ein gegenständiger entsprechender Bogen an. Eine weitere Scherbe wohl einer Platte (Nr. 97) zeigt unter einer ähnlichen, aber detaillierter ausgeführten Bogenstellung einen stehenden Mann mit einem langen Kreuz im linken Arm. Während die zweite Scherbe keinen Hinweis auf die Vervollständigung des Mittelfeldes liefert, ist bei der ersten am ehesten mit zwei gegenständigen Reihen solcher wohl als Apostel zu deutenden Figuren in Bogenstellungen zu denken. Aufgrund der Maße ist es allerdings nicht möglich, mehr als je zwei oder drei Figuren in zwei gegenständigen Reihen unterzubringen, insgesamt also maximal nur sechs Apostel.

Die Darstellung geht — bis in Details wie der Architekturornamentik — auf Sarkophagvorbilder des frühen 4. Jahrhunderts zurück, welche die zwölf Apostel abbilden.

96 Mittelfeld-Fragment von Sechs-Apostel-Tablett
Nordafrika
5. Jahrhundert n.Chr.
München, PStslg. Inv. 1970, 1800
Unter einem rankenverzierten Bogen bärtiger Mann mit erhobenem Kopf und rechtem Arm nach rechts. Rest vom Rand eines entsprechenden gegenständigen Bogen mit etwas größerem Durchmesser. Möglicherweise war dort wie auf Sarkophagen die *traditio legis* mit Christus zwischen zwei Jüngern dargestellt.
Garbsch 1980, 162 Nr. 10 Taf. 18,10.

97 Mittelfeld-Fragment von Apostel-Platte
Nordafrika
5. Jahrhundert n.Chr.
München, PStslg. Inv. 1970, 1799
Unter einem rankenverzierten, perlstabgesäumten Bogen stehender Mann mit langem, schmalem Kreuz im linken Arm (Christus). Die Enden des Kreuzes sind mit einer Kreispunze verziert, die wohl Edelsteinschmuck andeuten soll. Rechts vor dem Brand des Tabletts durchgestoßenes kleines Loch (von Aufhängung?).
Eine Scherbe im Museum Karthago zeigt drei Figuren unter Bogen, die im Achteck um den Mittelpunkt angeordnet sind.
Garbsch 1980, 162 Nr. 9 Taf. 18,9. — Zum Vergleich: F. Bejaoui, Pierre et Paul sur de nouveaux fragments de céramique africaine. Rivista di Archeologica Cristiana 60, 1984, 55 Abb. 8.

98 Pilgerflasche mit Christus zwischen Petrus und Paulus
Fundort unbekannt   (Abbildung S. 144)
H 18 cm
Anfang 5. Jahrhundert n.Chr.
Köln, Römisch-Germanisches Museum Inv. N 86
Die breitrechteckige Feldflasche ist aus einem reliefverzierten Vorderteil und einem gewölbten, glatten Rückteil zusammengesetzt. Der Dekor zeigt in der Mitte den stehenden Christus mit Kreuz in der Linken und ausgestrecktem rechten Arm, flankiert von den unter Aedikulen stehenden Aposteln Petrus und Paulus, die wie auf Kreuzwache-Tabletts dargestellt sind.
Die Proportionen der Figuren stimmen nicht überein, die kleine Christusfigur ist offensichtlich anstelle einer *crux gemmata* wie auf dem Tablett Nr. 92 eingefügt worden. Sie begegnet auch auf der Platte Nr. 97.
Salomonson 158 f. Nr. 612 Taf. 63,1; Spätantike Nr. 266 mit Lit. (D. Stutzinger); F. Bejaoui, Pierre et Paul sur de nouveaux fragments de céramique africaine. Rivista di Archeologia Cristiana 60, 1984, 56 Abb. 9.

Christogramm, Monogrammkreuz und Kreuz

Während bei den Darstellungen alt- und neutestamentarischer Szenen gelegentlich über andere Interpretationsmöglichkeiten diskutiert werden kann, sind Darstellungen des Christogrammes, des Monogrammkreuzes und — in eingeschränktem Maß — des Kreuzes eindeutige Indizien, daß die Objekte, auf denen sie erscheinen, von Christen in Auftrag gegeben und erworben wurden bzw. für christliche Käufer produziert wurden.
Das Christogramm entstand durch das monogrammatische Zusammenziehen der beiden griechischen Anfangsbuchstaben Chi (X) und Rho (P) des Namens Christus zu ☧, wobei das P antiker Schreibgewohnheit entsprechend auch seitenverkehrt erscheinen kann (ohne daß dies z.B. bei der Model- und Stempelkeramik in jedem Fall auf Verwechslung bei der Anfertigung von Punze oder Model zurückgehen muß). Ab constantinischer Zeit erscheint das Christogramm häufig in einem Kranz als Zeichen des Sieges (*In hoc signo vinces* = In diesem Zeichen wirst Du siegen).
Aus dem Christogramm wird das Monogrammkreuz: An den senkrechten Balken des Kreuzes wird der Bogen des P angefügt, der waagrechte Kreuzbalken übernimmt die Funktion des zweiten X-Balkens (bzw. das X wird um 45° gedreht und so zugleich zum Kreuz, an dessen senkrechten Balken das P angefügt wird).
Erst spät begegnet das Kreuz allein, ohne Erinnerung an das Christogramm.

98

Mit dem Monogrammkreuz finden sich gelegentlich die Buchstaben Alpha und Omega kombiniert, der erste und der letzte Buchstabe des griechischen Alphabets. Dies geht zurück auf die Offenbarung des Johannes: „Ich bin das A und das O" spricht Gott der Herr, der da ist und der da war und der da kommt, der Allmächtige (1,8) bzw. „Ich bin das A und das O, der Anfang und das Ende" (21,6).

99 Fragment von Christogramm-Teller
Nordafrika
Zweite Hälfte 4. Jahrhundert n.Chr.
München, PStslg. Inv. 1984, 3639

100

Unter einem einfachen Christogramm jeweils eine erhobene Hand zweier menschlichen Figuren erhalten. Vermutlich handelt es sich um Apostel, die auf Christus weisen. Wie die rechte Figur zu ergänzen ist, zeigt das folgende Deckelfragment Nr. 100.

100 Fragment eines Deckels
Nordafrika
4. Jahrhundert n.Chr.
München, PStslg. Inv. 1984, 3625
Parallel zum Rand des Deckels ist eine stehende männliche Figur mit erhobenem rechten Arm appliziert, wohl ein Apostel oder, allgemeiner bezeichnet nach seinem knöchellangen Gewand, dem Pallium, ein Palliatus. Die gleiche Applike kommt auf Tellern, den Rändern von Tabletts und auf Lampen vor. Zum Palliatus: Atlante Taf. 88,9 (Motiv 162).

101 Christogramm-Lämpchen
Rom
Zweite Hälfte 4. Jahrhundert n.Chr.
L 11,2 cm
Mainz, RGZM (Nachbildung München, PStslg. Inv. E 1959/62)
Im Spiegel Christogramm nach links in eierstabgerahmtem Kreis. Auf der Schulter Tannenzweigkerben.
Menzel Nr. 612.

102 Christogramm-Lampe
Libanon
Zweite Hälfte 4. Jahrhundert n.Chr.
L 14,5 cm
München, PStslg. Inv. 1974, 5356 (Nachbildung)
Im Spiegel punktgefülltes Christogramm, auf der Schulter abwechselnd Kreisscheiben und Vierblattblüten, am Ende zur Schnauze Rautenornamente und gefüllte Winkel.

103 Christogramm-Lampe
Nordafrika
Zweite Hälfte 4. Jahrhundert n.Chr.
L 14 cm (Schnauze ergänzt)
München, PStslg. Inv. 1988, 3020
Im Spiegel punktgefülltes Christogramm, auf der Schulter Kreisscheiben- und Vierblattmotiv.

104 Kleine Christogramm-Lampe
Nordafrika
Zweite Hälfte 4. Jahrhundert n.Chr.
L 11 cm (Griff und Schnauze ergänzt)
München, PStslg. Inv. 1985, 862
Im Spiegel strichgefülltes Christogramm mit verbreiterten Enden, auf der Schulter abwechselnd Kreisscheiben und gefüllte Winkel.
Zum Typ: Ennabli Nr. 880

105 Christogramm-Lampe
Nordafrika
Zweite Hälfte 4./5. Jahrhundert n.Chr.
L noch 13 cm (Schnauze fehlt)
Munchen, PStslg. Inv. 1988, 3027
Im Spiegel Christogramm, auf der Schulter Kerbreihen.

106 Christogramm-Lampe
Nordafrika
5. Jahrhundert n.Chr.
L 14 cm (Schnauze und Griff ergänzt)
München, PStslg. Inv. 1985, 869
Im Spiegel strichgefülltes Christogramm rückläufig in Kranz, auf der Schulter abwechselnd gefüllte Kreisscheiben und Winkel.
Zum Typ: Ennabli Nr. 913—914 (Variante).

105   106

108 Christogramm-Lämpchen
Nordafrika
4./5. Jahrhundert n.Chr.
L noch 7,7 cm
München, PStslg. Inv. 1988, 3024
Im Spiegel Christogramm rückläufig, auf der Schulter Kerben.

109 Christogramm-Lämpchen
Nordafrika
4./5. Jahrhundert n.Chr.
L noch 7 cm
München, Inv. 1988, 3025
Im Spiegel Christogramm rückläufig, auf der Schulter Kerben.

110 Christogramm-Lämpchen
Nordafrika
5./6. Jahrhundert n.Chr.
L 11,8 cm (Schnauze ergänzt)
München, PStslg. Inv. 1985, 847
Im Spiegel strichgefülltes Christogramm rückläufig, auf der Schulter Kreise.

107   108

109   110

107 Christogramm-Lämpchen
Nordafrika
4./5. Jahrhundert n.Chr.
L noch 7,7 cm
München, PStslg. Inv. 1988, 3024
Im Spiegel Christogramm, auf der Schulter Kerben, auf dem Boden Herz.

111 Model einer Monogrammkreuz-Lampe
Nordafrika
Zweite Hälfte 4./5. Jahrhundert n.Chr.
L 20,7 cm
München, PStslg. Inv. 1970, 1790

146

Die zweiteilige Gipsmodel zeigt im Oberteil die *crux gemmata* mit verbreiterten Enden sowie tropfenförmigen, quadratischen und runden Schmuckpunzen und Punktpunzen. Auf den Schultern abwechselnd perlstabgerahmte Medaillons mit Christogrammen und kreisgefüllte Quadrate mit Kerbrand, die an den Enden zur Schnauze diagonal zu Dreiecken halbiert sind.
Mackensen 221 f. Nr. 1 Taf. 20; Terra Sigillata Nr. N 77.

113

112 Lampenspiegel
Nordafrika
L noch 10,2 cm
Zweite Hälfte 4./5. Jahrhundert n.Chr.
Privatbesitz
Modelgleiches Stück zu Nr. 111.
Terra Sigillata Nr. N 79.

113 Model einer Monogrammkreuz-Lampe
Nordafrika
L 20 cm
Nach 422 n.Chr.
Privatbesitz
Die zweiteilige Gipsmodel zeigt im Oberteil die *crux gemmata* mit verbreiterten Enden sowie rhombischen, kleinen und größeren runden Schmuckpunzen und Punktpunzen. Über dem Querarm A und ω, darunter zwei Vögel. Auf den Schultern abwechselnd Abdrücke der Vorder- und Rückseite eines Solidus des Theodosius II. vom Jahr 422 n.Chr. mit der Legende DN THEODOSIVS PF AVG und VOT XX MVLT XXXI, an den Enden zur Schnauze Blüte.
Durch den *terminus post quem* von 422 für die frühestmögliche Anfertigung erhält das Stück eine besondere historische Bedeutung.
Zum Typ: Graziani/Abbiani Nr. 35; Ennabli Nr. 952; Mackensen 216 Taf. 19,3; Wolfe Nr. 109.

114

114 Model einer Monogrammkreuz-Lampe
Nordafrika
Zweite Hälfte 4./erste Hälfte 5. Jahrhundert n.Chr.
L 19,5 cm
Privatbesitz
Das Oberteil der zweiteiligen Gipsmodel zeigt die *crux gemmata* mit verbreiterten Enden sowie Weinranken und Mittelschmuck.
Auf den Schultern Eierstab oder Blätter, an den Enden zur Schnauze zu Dreiecken halbierte Quadrate.
Zum Typ: Ennabli Nr. 951; Wolfe Nr. 114.

115 Monogrammkreuz-Lampe
Nordafrika
Zweite Hälfte 4./erste Hälfte 5. Jahrhundert n.Chr.
L 15 cm
Privatbesitz
Im Spiegel *crux gemmata* mit verbreiterten Enden, in der Mitte vier kreisgefüllte Quadrate, an den Enden Weinranken, im Bogen des P kreisgefüllte Quadrate, Andreaskreuze und Fischblasen.
Auf den Schultern punktreihengefüllte Doppelwinkel, an den Enden zum Griff kreis- und punktreihengefüllte Quadrate.
Terra Sigillata Nr. N 81. — Zum Typ: Ennabli Nr. 955-959 (Variante); Wolfe Nr. 111.

116 Monogrammkreuz-Lampe
Nordafrika
Zweite Hälfte 4./erste Hälfte 5. Jahrhundert n.Chr.
L 13,9 cm
Privatbesitz
Crux gemmata mit leicht verbreiterten Enden, gefüllt abwechselnd mit Doppelkreispunzen, Punktkreiskombinationen und Rhomben mit Punkt, zwischen Schnauze und Kreuz Vierfachkreis mit Punkt. Auf den Schultern ebensolche Kreise abwechselnd mit Dreifachrhomben mit Doppelkreis.
Terra Sigillata Nr. N 80. — Zum Typ: Ennabli Nr. 978 (Var.).

117 Monogrammkreuz-Lampe
Nordafrika
5. Jahrhundert n.Chr.
L 13,5 cm (rechte Hälfte samt Schnauze ergänzt)
München, PStslg. Inv. 1985, 848
Im Spiegel Monogrammkreuz rückläufig, auf der Schulter flaue gefüllte Kreisscheiben.

118 Monogrammkreuz-Lämpchen
Nordafrika
4./5. Jahrhundert n.Chr.
L noch 8,5 cm
München, PStslg. Inv. 1988, 3025
Im Spiegel Monogrammkreuz, auf der Schulter Kerben, auf dem Boden P.

119 Monogrammkreuz-Lämpchen
Nordafrika
4./5. Jahrhundert n.Chr.
L noch 8,5 cm
München, PStslg. Inv. 1988, 3024
Im Spiegel Monogrammkreuz, auf der Schulter Kerben.

120

120 Monogrammkreuz-Lämpchen
Nordafrika
4./5. Jahrhundert n.Chr.
L noch 9,2 cm
München, PStslg. Inv. 1988, 3024
Im Spiegel Monogrammkreuz, auf der Schulter Kerben, auf
dem Boden Kreuz.

121 Monogrammkreuz-Lämpchen
Unbekannt
5./6. Jahrhundert n.Chr.
L 11 cm
München, PStslg. Inv. IV 861
Im Spiegel Monogrammkreuz, auf der Schulter Kreise und
Punkttrauben.
Mackensen 224 Nr. 7 Taf. 24,3.

123 Monogrammkreuz-Lämpchen
Nordafrika
5./6. Jahrhundert n.Chr.
L 10,5 cm (Griff und Schnauze ergänzt)
München, PStslg. Inv. 1985, 849
Im Spiegel Monogrammkreuz rückläufig in Kreis, auf der
Schulter unkenntliche Motive (Blätter?).

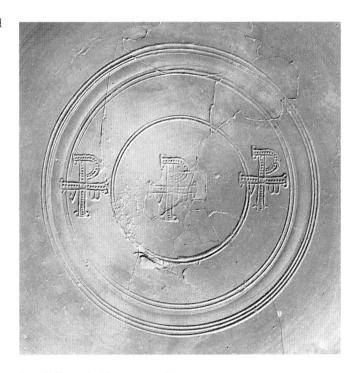

122 Monogrammkreuz-Lampe
Nordafrika
5. Jahrhundert n.Chr.
L 13,5 cm (Schnauze und Griff ergänzt)
München, PStslg. Inv. 1985, 845
Im Spiegel *crux gemmata* mit verbreiterten Enden, gefüllt mit
Weinreben und Quadraten. Auf der Schulter verschieden ge-
füllte Scheiben, zur Schnauze hin Kantharoi.
Späte Abformung einer Lampe ähnlich Nr. 115—116.

124 Teller mit Monogrammkreuzen
Nordafrika
Etwa 460—520 n.Chr.
Dm 30 cm
München, PStslg. Inv. 1983, 2789

Teller mit außen profiliertem, vertikal abgesetztem Rand und Standring. Außen Ratterdekor, innen auf halber Höhe leichter Knick mit Drehrille, im Zentrum drei Gruppen von zwei bzw. drei Drehrillen.

Innerhalb des Zentrums nebeneinander über die Drehrillen gestempelt drei identische Monogrammkreuze mit erweiterten Enden der Balken und Füllung mit Punktreihen (einfachste Form der *crux gemmata*). Unter den Querarmen auf dem Kopf stehend A und ω.

Zum Motiv: Hayes Type 289 B.

125 Fragment von Teller mit Monogrammkreuz
Sbeitla, Tunesien
Um 500 n.Chr.
München, PStslg. Inv. 1978, 811
Fragment mit eingestempeltem, punktgefüllten linksläufigem Monogrammkreuz mit erweiterten Balkenenden, darunter auf dem Kopf stehend A und ω.
Terra Sigillata Nr. N 71. — Zum Motiv: Hayes Type 290

126 Fragment von Platte mit Monogrammkreuzen
Nordafrika
Um 500 n.Chr.
München, PStslg. Inv. 1988, 5697
Im Mittelfeld nebeneinander zwei eingestempelte Monogrammkreuze mit verbreiterten Balkenenden und Punktfüllung; in der folgenden Kreiszone spitzovale Punzen.
Zum Motiv: Hayes Type 294 A (Variante) und 125 (Oval).

127 Fragment von Platte mit Monogrammkreuz
Nordafrika
Um 500 n.Chr.
München, PStslg. Inv. 1988, 5696
Im Mittelfeld links gestempeltes Monogrammkreuz mit fischschwänzigen Balkenenden und Kreispunzendekor, in der folgenden Kreiszone zentripetale Reihe von kleinen Fischen.
Zum Motiv: Hayes Type 300 (Variante) und 174 (Fisch).

Bei der Herstellung der Lampen wie der stempelverzierten und der applikenverzierten Keramik wurden Punzen aus Ton verwendet, sei es direkt (stempelverzierte Keramik), sei es indirekt zur Anfertigung der Model für die Herstellung der Appliken. Erfreulicherweise können eine ganze Reihe solcher Produktionsmittel gezeigt werden, wobei natürlich insbesondere die beiden Monogrammkreuz-Punzen (Nr. 132—133) und die Tonplatte zur Herstellung von Monogrammkreuz-Appliken (Nr. 128) unmittelbar für das Ausstellungsthema relevant sind.

Aber auch die Model zur Herstellung einer Baum-Applik (Nr. 131) und die Platte für zwei verschiedene Appliken (Nr. 129) geben interessante Einblicke in den Herstellungsprozeß der in der Ausstellung gezeigten Keramik. Die restlichen Punzen begegnen teilweise auf den Schultern einiger ausgestellter Lampen, sollen aber ansonsten vor allem dokumentieren, daß die Vielfalt der nordafrikanischen Keramikproduktion weit über den hier gezeigten Bereich hinausgeht.

128 Fragment von Monogrammkreuz-Model
Nordafrika
5. Jahrhundert n.Chr.
L noch 6,7 cm
München, PStslg. Inv. 1982, 2100 a
Rechteckige Tonplatte (rechts abgebrochen) mit eingestempeltem Monogrammkreuz mit verbreiterten Enden und Punktfüllung, rechts daneben Rest eines weiteren gleichartigen Kreuzes.
Zum Motiv: wie Hayes Type 289 A (gestempelt)

128

129 Fisch- und Rhomben-Model
Nordafrika
5. Jahrhundert n.Chr.
7,5 x 5,6 cm
München, PStslg. Inv. 1985, 4483
Ungefähr rechteckige Tonplatte mit drei Fisch- und zwei Rhomben-Stempeln zur Herstellung von Appliken. Die Punzen sind tief und klar eingedrückt.
Zum Motiv: wie Hayes Type 174 (Fisch, gestempelt)

130 Masken-Model
Nordafrika
4./5. Jahrhundert n.Chr.
5,5 x 6 cm
München, PStslg. Inv. 1982, 2100 c
Quadratische handgeformte Tonplatte (bucklige Rückseite mit Fingerabdrücken). In einem eierstabgesäumten Rahmen komische Maske.

131 Baum-Model
Nordafrika
4./5. Jahrhundert n.Chr.
L 4,4 cm
München, PStslg. Inv. 1982, 2100 b
Die handgeformte Model diente zur Herstellung eines Baumes mit acht Zweigen.

132 Monogrammkreuz-Punze
Nordafrika
5. Jahrhundert n.Chr.
H Kreuz 3,4 cm
München, PStslg. Inv. 1985, 4486
Etwa kegelstumpfförmige Punze aus Ton mit drei kleinen Vertiefungen (von Griff oder Aufhängung?). Punktgefülltes Mono-

grammkreuz mit verbreiterten Enden, unter dem Querbalken Buchstaben A (auf dem Kopf stehend) und ω.
Zum Motiv: Hayes Type 289 A.

133 Monogrammkreuz-Punze
Nordafrika
5. Jahrhundert n.Chr.
H Kreuz noch 3,4 cm
München, PStslg. Inv. 1985, 4485
Etwa kegelstumpfförmige Punze aus Ton. Punktgefülltes Monogrammkreuz mit verbreiterten Enden, unter dem Querbalken Buchstaben A (auf dem Kopf stehend) und ω.
Zum Motiv: Hayes Type 289 A.

134 Doppelpunze
Nordafrika
Ende 4./5. Jahrhundert n.Chr.
L 5,4 cm
München, PStslg. Inv. 1985, 4484
An einem Ende gefüllte Raute, am anderen Ende gefülltes Tropfenmotiv.

135 Doppelpunze
Nordafrika
Ende 4./5. Jahrhundert n.Chr.
L 5,5 cm
München, PStslg. Inv. 1981, 3291
An beiden Enden gefüllte Raute.
Terra Sigillata Nr. N 69.

136 Dreieck-Punze
Nordafrika
5. Jahrhundert n.Chr.
L 4,1 cm
München, PStslg. Inv. 1981, 3272
Gefülltes Dreieck.
Terra Sigillata Nr. N 65.

137 Rauten-Punze
Nordafrika
5. Jahrhundert n.Chr.
L 5,2 cm
München, PStslg. Inv. 1981, 3271
Gefüllte Raute; auf dem Griff Graffito AX.
Terra Sigillata Nr. N 66.

138 Quadrat-Punze
Nordafrika
5. Jahrhundert n.Chr.
L 4,1 cm
München, PStslg. Inv. 1985, 4489
Gefülltes Quadrat.

139 Quadrat-Punze
Nordafrika
5. Jahrhundert n.Chr.
L 4,9 cm
München, PStslg. Inv. 1981, 3270
Gefülltes Quadrat mit gefüllten Kreisen an den Seiten.
Terra Sigillata Nr. N 64.

140 Kreuz-Lampe
Nordafrika
5. Jahrhundert n.Chr.
L 13,5 cm (Schnauze ergänzt)
München, PStslg. Inv. 1985, 857
Im Spiegel Kreuz mit verbreiterten Enden und Weinreben-(Hayes: Lamm-) und Rhombenfüllung, darunter Herz. Auf der Schulter Herzen, Kreisscheiben, Delphine, Vierblattblüten, Blätter und Kantharoi.
Zum Motiv: Hayes Type 329 (Punze).

141 Kreuz-Lampe
Nordafrika
Ende 5./6. Jahrhundert n.Chr.
L 13,5 cm (Schnauze ergänzt)
München, PStslg. Inv. 1985, 852
Im Spiegel Kreuz mit verbreiterten Enden und Weinrebenfüllung, darunter Herz. Auf der Schulter abwechselnd gefüllte Rhomben und Blätter. Flaue späte Ausprägung.
Zum Typ: Ennabli Nr. 1119. — Zum Motiv: Hayes Type 329 (Punze).

142 Kreuz-Lampe
Nordafrika
Zweite Hälfte 4./5. Jahrhundert n.Chr.
L 12 cm
München, PStslg. Inv. 1988, 3026
Im Spiegel Quadrat mit eingesetztem, auf der Spitze stehendem Quadrat, in dem ursprünglich ein Kreuz stand, darunter traubenförmig gruppierte Kreise, auf der Schulter fischgrätartige Kerbreihen, auf dem Boden Kreuz.
Zum Typ: Ennabli Nr. 1179—1181.

143 Kreuz-Lämpchen
Nordafrika
Ende 4./5. Jahrhundert n.Chr.
L 11 cm (Schnauze ergänzt)
München, PStslg. Inv. 1985, 864
Im Spiegel Kreuz mit verbreiterten Enden. Auf der Schulter rankenartig angeordnete abwechselnde Kreisscheiben und gefüllte Winkel.

144

145

152

144 Kreuz-Lämpchen
Nordafrika
5./6. Jahrhundert n.Chr.
L 11,7 cm (Schnauze ergänzt)
München, PStslg. Inv. 1985, 854
Im Spiegel Kreuz mit Gitterfüllung, auf der Schulter Kreise.

145 Kreuz-Lämpchen
Nordafrika
5./6. Jahrhundert n.Chr.
L 11,8 cm
München, PStslg. Inv. 1985, 865
Im Spiegel Kreuz mit Kreisen über dem Querbalken, auf der Schulter unkenntliche Ornamente (Spitzblatt und Herz?).

146 Kreuz-Lämpchen
Nordafrika
6. Jahrhundert n.Chr.
L 11,2 cm
München, PStslg. Inv. 1988, 3028
Im Spiegel Kreuz mit Kreuzen über dem Querbalken, auf der Schulter Buckel.

149 Kreuz-Lämpchen
Unbekannt
5./6. Jahrhundert n.Chr.
L 10,3 cm
München, PStslg. Inv. 1988, 3027
Im Spiegel Kreuz mit Kreis- und Punktfüllung, auf der Schulter grober Kreis- und Punktdekor (Scheiben). Das Kreuz ist wohl aus einem Monogrammkreuz entstanden (wie die Punzen Hayes Type 300—302).

150 Griffaufsatz einer Lampe
Nordafrika
Ende 4./5. Jahrhundert n.Chr.
Dm 9,3 cm
München, PStslg. Inv. 1988, 3011
Runder Aufsatz mit zwei konzentrischen Doppelkreisen. Im inneren punktgefülltes Monogrammkreuz, darauf Taube nach links, in den Zwickeln Palmen. Im äußeren Kreis abwechselnd Palme, Taube und Blatt.

147 Kreuz-Lämpchen
Nordafrika
5. Jahrhundert n.Chr.
L noch 9,2 cm (Schnauze fehlt)
München, PStslg. Inv. 1988, 3024
Im Spiegel einstichgefülltes Kreuz, auf der Schulter Kerbreihen, auf der Unterseite Kreuz.

148 Kreuz-Lämpchen
Unbekannt
5./6. Jahrhundert n.Chr.
L 11,6 cm
München, PStslg. Inv. 1988, 3029
Im Spiegel Andreas-Kreuz, auf der Schulter Kreise.

151 Fragment vom Griffaufsatz einer Lampe
Nordafrika
Ende 4./5. Jahrhundert n.Chr.
Dm 9,5 cm
München, PStslg. Inv. 1988, 3012

Runder Aufsatz mit zwei konzentrischen Kreisen. Im inneren punktgefülltes Christogramm, im äußeren abwechselnd gefüllte Kreise und Dreiecke mit Buckeln in den Zwickeln.

152 Fragment vom Griffaufsatz einer Lampe
Nordafrika
Ende 4./5. Jahrhundert n.Chr.
Dm 9,5 cm
München, PStslg. Inv. 1988, 3012
Runder Aufsatz mit Perlrand. In fischgrätgefülltem Kreis punktgefülltes Christogramm, zwischen den Armen des X auf dem Kopf stehend die Buchstaben (A) und Ω.

153 Griffaufsatz einer Lampe
Nordafrika
Ende 4./5. Jahrhundert n.Chr.
Dm 9 cm
München, PStslg. Inv. 1988, 3012
Der runde Aufsatz zeigt im Mittelfeld um ein Kreuz aus vier Spitzblättern mit Buckeln in den Zwickeln sieben Tauben nach rechts. Im äußeren Rahmen wechseln gefüllte Kreisscheiben und Dreiecke ab.

154 Fragment vom Griffaufsatz einer Lampe
Nordafrika
Ende 4./5. Jahrhundert n.Chr.
München, PStslg. Inv. 1988, 3012
Das Fragment zeigt im Mittelfeld und im äußeren Rahmen Ornamente, die auch auf den Schultern der Lampen auftreten: Dreiecke, Kreise, Herzen, Blüten, Rhomben und Ranken.

155 Griffaufsatz einer Lampe
Nordafrika
Ende 4./5. Jahrhundert n.Chr.
Dm 12,5 cm
München, PStslg. Inv. 1988, 3011
Gezackter Rand mit Lunulae, dazwischen in die Form gestempelte stilisierte Trauben oder Dreieckblätter. Im runden Mittelfeld kreuzförmiges Ornament aus Punzen, die auch auf Lampenschultern auftreten: Kreise, Herzen, Quadrate, S-Haken und Buckel.

156 Griffaufsatz einer Lampe
Nordafrika
Ende 4./5. Jahrhundert n.Chr.
H 10 cm
München, PStslg. Inv. 1988, 3011
Spitzovaler Aufsatz mit Voluten. Im Mittelfeld Palme, unter den Zweigen stilisierte Weintrauben aus je fünf kleinen Kreispunzen.

Christliche Motive

Wie aus den bisher behandelten Darstellungen schon deutlich wurde, gibt es wenige Darstellungen und Symbole, die ausschließlich christliche Inhalte haben. Dies verwundert nicht, da es antikem Verständnis eher entspricht, alte Bildinhalte mit einem neuen, spezifischen Inhalt zu versehen als etwas völlig Neues zu schaffen. Dazu kommt die prekäre, keineswegs gesicherte Situation der Gläubigen vor (und auch noch nach) dem Jahr 313. Daher ist auch nicht bei allen im folgenden zusammengestellten Objekten ein eindeutig christlicher Bezug anzunehmen.

Ein Erkennungszeichen der Christen war der Fisch, denn das griechische Wort ΙΧΘΥC für Fisch besteht aus den Anfangsbuchstaben von ΙΗCΟΥC ΧΡΙCΤΟC ΘΕΟΥ ΥΙΟC ϹΩΤΗΡ = Jesus Christus, Gottes Sohn, der Erlöser (so z.B. bei Augustin, De civitate dei 18,25). Gerade die Häufigkeit von Fischen auf nordafrikanischer Keramik, insbesondere in ihren Darstellungen maritimer Szenen, verbietet aber, jede entsprechende Darstellung im christlichen Sinn zu deuten. Die Taube ist das Zeichen des Heiligen Geistes, aber auch Christi und der Kirche sowie — als Taube aus der Arche Noah — Symbol des Friedens, ja schließlich auch der Seele des Menschen. Bei Griechen und Römern war sie zuvor das Tier der Aphrodite und der Venus gewesen. Das Wasserbecken, aus dem die Tauben trinken, ist ein Sinnbild der Taufe (nach Johannes 4,13—14).

Der Pfau ist in der Antike ein kostbares und seltenes, häufig auch kultisch verehrtes Tier. Im christlichen Verständnis ist er ein Attribut des Paradieses, von Auferstehung und Unsterblichkeit, verliert er doch alljährlich im Winter sein Federkleid und erhält es im nächsten Frühjahr zurück. So erscheint er schon in diokletianischer Zeit auf Wandmalereien in den Callistus-Katakomben in Rom.

Die Traube (d.h. der Wein) weist auf das Blut Christi, somit also auf Passion und Abendmahl.

Der Greif ist ein Christussymbol, weil er als geflügelter Löwe in der Luft wie auf Erden leben kann: im Himmel und unter den Menschen. Auch Adler und Delphin gelten als Christussymbole (letzterer in Anlehnung an die Sage von Arion: Als dieser berühmte Sänger von Piraten ins Meer geworfen wurde, wurde er von Delphinen gerettet). Auch hier ist aber wohl kaum eine isolierte Darstellung etwa auf einer Lampe im christlichen Sinn zu verstehen.

Palmblätter sind das Symbol des Sieges; die Siegesgöttin Victoria trägt den Palmwedel ebenso wie der siegreiche Wagenlenker im Zirkus. Aber auch im Alten Testament erscheinen sie als Zeichen der Freude und des Jubels beim Feiern des Laubhüttenfestes (3. Mose 23,40) oder des Tempelweihefestes (2. Makkabäer 10,7).

Bei Darstellungen von Bäumen und Blüten ist sicher kein solcher Bezug gegeben — sie sind hier nur der Vollständigkeit botanischer Darstellungen wegen eingereiht.

157 Model einer Pfauen-Lampe
Nordafrika
5. Jahrhundert n.Chr.
L 20 cm
Privatbesitz

158

Im Spiegel quer Pfau und Ente. Auf den Schultern Palme, Ente mit Punktfüllung, Palme, Ente mit Strichfüllung, Palme und an den Enden zur Schnauze Dreiecksblatt.

158 Pfauen-Lampe
Nordafrika
5. Jahrhundert n.Chr.
L 14,8 cm (Schnauze ergänzt)
München, PStslg. Inv. 1965, 966
Im Spiegel quer Pfau nach links, darüber Ente nach rechts. Auf den Schultern Palme, Ente mit Punktfüllung, Palme, Ente mit Strichfüllung, Palme und an den Enden zur Schnauze Dreiecksblatt.
Die Lampe stammt möglicherweise aus der Model Nr. 157.
Mackensen 222 Nr. 4 Taf. 23,1; Terra Sigillata Nr. N 85.

159 Pfauen-Lampe
Nordafrika
5. Jahrhundert n.Chr.
L 13,7 cm
Privatbesitz
Im Spiegel quer Pfau nach links, darüber Ente nach rechts. Auf den Schultern Palme, Ente mit Punktfüllung, Palme, Ente mit Strichfüllung, Palme und an den Enden zur Schnauze Dreiecksblatt.
Die Lampe stammt möglicherweise aus der Model Nr. 157.

160 Tauben-Lampe
Nordafrika
5. Jahrhundert n.Chr.
L 14,5 cm
München, PStslg. Inv. 1988, 5698
Im Spiegel quer Taube nach rechts, im Schnabel hängende Traube aus sechs kleinen Kreispunzen. Punkt- und Kreispunzen sowie Striche dienen zur Modellierung des Taubenkörpers.
Auf den Schultern abwechseln Delphine nach rechts und S-Haken.

161 Tauben-Lämpchen
Nordafrika
5./6. Jahrhundert n.Chr.
L 10,3 cm
München, PStslg. Inv. 1985, 860
Im Spiegel Taube nach rechts, auf der Schulter grobe gefüllte Scheiben und Quadrate.

162 Kantharos-Lampe
Nordafrika
5. Jahrhundert n.Chr.
L 14,5 cm
Privatbesitz
Im Spiegel Kantharos mit Punkt-, Kreis- und Strichdekor, in der Mündung bzw. am Rand kleine Taube mit Punktfüllung. Auf den Schultern abwechselnd vierblättrige Blüten sowie punkt- und strichgefüllte Rhomben, an den Enden zur Schnauze kleine Buckel.
Terra Sigillata Nr. N 82.

163 Kantharos-Lampe
Nordafrika
5. Jahrhundert n.Chr.
L 13,5 cm (linke Hälfte samt Schnauze und Griff ergänzt)
München, PStslg. Inv. 1985, 870
Im Spiegel Kantharos mit Punzdekor, am Rand bzw. in der Öffnung Taube nach links. Auf der Schulter abwechselnd vierblättrige Blüte und gefüllte Raute.

164 Kantharos-Lampe
Nordafrika
5. Jahrhundert n.Chr.
L 13 cm (Griff und Schnauze ergänzt)
München, PStslg. Inv. 1985, 853
Im Spiegel Kantharos mit drei Blumen- oder Blattstengeln, auf der Schulter abwechselnd gefüllter Kreis und vierblättrige Blüte.

165 Kantharos-Lampe
Nordafrika
5. Jahrhundert n.Chr.
L noch 10 cm (Schnauze fehlt)
München, PStslg. Inv. 1988, 3026
Im Spiegel Kantharos, auf der Schulter fischgrätartige Kerbreihen.

166 Kantharos-Lampe
Nordafrika
5. Jahrhundert n.Chr.
L 14,5 cm
Privatbesitz
Im Spiegel Kantharos mit Strich- und Punktpunzenfüllung, darüber zwei an einer Traube pickende antithetische Vögel (Tauben) mit Strich-, Punkt- und Kreispunzenfüllung.
Auf den Schultern abwechselnd punktgefüllte Herzen (Trauben?) sowie punkt- und strichgefüllte Dreiecke, an den Enden zur Schnauze punktgefüllte Stäbe.
Terra Sigillata Nr. N 83. — Zum Typ: Ennabli Nr. 808—810; Wolfe Nr. 116.

167 Kantharos-Lampe
Nordafrika
5./6. Jahrhundert n.Chr.
L 13 cm
München, PStslg. Inv. 1985, 850
Im Spiegel plumper Kantharos, auf der Schulter unkenntliche Ornamente. Späte Ausformung.
Zu älteren, differenzierten Typen: Ennabli Nr. 821—824.

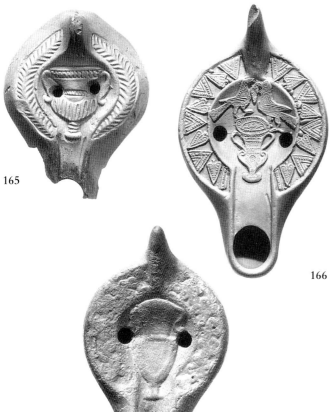

163

164

165

166

167

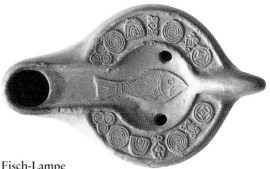

168 Fisch-Lampe
Nordafrika
Ende 4./5. Jahrhundert n.Chr.
L 14,5 cm
Privatbesitz
Im Spiegel Fisch mit Punkt-, Kreis- und Strichfüllung. Auf den Schultern abwechselnd sechs verschiedene Ornamente.
Terra Sigillata Nr. N 84. — Zum Typ: Menzel Nr. 599—600 (Variante); Ennabli Nr. 753 (Variante).

169 Kleine Fisch-Lampe
Nordafrika
5. Jahrhundert n.Chr.
L 11 cm (Schnauze ergänzt)
München, PStslg. Inv. 1985, 855
Im Spiegel quer Fisch mit langer Rückenflosse nach links, auf der Schulter abwechselnd Kreisscheiben und gefüllte Winkel.

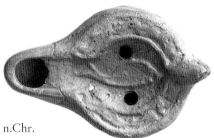

170 Fisch-Lämpchen
Nordafrika
5./6. Jahrhundert n.Chr.
L 10,7 cm
München, PStslg. Inv. 1985, 858
Im Spiegel Fisch nach rechts, auf der Schulter Hund und Hase (?).

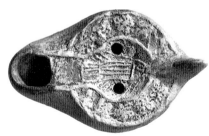

171 Fisch-Lämpchen
Nordafrika?
5./6. Jahrhundert n.Chr.
L 10,2 cm
München, PStslg. Inv. 1985, 856
Im Spiegel stilisierter Fisch nach rechts, auf der Schulter Blüten.

172 Kleine Baum-Lampe
Nordafrika
5. Jahrhundert n.Chr.
L 11,5 cm (Schnauze ergänzt)
München, PStslg. Inv. 1985, 851
Im Spiegel knorriger Baum mit frischen Trieben, auf der Schulter abwechselnd gefüllte Kreise und Rhomben.

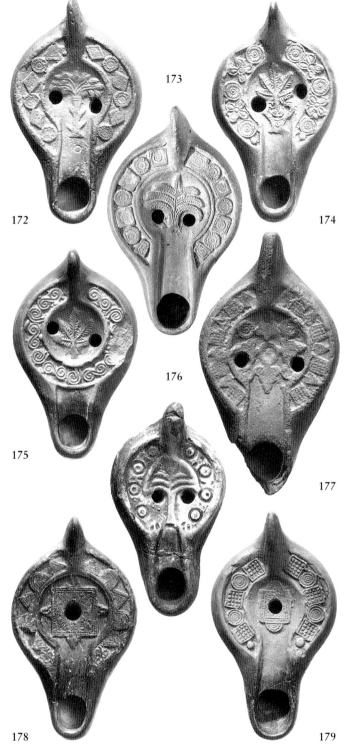

173

172

174

176

175

177

178

179

173 Kleine Palmblatt-Lampe
Nordafrika
5. Jahrhundert n.Chr.
L 12,2 cm (nur Teil des Spiegels original)
München, PStslg. Inv. 1985, 868
Im Spiegel Palmblatt, auf der Schulter abwechselnd gefüllte
Kreise und Rhomben.

174 Kleine Blatt-Lampe
Nordafrika
5. Jahrhundert n.Chr.
L 11,5 cm (Schnauze ergänzt)
München, PStslg. Inv. 1985, 867
Im Spiegel fünfzipfliges Blatt in Kantharos, auf der Schulter ab-
wechselnd gefüllte Kreise und Vierblattblüten.

175 Kleine Blatt-Lampe
Nordafrika
5. Jahrhundert n.Chr.
L 11 cm (Schnauze ergänzt)
München, PStslg. Inv. 1985, 846
Im Spiegel fünfzipfliges Blatt, auf der Schulter Spiralhaken.

176 Baum-Lämpchen
Nordafrika
5./6. Jahrhundert n.Chr.
L 11,2 cm (Schnauze ergänzt)
München, PStslg. Inv. 1958, 863
Im Spiegel Palme, auf der Schulter Kreismotive.

177 Blüten-Lampe
Nordafrika
5. Jahrhundert n.Chr.
L noch 13,5 cm
München, PStslg. Inv. 1988, 3021
Im Spiegel Blütenmotiv aus vier Stielblättern, in den Zwickeln
Kreisscheiben. Auf der Schulter abwechselnd Spitzblatt und
Gitterquadrat.

178 Kleine Blüten-Lampe
Nordafrika
Ende 4./5. Jahrhundert n.Chr.
L 11,5 cm
München, PStslg. Inv. 1985, 861
Im Spiegel gefülltes Quadrat mit Blütenblättern an den Seiten,
auf der Schulter Eierstab aus abwechselndem Ei und gefülltem
Winkel, an den Enden zur Schnauze Traube.

179 Kleine Ornament-Lampe
Nordafrika
5. Jahrhundert n.Chr.
L 11,8 cm (Schnauze ergänzt)
München, PStslg. Inv. 1985, 859
Im Spiegel gefülltes Quadrat mit zwei halben Kreisscheiben an
zwei gegenüberliegenden Seiten. Auf der Schulter abwechselnd
gegitterte Quadrate und Kreisscheiben, an den Enden zur
Schnauze Knubben.

Märtyrer in der Arena

Hinrichtungsszenen mit gefesselten Menschen gibt es schon
auf Sigillatagefäßen des 2. Jahrhunderts. Zum Teil sind die
Szenen durch die Abbildung von Löwen oder Panthern, die
die Gefesselten anspringen, als Darstellung einer solchen
damnatio ad bestias („Verurteilung zu wilden Tieren") eindeutig zu erweisen, zum Teil können isoliert an einem „Mar-
terpfahl" gefesselte Menschen aber auch als Gefangene interpretiert werden.
Bei Berücksichtigung dieser Tatsachen können auch spätantike Hinrichtungsszenen nur bedingt als Darstellungen einer
bestimmten Form der Verfolgung christlichen Glaubens gedeutet werden. Gerade bei der Beliebtheit von Darstellungen
aus Zirkus und Arena auf nordafrikanischer Keramik könnten hier auch traditionelle Szenen beabsichtigt sein, wie sie
auch auf gleichzeitigen (und älteren) nordafrikanischen Mosaiken dargestellt sind.

180 Märtyrer-Teller
Nordafrika
Zweite Hälfte 4. Jahrhundert n.Chr.
Dm 19,7 cm
Köln, Römisch-Germanisches Museum Inv. KL 541
In zwei identischen Appliken wird eine Hinrichtung im Zir-
kus dargestellt *(damnatio ad bestias)*. Eine junge Frau mit nack-
tem Oberkörper und einem um die Hüften geschlungenen
weiten Gewand steht auf einem niedrigen Podest vor einem

Pfahl, an den sie gefesselt ist. Von links nähert sich auf den Hinterbeinen ein zottiger Bär und legt seine Vorderpranken auf ihre Schulter. Während sie ihn anblickt, wendet er den Kopf zurück. Zwischen den beiden identischen Appliken ist ein Blatt als Füllsel angebracht.

Spätantike Nr. 262 (D. Stutzinger) mit Lit. — Zum Motiv: Atlante Taf. 86,2 (Motiv 109 — Variante).

181 Fragment von Märtyrer-Platte
Nordafrika
Zweite Hälfte 4. Jahrhundert n.Chr.
München, PStslg. Inv. 1988, 3009
Die Randscherbe zeigt eine junge Frau mit nacktem Oberkörper und eng gefältelten, um die Hüften geschlungenen Gewand. Die Hände sind offenbar auf dem Rücken gefesselt. Sie steht links vor einem mannshohen Pfahl, an den sie mit einem Strick unterhalb der Brust gebunden ist.

182 Fragment von Märtyrer-Platte (?)
Nordafrika
Zweite Hälfte 4. Jahrhundert n.Chr.
München, PStslg. Inv. 1988, 3016
Die Randscherbe zeigt den Oberkörper einer Frau, die mit den Händen einen Blätterkranz, der ihr Gesicht einrahmt, hochhält. Sie sitzt in einem Sessel. Da sich ihr auf einem anderen Fragment von links ein Panther nähert, könnte es sich um eine *damnatio ad bestias,* also eine Hinrichtungsszene, handeln.
Zum Motiv: Atlante Taf. 86,3 (Motiv 110).

183 Fragment von Märtyrer-Platte (?)
Nordafrika
Zweite Hälfte 4. Jahrhundert n.Chr.
München, PStslg. Inv. 1988, 3019
Die Randscherbe zeigt einen Panther nach links, das Spiegelbild des bei der Scherbe Nr. 182 erwähnten. Dies ist das einzige Indiz für eine mögliche Darstellung einer Hinrichtungsszene.
Zum Motiv: Atlante Taf. 86,3 (Motiv 110).

Der heilige Menas

Tausende kleiner Tonfläschchen verkünden in den Museen der Welt die Geschichte des heiligen Menas. Nach der Legende kam er als ägyptischer Soldat im Jahr 296 n.Chr. in Phrygien ums Leben, und zwar als Märtyrer während der diokletianischen Christenverfolgung, Seine Überreste *(reliquiae)* wurden in seine ägyptische Heimat überführt und südwestlich von Alexandria beigesetzt. Durch Wunderheilungen am Grab entwickelte sich der Ort zum Wallfahrtsort mit dem üblichen zugehörigen Betrieb, einschließlich der erwähnten Souvenirs in Form von doppelhenkeligen Tonfläschchen als Behälter für das Heilwasser, das einer beim Grab entspringenden Quelle entnommen wurde.

Die Ampullen waren verziert und wurden aus zwei Modellhälften in drei Größen hergestellt (weniger als 10 cm hoch, rund 10 cm und über 10 cm hoch). Die Darstellung zeigt in unterschiedlicher Ausprägung stets den stehenden, gelegentlich mit Nimbus versehenen Heiligen mit ausgebreiteten Armen, flankiert von zwei antithetisch knienden Kamelen. Er trägt die Soldatenkleidung aus Tunica, Paludamentum und Stiefeln. Häufig steht im oberen Drittel die Eulogienformel ʿO ΑΓΙΟC ΜΗΝΑC — Der heilige Menas.

Die Darstellung geht auf die Gründung des Heiligtums von Abu Mena zurück. Phrygische Soldaten brachten die Gebeine des Heiligen nach Ägypten. Bei der Überfahrt wirkte er Wunder, und auch bei den Kämpfen mit Beduinen glaubten die Soldaten ihren Sieg auf Menas zurückführen zu müssen. Auf dem Rückweg knieten die Kamele, seine treuen Begleiter im Leben, die nun seinen Leichnam trugen, an der Stelle des späteren Heiligtumes nieder und waren nicht zum Weitergehen zu bewegen. So bekundeten sie den Willen des Heiligen, hier begraben zu werden. Neben dem Grab entsprang dann die wundertätige Quelle.

Schon im späten 4. Jahrhundert entwickelte sich hier ein bedeutendes Heiligtum mit mehreren Kirchen und Pilgerhäusern. Über der Grabkammer erhob sich ein Zentralbau. Mittelpunkt der Verehrung war ein „Kultbild" mit der Darstellung des Heiligen zwischen den zu seinen Füßen knienden Kamelen.

Erst nach der Eroberung Ägyptens durch den Islam ging die Wallfahrt von der griechisch-orthodoxen an die koptische Kirche über.

184 Menasampulle
Fundort unbekannt
4./7. Jahrhundert n.Chr.
H 8,9 cm
München, PStslg. Inv. 1966, 308

184   185

Auf der gewölbten Vorderseite in Medaillon der stehende, nimbierte Heilige mit waagrecht ausgebreiteten Armen zwischen knienden Kamelen. Auf der flachen Rückseite Kranz mit Inschrift ΑΓΙΟΥ / ΜΗΝΑ / ΕΥΛΟΓ.
J. Garbsch, Mann und Roß und Wagen. Transport und Verkehr im antiken Bayern (1986) 99.

185 Menasampulle
Fundort unbekannt
4./7. Jahrhundert n.Chr.
H noch 8 cm
München, PStslg. Inv. 1988, 3038
Auf beiden Seiten in Perlrandmedaillon der stehende Heilige mit ausgebreiteten Armen zwischen knienden Kamelen. Über den Armen des Menas je ein aus vier Punkten zusammengesetzes Kreuz.

Mythologische und alltägliche Darstellungen

Orpheus und die Tiere

Orpheus galt als der älteste Dichter und Sänger, ja als der „Erfinder" der Musik. Seine Heimat ist Thrakien. Die Muse Kalliope soll seine Mutter und Lehrerin gewesen sein, außerdem erhielt er Unterricht von Apollo. Wie jener spielt er die Laute (Phorminx, Kithara, Lyra). Mit der Macht seiner Musik bezauberte er Menschen, Tiere und Pflanzen, ja sogar die unbelebte Natur und ihre Gewalten: Vögel und Fische werden von seinem Gesang herbeigerufen, zahme und wilde Tiere versammeln sich friedlich um ihn, und Bäume, Wälder, Felsen und Gebirge kommen herzu. Er steigt selbst in den Hades hinab, um seine an einem Schlangenbiß verstorbene geliebte Frau Eurydike wieder heraufzuholen, und betörte die Herrscher der Unterwelt so sehr, daß sie ihm gestatteten, mit Eurydike in die Oberwelt zurückzukehren. Da er aber die einzige Bedingung, die gestellt wurde, nämlich sich auf dem Weg nicht nach ihr umzudrehen, nicht erfüllte, mußte Eurydike umkehren und er selbst allein weitergehen.
Ein solcher Held mußte zum Religionsstifter werden, entsprechend seiner Herkunft aus Thrakien und seiner Domäne Musik angesiedelt zwischen dem wilden thrakischen Gott Dionysos und dem klassischen Gott Apollo. Aufgrund seiner Macht über Tiere, Menschen und Elemente konnte er in der Spätantike aber auch als Symbol des Guten Hirten christlich interpretiert werden und erscheint so, inmitten von Tieren auf der Leier spielend, zugleich als Symbol paradiesischer, friedlicher und harmonischer Zustände. Wie Herakles die wilden Tiere mit seiner Kraft bezwingt, gelingt es Orpheus mit Hilfe der Musik, sich als Herr der Tiere zu erweisen, letztlich also auf elegantere, überlegene Art.
Spätantike Darstellungen mit dem leierspielenden Orpheus zwischen den Tieren gibt es sowohl auf Mosaiken wie auf Fresken, aber auch auf nordafrikanischen keramischen Erzeugnissen wie der Kanne Nr. 186 und auf Elfenbeinpyxiden des 5. und 6. Jahrhunderts, dort jeweils mit Tierhetzen kombiniert. Auch auf der Sigillata-Kanne ist Orpheus nur ein Motiv unter anderen; sein Bild soll Assoziationen des Schönen, Positiven und Angenehmen — des paradiesischen Glücks — beim Betrachter erwecken. In radikal verkürzter Isolierung wird dies auch durch Darstellungen von Orpheus-Büsten auf Tonlampen (Nr. 187—188) bezweckt. Die fast vollständige Verschmelzung mit christlichen Vorstellungen ist dann durch die Darstellung des Orpheus als guter Hirte auf einer Sigillata-Schale (Nr. 191) erreicht. Auf einem Sigillata-Tablett ist er mit Medaillons kombiniert (s.S. 89).

186 Orpheus-Kanne (Farbtafel S. 163 rechts)
Nordafrika, Werkstatt des Navigius
Etwa 270—320 n.Chr.
H 26,1 cm
München, PStslg. Inv. 1981, 1300

Die zweihenklige zylindrische Kanne trägt eine zweizonige Verzierung auf den beiden Seiten. Auf einer Seite sitzt in der oberen Reihe Orpheus mit phrygischer Mütze auf einem Hocker und spielt, mit dem Plectrum in der Rechten, die fünf- oder sechsseitige Leier (Kithara), flankiert von Victoria mit erhobenem Siegeskranz und Palmzweig rechts und einem sitzenden Silen mit Weintrauben links. In der unteren Reihe ruht rechts unter einem Ährenpaar ein Liebespaar auf einem Bett, die Mitte ziert eine Mänade mit Stab zwischen zwei Satyrn mit Pedum, links steht Merkur mit Marsupium in der Rechten und Caduceus in der Linken.

Die Rückseitendekoration zeigt in der Mitte den stehenden nackten Mars mit Helm und Lanze, flankiert rechts wiederum von Victoria, links von einem Satyr mit Pedum. In der unteren Reihe links ein Silen mit Stab und Leine, in der Mitte zu Füßen des Mars tragen zwei Eroten einen Helm, und rechts ein sitzender Flußgott sowie oben eine stehende Venus, darunter eine Mänade mit Thyrsosstab.

Die Bezeichnung als Orpheus-Kanne ist natürlich willkürlich durch das Ausstellungsthema bestimmt; ebensogut kann man von einer Mars- oder einer Mars- und Orpheus-Kanne sprechen: Die einzelnen Dekorationselemente haben keinen unmittelbar einsichtigen inneren Bezug zueinander, allenfalls die Sehnsucht nach einem Zeiten-Umschwung von Krieg und Leid hin zur Überwindung des Irdischen und zum Weg in ein idyllisches Jenseits.

In diesem Sinn würde sich folgende vereinfachte Einzelinterpretation anbieten:
Orpheus als Überwinder des Todes
Merkur als Geleiter der Seele (Psychopompos)
Mars als Überwinder
Victoria als Überbringerin des Sieges
Venus, Amor und Liebespaar als Repräsentanten der Liebe
Ährenpaar als Symbol der Fruchtbarkeit
Mänade, Satyr, Silen als Gestalten des dionysischen Reigens
Somit werden die Götter der klassischen Hochreligion mit den Vorstellungen der ‚niederen' Mysterien zu einem entspannten Miteinander statt Gegeneinander amalgamiert.

Die Herstellung der Kanne erfolgte aus mehrteiligen Modeln, die Einzelteile wurden anschließend zusammengefügt, wie die Spuren des Verstreichens entlang der Halbzylindernähte oder am eingesetzten Boden zeigen. Auf der Schulter befindet sich die Herstellerinschrift **OFICINA / (N)AVIGI**, die — nach der einheitlichen Ausführung und den fehlenden Anfangsbuchstaben N auf allen bisher bekannten acht Stücken zu schließen — offenbar ebenfalls aus einer Model stammt. Somit steht am Anfang wohl eine mit Appliken verzierte Kanne, von der die Modelteile abgenommen wurden.

J. Garbsch, Zwei Navigius-Kannen in der Prähistorischen Staatssammlung, BVbl. 46, 1981, 192 ff. Taf. 19—22 mit Lit.; Terra Sigillata Nr. N 27 Farbtaf. S. 16. — Ein identisches Exemplar: Age of Spirituality Nr. 162 (R. Brilliant); Spätantike Nr. 194 (D. Stutzinger) mit Lit.; Atlante Taf. 92,3; 153,3.

187 Orpheus-Lampe
Nordafrika
Ende 4./erste Hälfte 5. Jahrhundert n.Chr.
L 13,6 cm
Privatbesitz

Im Spiegel Büste des Orpheus (wohl Oberteil einer Applike mit der ganzen Figur): unter der phrygischen Mütze langes, auf die rechte Schulter herabfallendes Haar, über die rechte Schulter zurückgeworfener, an der linken Schulter von Fibel gehaltener Mantel, der rechte Arm gesenkt, der linke erhoben. Auf den Schultern abwechselnd gegenständige Doppelpelten und Herzen, jeweils durch kleine Kreispunzen getrennt.
Terra Sigillata Nr. N 89. — Zum Typ: Mackensen 211 f. mit Lit.; Wolfe Nr. 91 (Variante).

187   188

188 Kleine Orpheus-Lampe
Nordafrika
5. Jahrhundert n.Chr.
L 11 cm
Privatbesitz
Im Spiegel eine verwaschene männliche Figur nach links laufend, im rechten Arm eine Syrinx (Panflöte) mit fünf Rohren,
auf der er spielt. Da die für Orpheus typische phrygische Mütze nicht zu erkennen ist, kann es sich auch um einen Musikanten handeln (die phrygische Mütze fehlt aber gelegentlich aus
Platzgründen auf den Lampen, wenn die Applike zu groß ist).
Auf den Schultern konzentrische Kreise.

190 Fragment von Orpheus-Platte(?)
Nordafrika
Zweite Hälfte 4. Jahrhundert n.Chr.
München, PStslg. Inv. 1984, 3634
Die Randscherbe zeigt die Applike eines sitzenden Hasen nach
rechts. Möglicherweise besteht ein Bezug zum Orpheus-
Mythos.
Zum Motiv: Atlante Taf. 83,21 (Motiv 62).

191 Orpheus-Teller
Nordafrika
Zweite Hälfte 4. Jahrhundert n.Chr.
Dm 18 cm
Mainz, RGZM Inv. 0.39447
Vier Appliken füllen die Fläche. Die größte Figur ist Orpheus
in vornehmer Kleidung mit phrygischer Mütze, langärmliger
Tunica mit juwelenbesetztem Gürtel, Hosen und Schuhen sowie einem Mantel, der an der rechten Schulter durch eine
Scheibenfibel mit Anhängern zusammengehalten wird.
Auf den Schultern trägt er mit beiden Armen einen Widder,
rechts und links kauern zwei weitere Widder, der rechte mit
zurückgewandtem Kopf.
Um 180° gedreht ist im vierten Sektor Jona auf dem Felsen sitzend dargestellt. Er stützt den Kopf nachdenklich auf den linken Arm, der auf dem linken Knie ruht.
Age of Spirituality Nr. 465 (J.N. Carder) mit Abb.; Spätantike
Nr. 215.

189 Fragment von Orpheus-Platte(?)
Nordafrika
Zweite Hälfte 4. Jahrhundert n.Chr.
München, PStslg. Inv. 1984, 3622
Die Randscherbe zeigt einen knorrigen Laubbaum mit Früchten, wohl ein Orangenbaum. Auf einem Tablett mit Achilles-
Mittelfeld teilt ein solcher Baum die Schmalseiten des Randfrieses, um ihn gruppieren sich Hund und Hase sowie Antilope und ein weiteres, nicht erhaltenes Tier. Möglicherweise ist
eine Darstellung des Orpheus-Mythos zu vermuten oder eine
Anspielung auf paradiesische Zustände.

Das Leben des Achill

Der Achilles-Mythos begegnet in der Spätantike überaus
häufig auf den verschiedensten Objekten, von denen die
Ausstellung als Beispiele zwei Silberplatten (Nr. 192—193)
sowie eine Model (Nr. 195) samt ausgeformtem Tablett (Nr.
194) und Tablettscherben (Nr. 196—205) zeigt.
Der Mythos ist ein Beispiel für die Vorherbestimmung (Prädestination) des menschlichen Lebens: Achills Mutter Thetis
erfährt von einem Seher zu Beginn des Trojanischen Krieges,
daß Troja nicht ohne ihren Sohn erobert werden kann und
dieser dabei umkommen wird. Deshalb bringt sie den Neunjährigen in Mädchenkleidern zu Lykomedes, König von
Skyros, um ihn — als „Schwester" Achills — mit den Königs-

Achilles-Tablett mit verkürztem Randfries

töchtern aufziehen zu lassen. Odysseus entdeckt ihn jedoch, und Achill folgt ihm: Niemand kann seinem Schicksal entkommen. Zugleich wurde Achills heldenhaftes Leben als vorbildlich empfunden, als Verkörperung der römischen Tugend *(virtus)*.

Die Darstellung von Achills Leben in rund einem Dutzend Szenen ist der ausführlichste Zyklus der spätantiken Kunst, sofern man von den Darstellungen der Taten des Herakles absieht, die nicht auf einer Platte oder einem Tablett zusammen gezeigt werden, sondern auf mehrere Schalen und Teller verteilt sind. Auch der Jona-Fries als vergleichbare Neuschöpfung der Spätantike ist ja wesentlich kürzer.

Von den Sigillata-Tabletts mit Achilles-Zyklen haben sich sehr viele Model und Scherben erhalten, so daß man in diesem Fall auch über die Herstellung besonders gut informiert ist. Im Normalfall ist auf den vier Seiten des Randes die Vorgeschichte bis zum Trojanischen Krieg (im Mittelfeld) dargestellt. Es gibt aber das Mittelfeld-Bild auch mit einer kürzeren, zum Mittelfeld um 180° gedrehten sowie einer vari-

ierten Version dieses Frieses, und es ist auch die Kombination mit einem Randfries aus Hasen, Hunden und Antilope bekannt sowie mit Fischen, Amor und Bäumen.

Schließlich ist das Mittelfeld einmal mit einem Medaillonfries gerahmt, so daß — in einer Art horror vacui — fast das ganze Tablett mit Reliefdekor versehen ist.

Hinweise auf verschiedene Modelhersteller geben endlich die unterschiedlichen kleinen Punzen, welche für Abgrenzungen und zur Angabe des Hintergrundes Verwendung fanden. Als Abgrenzung des Mittelfeldes und des (gleichzeitig angefertigten, ältesten?) Randfrieses dienen Kreispunzen, die nebeneinandergesetzt einen Perlstab ergeben (vgl. Nr. 201). Daneben begegnen (später?) statt der Kreispunzen auf den Rändern auch abwechselnd punktgefüllte Rhomben und doppelte Kreispunzen (Nr. 203), punktgefüllte Rhombenreihen (Nr. 204) und mit drei Punkten gefüllte Herzblätter (Nr. 200). Bei den Hintergrundfüllern kommen viele kleine Fünfpunktrosetten vor (auf dem langen Randfries), aus Doppelkreisen zusammengesetzte kleine Scheiben (bei der kürzeren

Achilles-Tablett mit Medaillons

Version) sowie wenige aus sieben Kreispunzen zusammengesetzte große Rosetten (bei der dritten Version).

Schließlich variieren auch die Architekturmotive, die —
schräggestellt — in den Ecken die Szenen der Schmal- und
Längsseiten voneinander trennen; in einem Fall hat das hohe
Tor geschlossene, halb geöffnete oder ganz offene Flügel (vgl.
Nr. 201—202), im anderen wird an allen vier Ecken das gleiche, mit einer niedrigeren Tür und einem zusätzlichen Archi-
trav versehene Architekturmotiv verwendet (vgl. Nr. 200).

Eindeutige Aussagen zur Interpretation dieser Variationen
(ob es sich z.B. um ein zeitliches Nacheinander oder ein Nebeneinander innerhalb der selben oder mehrerer Werkstätten
handelt) sind allerdings erst möglich, wenn alle Funde in
exakten Zeichnungen oder maßstäblichen Fotografien vor-

gelegt sind, damit eventuelle Abformungen anhand der dabei
auftretenden Schwunderscheinungen um rund 10% an den
Figuren exakt abgelesen werden können.

192 Achilles-Platte

Kaiseraugst, Kt. Aargau, Schweiz (gefunden Winter 1961/2 im
spätantiken Kastell zusammen mit zahlreichen weiteren Silber-
objekten)
Um 330—345 n.Chr. (vergraben 350/351 n.Chr.)
Dm 53 cm, Gewicht 4.642,9 g
Augst, Römermuseum Inv. 62,1

Die achteckige Schale ist aus Silber gegossen, anschließend
geschmiedet und getrieben, der Standring angelötet. Der größte Teil der Darstellung wurde mit dem Stichel aus dem massi-
ven Silber herausgeschnitten.

192

Zehn durch Säulen unterteilte Szenen in einem kreisförmigen Band auf dem Rand und eine elfte im Mittelmedaillon erzählen Begebenheiten aus Kindheit und Jugend des Achill. In den acht Ecken des Randes sind — jeweils zu antithetischen Paaren arrangiert — zweimal die Köpfe von Thetis und Achill bzw. Diomedes und Odysseus abgebildet. Der Rand ist beidseits von einem Perlkranz und außen zusätzlich durch einen Eierstab begrenzt.

Die Szenen sind im Gegenuhrzeigersinn von unten her zu lesen.

1. Geburt im Palast des Peleus in Pharsalos: Thetis lehnt auf einer Kline mit Delphinlehne und gedrechselten Beinen, rechts eine Dienerin, ein Wasserbecken und ein geraffter Vorhang als Andeutung des Innenraumes; Achill sitzt vor der Kline auf dem Boden.

2. Feiung in der Styx: Thetis taucht Achill in den Fluß Styx, um ihn unverwundbar zu machen (außer an der Ferse, da sie ihn am Fuß hält!), daneben die Flußnymphen der Styx und des Kokytos, rechts eine Dienerin mit Handtuch und Wasserbecken.

3. Übergabe an Chiron: links eine Dienerin mit Korb, daneben übergibt Thetis Achill an den Kentauren Chiron, in der Mitte ein Fellbündel mit Trauben.

4. Ernährung bei Chiron: Achill sitzt auf einem Steinhaufen einer Höhle (?), davor die Köpfe von Wildschein und Löwe als Überreste der Mahlzeit; rechts hält Chiron einen Leoparden am Hinterlauf.

5. Jagd auf dem Pelion: Achill reitet auf Chiron zur Jagd auf Keiler und Leopard; er ist dabei, den Speer auf den hinter einem Baum anstürmenden Eber zu werfen.

6. Lesen und Schreiben: Achill lernt das Alphabet und liest aus einem Diptychon die ersten fünf Buchstaben A, B, Γ, Δ, Є der neben ihm stehenden Muse Kalliope und dem gegenüber sitzenden Chiron vor.

7. Unterricht im Diskuswerfen: links Chiron, rechts Achill mit Diskus und Leier.

8. Rückgabe an Thetis: links Chiron und Achill, rechts Thetis und Dienerin mit Korb.

9. Übergabe auf Skyros: von links nähern sich eine Dienerin und Thetis sowie der als Mädchen verkleidete Achill einem Bewaffneten mit Helm, Schild, Speer und Beinschienen sowie dem thronenden Lykomedes.

10. Im Palast des Lykomedes auf Skyros: neben einem gerafften Vorhang stehen links drei Schwestern der Deidameia mit Spinnrocken und Spindeln vor zwei Wollkörben; rechts sitzt Deidameia mit Spinnrocken und Achill mit der Leier jeweils auf einem Stuhl mit gedrechselten Beinen.

11. Entdeckung Achills durch Odysseus (in der Plattenmitte): links Deidameia und Achill (mit Schild und Speer, aber noch in Frauenkleidern), rechts Odysseus und Diomedes als trompetenblasender Herold; der Trompetenklang läßt Achill „automatisch" nach den von Odysseus mitgebrachten Waffen greifen.

Eine Inschrift auf der Innenseite des Standrings nennt Künstler, Herstellungsort und Gewicht: ΠΑΥϹΥΛΥΠΟΥ ΘЄϹ-ϹΑΛΟΝΙΚΗϹ ΛΙЄ (Werk des Pausylypos in Thessaloniki; 15 Pfund). Im Innenfeld des Standrings steht als Gewichtsangabe in griechischen Zahlbuchstaben „17 Pfund 4 Unzen 15 Gramm". Die Differenz zur ersten Angabe macht immerhin

— je nach Ansatz der Rechnung zugrundegelegten Pfundes — rund 763 bis 781 g aus. Da die höhere Gewichtsangabe von Drehrillen überlagert wird, gibt sie wohl das ursprüngliche Gewicht des gegossenen Rohlings. Der Fehlbetrag ist somit vermutlich bei der Bearbeitung der Platte abgetragen worden (sofern die Angabe „15 Pfund" nicht nur eine bestimmte Schalen-Kategorie kennzeichnen sollte). Heute wiegt die Platte ohnehin weniger als 15 Pfund (4.642,9 g entsprechen etwa 14½ Pfund).

Age of Spirituality Nr. 208 (M. Bell); Spätantike Nr. 183 (D. Stutzinger); H.A. Cahn und A. Kaufmann-Heinimann (Hsg.), Der spätrömische Silberschatz von Kaiseraugst (1984) 225 ff. (V. von Gonzenbach); 382 ff. (M. Martin).

193 Achilles-Platte

Aus der Rhone bei Avignon (gefunden 1656)
Dm 71 cm, Gewicht 10.255 g
Um 400 n.Chr.
Paris, Bibliothèque Nationale, Cabinet des Médailles Inv. 2875
(Nachbildung Mainz, RGZM Inv. Nr. N.42162)

Die große Silberplatte (mit Resten von Vergoldung an den Figuren) zeigt in einem Eierstabrahmen eine mythologische Szene mit 10 Personen in einem Innenraum, der durch eine Dreifacharkade aus Säulen, zwei Rundbogen und einem spitzen Mittelgiebel sowie durch Vorhänge angedeutet ist.

Es handelt sich um drei Gruppen. Links steht eine junge Frau in Begleitung eines stehenden jungen Mannes mit Tunica und Schwert, der sich zu einem älteren bärtigen Mann mit Stock umwendet.

In der Mitte sitzt als Hauptfigur der jugendliche Achill, gestützt auf die Lanze, auf einem Hocker, die Füße auf einem Schemel wie auf dem Mittelfeld des Tabletts Nr. 194. Er unterhält sich mit einem bärtigen Mann mit Schwert, während im Vordergrund ein am Boden hockender nackter bärtiger Krieger zuhört wie auch ein bärtiger Mann mit Stab im Hintergrund; ein neben diesem stehender Alter gestikuliert mit der Rechten.

Rechts stehen zwei junge Krieger in voller Rüstung; der rechte ist durch eine Trompete als Herold gekennzeichnet.

Unter der Gruppe liegen Waffen (u.a. ein Helm ähnlich jenem auf dem Randfries des Achilles-Tabletts Nr. 194 in Szene 11). Zwischen den Giebeln blasen ein jugendlicher (links) und ein alter Triton auf der Trompete.

Die Deutung der ursprünglich als „Schild des Scipio" angesehenen Platte ist umstritten. Eindeutig ist der Bezug auf Achill, und zwar vermutlich jene Episode in der Ilias mit der trojanischen Gefangenen Briseis (ganz links). Entweder streiten Achill und Agamemnon bzw. in dessen Auftrag Odysseus gerade um Briseis, oder sie wird dem Achill gerade zurückgebracht. Beide Hypothesen befriedigen nicht völlig, angesichts des aggressiven Gesichtsausdrucks von Achilles Gesprächspartner dürfte aber der ersten Interpretation der Vorzug zu geben sein. Es kann sich allerdings aber auch nicht um die genaue Darstellung einer der beiden Szenen handeln, sondern um eine allgemeinere impressionistische Komposition des Künstlers.

Age of Spirituality Nr. 197 (W.A.P. Childs); v. Gonzenbach (wie Nr. 192) 284; Trésors d'orfèvrerie gallo-romains Nr. 235 (mit Lit.; Farbtafel S. 52 seitenverkehrt).

193

194 Achilles-Tablett
Nordafrika
Zweite Hälfte 4. Jahrhundert n.Chr.
44 x 34,5 cm
München, PStslg. Inv. 1976, 2260
Das mit Hilfe von Modeln hergestellte Sigillata-Tablett zeigt in 14 Szenen auf dem Rand und einem größeren Mittelbild Begebenheiten aus Kindheit und Jugend des Achill. Das Mittelbild ist von einem Perlstab und einer Hohlkehle gerahmt, der Randstreifen trägt außen einen gekerbten Wulst, während er nach innen mit einem Perlstab abschließt.
Die Szenen sind im Gegenuhrzeigersinn von links oben her zu lesen. Linke Schmalseite: Geburt und Kindheit
1. Geburt: Eine Dienerin wedelt von links mit einem Fächer der auf einer hohen Kline halb aufgestützt liegenden Thetis Kühlung zu. Unter dem Bett steht ein Wasserbecken für das erste Bad des Säuglings bereit.
2. Feiung in der Styx: Thetis hebt kniend den in Windeln gewickelten Achill vor dem Eintauchen in das Wasser des Flusses Styx der Flußnymphe entgegen, die mit aufgestütztem linken Arm auf den Felsen über der Quelle lagert und eine Schale in der erhobenen Rechten hält. Rechts eine schlanke Zypresse.
3. Übergabe an Chiron: An der Hand der Mutter kommt Achill zum Kentauren Chiron, einem Freund seines Vaters Peleus. Chiron hebt die Rechte zum Gruß, während die Linke sich auf einen knorrigen Ast stützt. Ein Tierfell hängt über seinen Rücken. Rechts steht ein Feigenbaum, der die Waldlandschaft des Pelion andeutet.
Untere Langseite: Erziehung bei Chiron
4. Unterricht: Chiron unterrichtet den mittlerweile schon herangewachsenen Achill. Lehrer und Schüler stehen sich mit erhobenem rechten Zeigefinger gegenüber.
5. Ernährung durch „wilde" Tiere: Chiron bringt einen frisch erlegten Hasen, die übliche Jagdbeute der Kentauren, während Achill ihn sitzend erwartet, ein Blatt oder eine Keule in der Linken.
6. Sportunterricht: Achill holt mit der Rechten aus, um den Diskus zu werfen, während Chiron die Richtung weist und schon nach rechts voraussmeilt.
7. Jagdunterricht: Achill reitet auf Chirons Rücken und verfolgt einen Panther oder Leoparden, der mit umgewandtem Kopf nach rechts flieht.
8. Abschied: Thetis bringt den in Frauenkleider gesteckten Achill von Chiron nach Skyros zu Lykomedes, um ihn so vom Trojanischen Krieg fernzuhalten.
Rechte Schmalseite: Aufenthalt auf Skyros
9. Im Frauengemach: Achill sitzt in Frauenkleidern auf einem Stuhl und spielt die Leier, während zwei Töchter des Lykomedes ihm zuhören und mit Spinnrocken und Spindel hantieren. Die Sitzende ist vermutlich Deidameia.
10. Entdeckung durch Odysseus: Achill hat die Frauenkleider abgeworfen und folgt mit Schild und Speer dem von rechts zur Eile drängenden Odysseus. Er schaut nur kurz zu Deidameia zurück, die vor den Palast ihres Vaters geeilt ist und sich flehend vor ihm niedergeworfen hat. Ein Feigenbaum markiert wie auf der gegenüberliegenden Schmalseite das Ende der Bildzeile.
Obere Langseite: Verschiedene Szenen

11. Waffen für Achill: im Meer, das durch einen Fisch links und zwei kleinere Fische rechts, mehrere Muscheln und die beiden Thetis in ihrer Mitte tragenden Tritone gekennzeichnet wird, trägt eine nach rechts schwimmende, nur mit Schmuckbändern bekleidete Nereide einen Helm.
12. Drei barhäuptige Frauen im Gespräch.
13. Drei Frauen mit über den Kopf gezogenem Mantel halten Spindel, Spinnrocken und Spiegel. Möglicherweise handelt es sich um die Parzen.
14. Musikanten: links ein Mann mit Doppelflöte, rechts ein Musikant mit Tragorgel, dazwischen Tänzerin mit ägyptischen Kastagnetten.
Mittelfeld: Priamos bei Achilles
15. Bittgang des Priamos: Der Vater Hektors naht sich von links dem auf einem Hocker sitzenden Achill, der in der Linken eine Lanze hält. Hinter Achill steht sein Wagenlenker Automedon, neben ihm — an einen Pfeiler gelehnt — Briseis.
Bei der Erwerbung war das Tablett mit Scherben anderer gleichartiger Tabletts „geflickt", wobei keine Rücksicht auf korrekte Einfügung passender Szenen genommen worden war, d.h. mehrere Szenen waren doppelt vorhanden (z.B. am linken unteren Rand im Bereich von Szene 4—6 und an der rechten Schmalseite im Bereich von Szene 10). Da diese Einfügung offensichtlich in neuerer Zeit erfolgt war, wurden die Fremdscherben entfernt und durch Nachformungen der richtigen Szenen ersetzt. Aus den Fremdscherben wurde ein zweites Tablett mit Ergänzung der (naturgemäß hier sehr beträchtlichen) fehlenden Partien rekonstruiert.
J. Garbsch, Ein spätantiker Achilles-Zyklus. BVbl. 45, 1980, 155 ff.; ders., Spätantike Sigillata-Tabletts. ebd. 163 ff. Abb. 1; Spätantike Nr. 186 (D. von Boeselager); v. Gonzenbach (wie Nr. 192) 304 ff.

195 Model für Mittelfeld eines Achilles-Tabletts
Nordafrika
Zweite Hälfte 4. Jahrhundert n.Chr.
B 32 cm
München, PStslg. Inv. 1985, 4494
Das Gipsmodel war diagonal gebrochen; es war bei der Erwerbung wieder zusammengesetzt und die Fehlstellen glatt ergänzt (insbesondere die linke untere Ecke).
Die Darstellung ist gegenüber den Tablett-Mittelfeldern seitenverkehrt und das Relief negativ statt positiv: links steht Briseis, in der Mitte sitzt Achill auf dem Hocker, dahinter steht Automedon, und von rechts nähert sich Priamos.
Über den Köpfen stehen die Namen der dargestellten Personen in erhabenen linksläufigen Majuskeln, sie erscheinen auf dem ausgeformten Tablett also vertieft. Bei der Reparatur der Bruchstelle wurde auch die rechte obere Partie in diesem Bereich verschmiert, so daß nur die Namen BRЄ und ACILLЄS eindeutig zu lesen sind, während die Buchstabenreste auf der Gegenseite sowohl zu (PRI)AM(VS) als auch zu (AVT)OM(ЄDON) ergänzt werden könnten. Die zweite Möglichkeit erscheint plausibler; der Name des Priamus müßte dann — wofür ein M am Rand spricht — in zwei weiteren Zeilen am Rand gestanden haben: (PRIA)/M(VS).
Ausformungen dieses Models sind nicht bekannt, aber die Beschriftung der Darstellung begegnet auch bei mehreren ande-

Kat.-Nr. 195

ren Tablett-Typen (Pegasus, Dioskuren, Provinzen). Offensichtlich rechneten Hersteller oder Auftraggeber damit, daß die Bilder nicht jedem Betrachter ohne solche Hilfen verständlich waren.
Auch Mosaiken trugen ja häufig Beschriftungen; für den Achilleszyklus bzw. das Mittelfeld der Tabletts ist ein 1832 zerstörtes Mosaik von Sarmizegethusa (Rumänien) mit dem Namen ΑΧΙΛΛΕΥΣ und ΑΥΤΟΜΕΔΩΝ zu erwähnen. Garbsch 1989, 243 ff. Taf. 21 f.

Fragmente von Achilles-Tabletts

196 Mittelfeld-Scherbe: Priamos, Achill, Briseis.
München, PStslg. Inv. 1970, 1791
Garbsch 1980, 161 Nr. 1 Taf. 17,1.

197 Mittelfeld-Scherbe: Achill, Briseis.
München, PStslg. Inv. 1970, 1793
Garbsch 1980, 161 Nr. 2 Taf. 17,2.

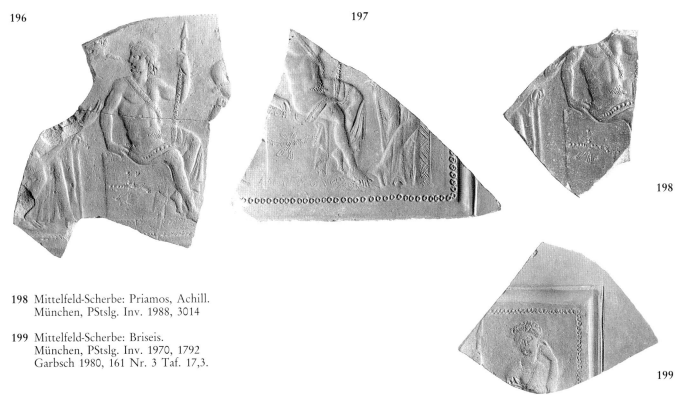

196

197

198 Mittelfeld-Scherbe: Priamos, Achill.
München, PStslg. Inv. 1988, 3014

199 Mittelfeld-Scherbe: Briseis.
München, PStslg. Inv. 1970, 1792
Garbsch 1980, 161 Nr. 3 Taf. 17,3.

198

199

Fragmente vom Achilles-Randfriesen

200 Rechte Schmalseite: rechte Hälfte von Szene 8, Tor, Szene
9—10, Tor, Szene 11; Begrenzung: Blätter.
Hildesheim, Pelizaeus-Museum Inv. 2201
Spätantike Nr. 184/185,6 mit Lit. (D. von Boeselager).

200

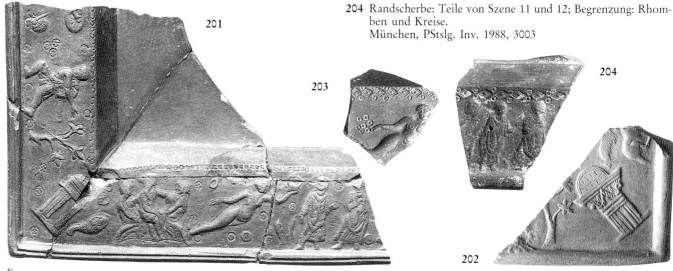

201

203

204

202

204 Randscherbe: Teile von Szene 11 und 12; Begrenzung: Rhomben und Kreise.
München, PStslg. Inv. 1988, 3003

205 **Fragment von Achilles-Tablett**
Ägypten (wohl Alexandria)
Erste Hälfte 5. Jahrhundert n.Chr.
München, Staatl. Sammlung Ägyptischer Kunst Inv. 5967
Vom Mittelfeld ist die Gestalt des Priamos teilweise erhalten.
Interessanterweise hat der Randfries keinen Bezug zu Achill:
In der Mitte der linken Schmalseite findet sich ein Orangenbaum, darüber der von der Lampe Nr. 250 bekannte Amor mit Palmwedel in der Rechten und Früchtekorb in der Linken und in der linken oberen Ecke ein Delphin nach links.
Garbsch 1980, 166 f. Abb. 5; M. Mackensen, Arch. Anzeiger 1981, 536 Nr. 7 Abb. 2,2.

205

206 **Achilles-Lampe**
Nordafrika
5. Jahrhundert n.Chr.
L 14 cm
Privatbesitz
Im Spiegel quer die Schleifung von Hektors Leiche vor Troja durch Achill. Achill steht mit Schild und Lanze in der Linken und erhobener Rechten als Lenker auf einem winzigen, von zwei Pferden gezogenen vierrädrigen Wagen, hinter dem rücklings die an den Füßen angebundene Leiche Hektors schleift. Auf den Schultern abwechselnd Spitzblätter und nach links springende Hunde (an Schnauze bzw. Griff halbiert).
Zum Typ: Ennabli Nr. 1—13.

201 Eckscherbe: Szene 10, Tor, Szene 11; Begrenzung: Kreise.
München, PStslg. Inv. 1988, 3003

202 Eckscherbe: Baum von Szene 3, Tor, Szene 4
München, PStslg. Inv. 1984, 3620

203 Randscherbe: Nereide aus Szene 11; Begrenzung: Rhomben und Kreise.
München, PStslg. Inv. 1988, 3014

Hercules als göttlicher Mensch

104 Herakles (lat. Hercules), der Sohn des Zeus und der Alkmene, ist der berühmteste Heros der Antike, der Held schlechthin. Er verkörpert das Ideal des kämpfenden und sich mühenden Helden, der das Höchste erreicht. In vielen griechischen Landschaften ranken sich Sagen um seine Person — in Theben etwa ausgelöst durch die Eifersucht von Zeus' Gattin Hera (sie schickte Schlangen, die Herakles noch in der Wiege erwürgte), in Argos ein Sagenkreis um Eurystheus, für den er zwölf Arbeiten erledigte, und in anderen Landschaften weitere Heldentaten, z.B. der Kampf mit den Kentauren, die Errichtung der Heraklessäulen am Ausgang des Mittelmeers bei Gibraltar, Kämpfe mit Kyknos und Antaios, Befreiung des gefesselten Prometheus und des Theseus aus der Unterwelt. Er starb durch das Nessos-Hemd, ein mit dem Blut des Kentauren getränktes Gewand, das seine Gattin Deianeira ihm aus Eifersucht gab.

Die zwölf Abenteuer sind zum ersten Mal auf den Metopen des Zeus-Tempels von Olympia aus dem 5. Jahrhundert v.Chr. dargestellt:

1. Erlegung des Nemeischen Löwen
2. Tötung der Lernäischen Schlange
3. Jagd auf die Kerynitische Hirschkuh
4. Fang des Erymanthischen Ebers
5. Reinigung der Ställe des Königs Augias
6. Tötung der Stymphalischen Vögel
7. Fang des Kretischen Stiers
8. Einfangen der menschenfressenden Rosse des Königs Diomedes
9. Erringung des Gürtels der Amazonenkönigin Hippolyte
10. Einfangen der Rinder des dreileibigen Geryon
11. Besorgung der goldenen Äpfel der Hesperiden
12. Vorführung des Höllenhundes Kerberos aus der Unterwelt

Hercules gehört in der Kaiserzeit zu den bevorzugten Schutzpatronen des römischen Heeres. Seit Commodus (180—192), vor allem aber unter Diocletian (284—305) lebt der Kult stark auf: Diocletians Mitkaiser Maximian führt seine Abkunft auf Hercules zurück und nennt sich Maximianus Herculius, während Diocletian als Zeichen seiner übergeordneten Stellung und in Anlehnung an Jupiter sich den Namen Iovius zulegt.

Entsprechend der Beliebtheit des Heroen sind auch Darstellungen sehr zahlreich überliefert. Im Rahmen der Ausstellung werden keramische Zeugnisse gezeigt, doch gibt es auch zahllose Darstellungen auf Mosaiken und Wandmalereien sowie in Plastik und Relief. Auf einem Votiv-Relief des 2. Jahrhunderts der Cassia Priscilla im Nationalmuseum Neapel ist der ganze Zyklus wiedergegeben. Falls die Darstellungen einzelner Taten des Dodekathlon auf Tellern (vgl. Nr. 207—210) ursprünglich den ganzen zwölfteiligen Kreis umfaßten, wäre dies neben der Jona-Geschichte und dem Leben Achills ein weiteres Beispiel für die Darstellung eines Handlungszyklus auf nordafrikanischer Keramik.

207 Hercules-Teller
Nordafrika
Zweite Hälfte 4. Jahrhundert n.Chr.
Dm 17 cm
Mainz, RGZM Inv. 0.39676
Mit zwei großen und zwei kleinen Appliken zeigt der Teller den Kampf des nackten Helden mit dem Nemeischen Löwen, der ihn von rechts anspringt. Links hängt sein Mantel in einem Baum mit dreigeteilter Krone und mehreren abgesägten Aststümpfen, während Keule und Köcher rechts vor ihm am Boden liegen.
Gesichtszüge und Muskelspannung zeigen die übermenschliche Anstrengung.
Die Darstellung geht auf den griechischen Bildhauer Lysipp (4. Jh. n.Chr.) zurück.
Age of Spirituality Nr. 140 (R. Brilliant) mit Abb.; Zaberns archäol. Kalender 1977, Blatt 2.—15.5.; Spätantike Nr. 179 (M. Weber).

208

208 Hercules-Teller

Nordafrika (angeblich aus der Umgebung von Haouareb)
Zweite Hälfte 4. Jahrhundert n.Chr.
Dm 16,5 cm
Köln, Römisch-Germanisches Museum Inv. KL 552
Mit zwei großen Appliken wird die Geschichte von Hercules
und Cerberus erzählt: Links schaut der Höllenhund aus einem
ungefähr dreieckigem felsigen Höhleneingang. Der mittlere
Kopf des Ungeheuers ist größer als die beiden anderen, die
Vorderpranken stützen sich kräftig am Eingangsboden ab.
Alle Hälse tragen Halsbänder, auf halber Höhe der Felswand
ist der Strick wiedergegeben, an dem Hercules das Untier aus
der Höhle zerren wird. Hercules, dessen Körper frontal darge-
stellt ist, schreitet mit erhobenem rechten Bein nach rechts.
Der bärtige Kopf ist zurückgewandt, mit der Rechten zieht er
am Strick, die Linke hält die Keule zum Schlag empor. Bis auf
das vor der Brust geknotete, über den Rücken bis fast auf die
Füße fallende Löwenfell ist der Held unbekleidet.
Salomonson 149 Nr. 597 Taf. 59,3; Spätantike Nr. 178,1 mit
Lit. (D. Stutzinger).

209 Hercules-Teller

Fundort unbekannt
Zweite Hälfte 4. Jahrhundert n.Chr.
Dm 16,9 cm
Köln, Römisch-Germanisches Museum Inv. KL 547
Mit einer einzigen, aus fünf Figuren zusammengesetzten gro-
ßen Applike wird der Kampf zwischen Herakles und Ares um
dessen Sohn Kyknos dargestellt.
Links steht der unbekleidete Held, frontal in Ausfallstellung
nach rechts, das Löwenfell über linker Schulter und Rücken,

und den Löwenkopf als Schild mit der Linken hochhaltend,
während die Rechte ein über den Kopf erhobenes Schwert
schwingt.
Rechts ist Ares — ebenfalls nackt bis auf einen von der Schulter wehenden Mantel — in ähnlicher Ausfallstellung spiegel-
bildlich nach links dargestellt, und zwar von hinten gesehen.
Auf dem Kopf trägt er einen Helm mit Helmbusch, in der
Rechten hält er das Schwert, mit der Linken den großen, von
innen gesehenen Rundschild.
Zu Füßen der Kämpfer liegt die nackte Leiche des Kyknos.
Rechts von Ares steht eine weibliche Gewandfigur, links von
Herakles ebenfalls eine weibliche Figur mit erhobenen Armen
und einem Helm auf dem Kopf: Athena, Schutzgöttin des He-
rakles, die ihm in den Arm fällt. Im Hintergrund zwischen den
Kämpfenden ist auf der Seite des Ares Hermes zu sehen, be-
kleidet mit Mantel und Flügelhut.
Salomonson 150 f. Nr. 599 Taf. 59,4; Spätantike Nr. 178,2 mit
Lit. (D. Stutzinger).

210 Hercules-Teller

Fundort unbekannt
Zweite Hälfte 4. Jahrhundert n.Chr.
Dm 17,9 cm
Köln, Römisch-Germanisches Museum Inv. KL 544
Zwei große Appliken erzählen den Kampf des Herakles mit
dem Erymanthischen Eber. Von links trägt der nackte Held —
die Keule in der Linken — den auf den Nacken lastenden, mit
dem rechten Arm umklammerten und gehaltenen Eber nach
rechts. Über die linke Schulter hängt das Löwenfell, unter dem
Kopf des Ebers ist der Löwenkopf in Vorderansicht wiedergegeben.

Rechts zeigt eine etwas unbeholfene Darstellung den Auftraggeber der zwölf Taten des Herakles, den bärtigen König Eurystheus, der sich aus Angst in ein Faß verkrochen hat und erschreckt die Arme vor dem Eber hochreißt. Das Faß — ein Vorratsgefäß aus Keramik (Pithos), nicht ein Holzfaß — steckt bis zum Rand in der Erde oder einem Steinhaufen. Diese Form der Darstellung ist schon auf griechischen Vasenbildern belegt.
Salomonson 149 f. Nr. 598; Spätantike Nr. 178,3 mit Lit. (D. Stutzinger)

211 Fragment von Hercules-Teller
Nordafrika
Zweite Hälfte 4. Jahrhundert n.Chr.
München, PStslg. Inv. 1988, 3015
Erhalten ist eine isolierte Figur des Herakles aus der fünfköpfigen Kyknos-Szene (Nr. 209): der nackte Held schwingt mit der erhobenen Rechten das (nicht erhaltene) Schwert, während über den linken Arm das Löwenfell herabhängt.

212 Fragment von Hercules-Teller
Nordafrika
Zweite Hälfte 4. Jahrhundert n.Chr.
München, PStslg. Inv. 1988, 3015
Erhalten ist der Oberköprer des nackten Helden mit dem über die Schultern gelegten Erymanthischen Eber, dessen Kopf mit steil aufgestellten Ohren rechts herunterhängt.

213 Fragment von Hercules-Teller
Nordafrika
Zweite Hälfte 4. Jahrhundert n.Chr.
München, PStslg. Inv. 1984, 3638
Die Applike zeigt den kindlichen Helden mit einer Windel um die Hüfte auf dem Boden sitzend. Er blickt nach rechts und umklammert mit beiden erhobenen Händen den Hals der aus einem umgestürzten Korb mit kleinen Früchten ringelnden Schlange, die Hera gesandt hatte.

214 Fragment von Hercules-Teller
Nordafrika
Zweite Hälfte 4. Jahrhundert n.Chr.
München, PStslg. Inv. 1988, 3004
Die Applike zeigt den bärtigen, nackten Herakles mit dem geschulterten mächtigen Höllenhund Cerberus, dessen zottiges Fell ihn besonders bedrohlich erscheinen läßt. Dargestellt ist nur ein Kopf der dreiköpfigen Bestie, die mehr einem Bären als einem Hund ähnelt.

215 Fragment von Hercules-Platte
Nordafrika
Zweite Hälfte 4. Jahrhundert n.Chr.
München, PStslg. Inv. 1988, 3008
Auf dem kleinen erhaltenen Ausschnitt des Randfrieses schreitet Herakles nackt bis auf das über den linken Oberarm fallende Löwenfell nach links. In der erhobenen Linken hält er den Bogen, während die Rechte mit dem Pfeil auf einen der beiden von links heranflatternden Stymphalischen Vögel zielt.
Vom Umfang der Platte wäre es ohne weiteres denkbar, daß auf dem Rand alle zwölf oder doch zumindest eine Auswahl der Taten des Herakles dargestellt waren.

216 Fragment von Hercules-Teller
Nordafrika
Zweite Hälfte 4. Jahrhundert n.Chr.
München, PStslg. Inv. 1988, 5695
Die Darstellung zeigt mehrere nach rechts schreitende Stiere. Es könnte sich um die Rinder des Geryoneus handeln, die Herakles wegtreibt. Da über den Köpfen der Tiere jedoch ein Joch dargestellt ist, das am Hals angebunden ist, kann man auch an eine ziehende Tätigkeit denken. Hierbei käme — in Analogie zu einem Fresko der Katakomben an der Via Latina in Rom — die Ankunft Jakobs und seiner Söhne in Frage, die dort mit drei jeweils von zwei Ochsen gezogenen Karren dargestellt ist. Aber auch eine bukolische Szene ist denkbar wie auf einem Sarkophag des 3. oder 4. Jahrhunderts von der Via

Prenestina in Rom: dort sind Eroten bei landwirtschaftlicher Tätigkeit dargestellt. Schließlich ist an ein Mosaik in der Jagdhalle der Villa von Piazza Armerina zu erinnern, wo zwei Ochsen den vierrädrigen Wagen mit den Transportkäfigen für die gefangenen Tiere ziehen.

Hierher gehört auch ein Sarkophag mit den guten Hirten des 4. Jahrhunderts im Lateranmuseum, auf den Eroten bei der Weinlese einen vierrädrigen Wagen von zwei Ochsen ziehen lassen, oder das Gewölbemosaik im Ambulatorium des Mausoleums der Constantina in Rom aus der 1. Hälfte des 4. Jahrhunderts, wo zwei Stiere einen zweirädrigen Karren mit Trauben ziehen.

217 Fragment von Hercules-Platte(?)
Nordafrika
Zweite Hälfte 4. Jahrhundert n.Chr.
München, PStslg. Inv. 1988, 3018
Die Randscherbe zeigt einen Stier nach rechts, den Kopf frontal dem Betrachter zugewandt. Da von der rechts folgenden Applike nur ein kleiner Rest erhalten ist, ist die Interpretation unsicher. Im Zusammenhang mit Herakles ist an das Einfangen des Kretischen Stiers durch den Helden zu denken.

218 Fragment von Hercules-Teller(?)
Nordafrika
Zweite Hälfte 4. Jahrhundert n.Chr.
München, PStslg. Inv. 1983, 1235
Die Scherbe zeigt einen Krieger in Tunica und Panzer, auf dem nach links gewendeten Kopf ein Helm mit (von einer anderen Scherbe bekannten) großen Federbusch, an den Beinen geschnürte Schuhe. Mit der Rechten hält er das gezückte Schwert vor dem Leib, während die Linke den mit Pelten verzierten Rundschild schützend vorhält.
Aufgrund der Ähnlichkeit der Applike mit der Ares-Applike des Kyknos-Tellers Nr. 209 könnte man auch hier an einen Bezug auf die Taten des Herakles denken, ebenso aber auch mit J.W. Salomonson an die Darstellung des Goliath im Kampf mit David.
Zum Motiv: Atlante Taf. 84,20 (Motiv 84).

Die Dioskuren

Die göttlichen Zwillinge Kastor und Polydeukes bzw. Pollux wurden schon im 2. Jahrtausend v.Chr. in ganz Griechenland verehrt, als Helfer in Kampf und Not. Ihre kultische Verehrung als Söhne des Jupiter in Rom wird auf die Legende zurückgeführt, sie hätten 499 v.Chr. in der Schlacht am See Regillus Waffenhilfe geleistet und die Siegesnachricht nach Rom gebracht, wo sie ihre Rosse am Iuturna-See auf dem Forum bei dem Vesta-Tempel tränkten. Seitdem galten sie als Schützer der gottgewollten römischen Herrschaft.

Insbesondere wurden sie vom Militär verehrt und sind so z.B. auch auf Paraderüstungen dargestellt. Im Jupiter Dolichenus-Kult erscheinen sie auf dreieckigen Votivblechen als Personifikationen der beiden Himmelshälften. Meist werden sie zu Fuß neben ihren antithetisch angeordneten Pferden stehend dargestellt.

Die von Diocletian angestrebte Wiederbelebung des Iupiter-Kultes als Staatsreligion und die Ableitung seiner eigenen Herkunft von Jupiter durch die Annahme des Namens Iovius hat natürlich auch den Dioskuren und ihrem Kult Auftrieb gebracht. So gibt es auch Darstellungen der Dioskuren auf nordafrikanischer Keramik.

Das Mittelfeld der Dioskuren-Tabletts, die bisher mit zwei unterschiedlichen Randfriesen bekannt sind, zeigt in der Mitte einen Krater, wie er auch von anderen Tabletts bekannt ist. Er trennt zwei einander vor ihren Pferden gegenüberstehende, rückwärtsblickende Reiter in orientalischer Tracht. Der rechte hält eine Lanze schräg im linken Arm, der linke hält sie waagerecht in der Rechten. Mit der anderen Hand führen beide jeweils ihr Pferd am Halfter.

Über der Darstellung ist die Inschrift ORATIONIBVS SANTORVM PE/RDVCET DOMINVS mit Doppelstrichen eingeritzt („Durch die Gebete der Heiligen führt uns der Herr").

Die beiden bisher belegten Randfriese zeigen einmal in den Ecken je einen Kantharos, in der Mitte der Langseiten das Felsengrab des Lazarus, dazwischen je einen zur Ecke springenden Löwen, an den Schmalseiten zwei auseinanderspringende gefleckte Panther (vgl. die Abbildung S. 135). Der zweite Fries hat in den beiden oberen Ecken jeweils ein juwelenbesetztes Monogrammkreuz *(crux gemmata)* wie auf der Lampe Nr. 116 und in den beiden unteren Ecken je eine Gewandfigur mit Kranz in der ausgestreckten Rechten sowie an den Schmalseiten je zwei und an den Langseiten je drei männliche Gewandfiguren (sechs frontal gesehen mit erhobenem linken Arm, vier nach rechts gewandt mit ausge-

ORATIONIBVSSANTORVMPE
RDVCEATDOMINVS

Rekonstruiertes Dioskuren-Tablett

streckter linker Hand). Die Zwölfzahl der Figuren in Verbindung mit dem Monogrammkreuz läßt an die zwölf Apostel denken (ganz sicher ist dieser Fries nicht, da es nur eine Beschreibung — welche das Kreuz nicht erwähnt — sowie zwei entsprechende Scherben gibt, die wiederum nichts vom Mittelfeld überliefern).

219 Fragment eines Dioskuren-Tabletts
Nordafrika
Zweite Hälfte 4./erste Hälfte 5. Jahrhundert n.Chr.
München, PStslg. Inv. 1970, 1794
Die Scherbe zeigt den rechten Reiter und sein Pferd. Gut kenntlich ist die Verzierung der Gewandsäume und -falten sowie der Hosen.
Garbsch 1980, 162 Nr. 8 Taf. 18,8. — Zum Motiv: Atlante Taf. 79,4 (Motiv D XIII).

Meeresszenen-Fries auf Pegasus-Tablett

Maritime Szenen mit Triton und Nereide

Der Triton ist ein Fabelwesen, halb Fisch, halb Mensch. Als Sohn des Poseidon und der Amphitrite wird der Seedämon zunächst mit einem Schwanz, seit dem 4. Jahrhundert v.Chr. auch zweischwänzig dargestellt, teilweise auch mit kentaurenartigem Vorderleib. Allmählich geht man dazu über, aus dekorativen Erfordernissen den Triton zu verdoppeln oder noch weiter zu vermehren und zu differenzieren bis hin zu ganzen Tritonenfamilien und einem Meerthiasos, in dem Nereiden auf Tritonen sitzen und Eroten auf ihren Schwänzen reiten. Auch bei der Darstellung der Meerfahrt der Aphrodite finden sich Tritonen in ihrem Gefolge.

Die idyllische Glücksstimmung solcher Meeresszenen wird — speziell auf Grabmonumenten — mit der Reise des Verstorbenen zu den Inseln der Seligen in Verbindung ge-bracht, auch wenn diese Deutung nicht unumstritten ist. Solche Szenen finden sich z.B. auf dem Deckel des Hochzeitskästchens des Secundus und der Proiecta der Zeit um 380 n.Chr. vom Esquilin in Rom (heute im British Museum, London) oder auf dem Sarkophag der Curtia Catiana in der Praetextatus-Katakombe zu Rom aus dem 4. Jahrhundert. Ein Diptychon mit Selene und Helios (Luna und Sol) in Sens vom Anfang des 5. Jahrhunderts teilt die Szene auf: auf einer Tafel drei Tritone, auf der anderen eine jeweils von Fischen und Delphinen umspielte Nereide. Noch im 6. Jahrhundert finden sich auf einer Elfenbeintafel an der Domkanzel zu Aachen zwei Nereiden auf Tritonen.

Die in der Ausstellung gezeigten keramischen Darstellungen Nr. 221—229 haben eine nahe Parallele im Arion-Mosaik der kaiserlichen Villa von Piazza Armerina auf Sizilien (Anfang 4. Jahrhundert).

Kat.-Nr. 220

Als Nereiden werden die 50 oder 100 Töchter des Nereus und der Doris bezeichnet. Homer nennt 34, Hesiod 51 Nereiden namentlich. Sie verkörpern die Kräfte, Eigenheiten und Gaben des Meeres. Am bekanntesten sind Amphitrite, die Gattin des Poseidon und Mutter des Triton, sowie Thetis, die Gattin des Peleus und Mutter Achills.

Maritime Szenen sind Sinnbilder unbeschwerten, friedvollen und heiteren Wohllebens. Den Ausdruck irdischer Glückseligkeit steigern noch Eroten, die sowohl mit Triton und Nereide zusammen wie auch in eigenen Szenen als fröhliche Angler und Fischer gezeigt werden.

220 Silberplatte mit Seethiasos und dionysischem Thiasos
Mildenhall, Suffolk, England (Teil eines 1942 geborgenen Schatzfundes)
4. Jahrhundert n.Chr.
Dm 60,5 cm
London, British Museum Inv. 1946, 10—7.1 (Nachbildung Ipswich, Museum)

Die massive Silberschale zeigt im Mittelmedaillon Oceanus als Personifikation des Meeres, in dem — um das Medaillon herum — Nereiden, Tritone und Seeungeheuer sich tummeln. Im äußeren, größten und breitesten Kreis ist ein dionysischer Thiasos dargestellt. Oben in der Mitte steht Dionysos nackt bis auf Sandalen und um den linken Arm geschlungenen Mantel, das linke Bein auf einem ruhenden Panther, in den Händen Thyrsosstab und Weintraube. Rechts reicht ein Silen ihm eine Schale mit Wein, links tanzt eine Mänade. Im Uhrzeigersinn folgen mehrere Gruppen: ein bocksfüßiger Pan mit Syrinx springt über einen Beutel mit Früchten, ihm gegenüber tanzt eine Mänade mit Tympanon. Es folgt ein weiterer tanzender Satyr und eine Mänade mit Tamburin, anschließend eine Dreiergruppe: der nackte trunkene Hercules — neben ihm Keule und Löwenfell — wird von zwei Satyrn gestützt. Als letzte Gruppe folgt eine Mänade mit Zymbeln und ein Satyr mit Pedum. Panflöte, Cymbeln, Peda, Kannen, Schale, Tamburin, eine Maske auf Sockel und ein springender Panther füllen den freien Raum zwischen den Füßen der Thiasos-Teilnehmer.

Das Mittelmedaillon ist perlstabgesäumt, der folgende Kreis wird durch aneinandergereihte Muscheln vom äußeren Fries abgegrenzt, während dieser durch stilisierte Blätter vom äußeren Buckelrand abgesetzt ist.

Der Seethiasos wird im allgemeinen mit Jenseitsvorstellungen und Totengeleit in Verbindung gebracht, während der dionysische Thiasos eher an die Freuden des Lebens erinnert.

Die Darstellung der Nereiden läßt gut die Abhängigkeit der Keramiktabletts im allgemeinen und der entsprechenden Darstellungen von Nereiden auf dem Randfries der Achilles-Tabletts im besonderen erkennen (vgl. Nr. 194).

Age of Spirituality Nr. 130 mit Lit. (K.J. Shelton); K.S. Painter, The Mildenhall Treasure. Roman Silver from East Anglia (1977).

221 Fragment eines Nereiden-Tabletts
Nordafrika
Zweite Hälfte 4. Jahrhundert n.Chr.
München, PStslg. Inv. 1988, 3003

Die Scherbe vom Mittelfeld ist verbrannt, die Oberfläche daher stumpf und braun verfärbt. Sie zeigt die rechte Hälfte der Darstellung mit dem Körper der auf einem Seepferd reitenden Nereide. Rechts neben ihrem nicht erhaltenen Kopf ist der ihr leicht zugewandte Kopf des Hippokampen zu erkennen, darunter seine beiden Flügel.

222 Fragment eines Nereiden-Tabletts
Nordafrika
Zweite Hälfte 4. Jahrhundert n.Chr.
Privatbesitz

Die Scherbe vom Mittelfeld ergänzt die vorangehende Scherbe Nr. 221 um den Kopf der Nereide, der leicht nach links gewendet ist. Sie trägt eine Perlenkette.
Garbsch 1981, 108 Nr. 4 Taf. 7.1,4 (nicht als Nereide erkannt).

223 Fragment eines Nereiden-Tabletts
Nordafrika
Zweite Hälfte 4. Jahrhundert n.Chr.
Privatbesitz

Die Scherbe vom Mittelfeld setzt die Darstellung der Scherben Nr. 221 und 222 nach links fort mit dem erhobenen rechten Arm der Nereide; in der Hand hält sie einen Schleier. Darunter ist vor den Windungen des Hippokampen-Körpers ein Triton mit Krebszangen auf dem Kopf zu erkennen, der eine Muschel in der erhobenen Rechten hält.
Garbsch 1981, 108 Nr. 5 Taf. 7.1,5.

224 Fragment eines Nereïden-Tabletts
Nordafrika
Zweite Hälfte 5. Jahrhundert n.Chr.
Privatbesitz

Die Scherbe vom Mittelfeld bringt den linken unteren Abschluß der Darstellung mit dem von Nr. 223 bekannten Triton.
Garbsch 1981, 108 Nr. 6 Taf. 7.1,6.

225 Fragment eines Nereïden-Tabletts
Nordafrika
Zweite Hälfte 4. Jahrhundert n.Chr.
München, PStslg. Inv. 1984, 3628

Die Scherbe vom Mittelfeld läßt erstmals ein bisher so klar nicht kenntliches bzw. zuweisbares Detail vom unteren Rand des Bildfeldes erkennen: links neben dem rechten Bein der Nereïde springt ein kleiner geflügelter Amor ins Wasser (auf einem Tablettrand, einem Teller und einer Lampe trägt die gleiche Applike eine Fackel in den ausgestreckten Händen).
Zum Amor: Atlante Taf. 86,7 (Motiv 115).

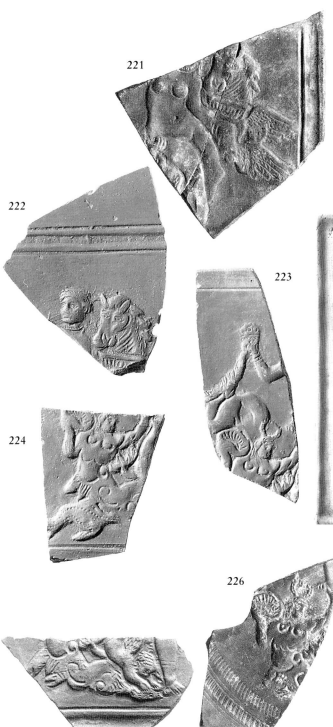

221

222

223

224

225

226

226 Fragment einer Nereïden-Platte
Nordafrika
Zweite Hälfte 4. Jahrhundert n.Chr.
München, PStslg. Inv. 1984, 3627
Das Stück beweist, daß die gleichen Appliken, welche zur Herstellung der Patrizen für Tablett-Model verwendet wurden, auch bei der Dekoration von runden Platten Anwendung fanden. Erhalten ist die linke untere Ecke mit dem muschelhaltenden Triton.

227 Mittelfeld eines Nereïden-Tabletts
Ergänzte Nachbildung nach den Scherben Nr. 221—226 durch Ute Schnetzer (München)
München, PStslg.

Die Nachbildung vermittelt einen Eindruck der Gesamtkomposition mit Nereide und Hippokamp sowie Triton und Amor. Ob der Triton die Nereide Oceanus zuführt, wie bei anderen Darstellungen vermutet wird, geht aus der Szene nicht hervor.
Die Darstellung weicht sehr stark ab von der Darstellung auf gleichzeitigen oder etwas älteren Tellern.

228 Fragment von Nereïden-Platte
Nordafrika
Zweite Hälfte 4. Jahrhundert n.Chr.
München, PStslg. Inv. 1984, 3626
Eine große Applike füllt die obere Hälfte des Mittelfeldes. Von links schwimmt ein jugendlicher Meerkentaur mit Krebsscheren im Haar, umgehängtem wehenden Mäntelchen und dreiflossigem Schwanz heran und greift mit beiden Händen nach

den Hüften einer nackten Nereïde, die reichen Schmuck trägt (am rechten Arm Armring und zwei Oberarmringe, am Hals ein Collier). In der erhobenen Rechten hält sie einen Spiegel am angelöteten rückwärtigen Griff.
Unten links hat sich ein Applikenrest wohl eines Meerestieres erhalten.

229 Fragment von Nereïden-Platte
Nordafrika
Zweite Hälfte 4. Jahrhundert n.Chr.
München, PStslg. Inv. 1984, 3627
Die Scherbe erweitert die Darstellung nach unten: sie zeigt von links den Vorderhuf des Seekentauren, daneben den Fuß der Nereïde, der erkennen läßt, daß sie offensichtlich nicht völlig nackt war, sondern das Gewand oder ein Tuch nur auf die Schenkel herabgerutscht war. Unter der großen Applike sind weitere Meeresbewohner appliziert; links ist der Hals eines Schwans erhalten, rechts daneben ein nach rechts schwimmender Fisch mit zwei Rückenflossen. Der Schwan begegnet sonst auf einem Teller mit der Geschichte von Leda.

230 Fragment von Nereiden-Teller
Nordafrika
Zweite Hälfte 4. Jahrhundert n.Chr.
München, PStslg. Inv. 1988, 3015
Die Bodenscherbe zeigt den Oberkörper einer Nereide. Hinter ihr wölbt sich ein Tuch empor, das sie mit der Rechten hält, während im linken Arm ein Stab liegt.

231 Große Meeres-Platte mit profilierten Griffen ▷
Nordafrika
4. Jahrhundert n.Chr.
Dm 37 cm
München, PStslg. Inv. 1987, 994
Der Applikendekor zeigt in den Griffen je eine identische bärtige Oceanus-Maske mit Krebsscheren in den Haaren. Die Maske wird flankiert von einer See-Antilope und einer See-Löwin bzw. einer See-Gazelle und einem See-Löwen. Auf den Langseiten wird ein Delphin und ein Tintenfisch bzw. ein Boot mit zwei Ruderern jeweils von einem bzw. zwei Fischen mit neun- oder zehnfach geteilter Rückenflosse flankiert.

232 Kleine Meeres-Platte mit profilierten Griffen (Abb. S. 186)
Nordafrika
4. Jahrhundert n.Chr.
Dm 26 x 21 cm
München, PStslg. Inv. 1980, 5849
Die einfach profilierten Griffe sind verziert mit der Applike eines See-Hirsches nach rechts bzw. der vom vorangehenden Stück bekannten See-Gazelle nach rechts (der Leib nicht korrekt ergänzt). Die beiden Langseiten sind horizontal beschnitten und zeigen jeweils einen großen großschuppigen Fisch mit massigem Maul nach rechts.
Terra Sigillata Nr. N 21.

233 Fragment von Meeres-Platte
Nordafrika
4. Jahrhundert n.Chr.
München, PStslg. Inv. 1988, 3016
Die Randscherbe zeigt eine bärtige Oceanus-Maske mit Krebsscheren im Haar.

234 Fragment von Meeres-Platte
Nordafrika
4. Jahrhundert n.Chr.
München, PStslg. Inv. 1988, 3010
Die Bodenscherbe zeigt eine bärtige Oceanus-Maske mit Krebsschere im Haar.

Kat.-Nr. 231

Kat.-Nr. 232

235 Fragment von Meeres-Platte
Nordafrika
Zweite Hälfte 4. Jahrhundert n.Chr.
München, PStslg. Inv. 1988, 3016
Die Randscherbe zeigt eine achtbeinige Krabbe (Octopus).
Zum Typ: Atlante Taf. 82,14 (Motiv 44); 143,1.

236 Fragment von Meeres-Tablett
Nordafrika
Zweite Hälfte 4. Jahrhundert n.Chr.
München, PStslg. Inv. 1984, 3621
Das Randfragment zeigt eine Seeantilope mit geringeltem zweiflossigen Schwanz und Rücken- und Brustmähne nach rechts.

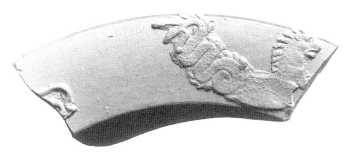

239b Fragment von Meeresplatte
Ägypten, wohl Alexandria
4. Jahrhundert n.Chr.
München, Staatl. Sammlung Ägyptischer Kunst Inv. 4214
Die Randscherbe zeigt einen Fisch nach links.
M. Mackensen, Arch. Anzeiger 1981, 535 Nr. 1 Abb. 1,1.

237 Fragment von Meeres-Platte
Nordafrika
Zweite Hälfte 4. Jahrhundert n.Chr.
München, PStslg. Inv. 1984, 3632
Die Randscherbe zeigt links den Rest eines Löwen nach links, daneben einen Seelöwen mit mehrfach geringeltem dreiflossigen Schwanz nach rechts. Ein genauer inhaltlicher Bezug der beiden Tiere zueinander ist nicht auszumachen.

238 Fragment von Meeres-Platte
Nordafrika
Zweite Hälfte 4. Jahrhundert n.Chr.
München, PStslg. Inv. 1988, 3008
Die Randscherbe zeigt einen Delphin mit dreiflossigem Schwanz nach rechts.

240 Delphin-Lampe
Unbekannt (Nordafrika?)
4./5. Jahrhundert n.Chr.
L 12,2 cm (Schnauze eingedrückt)
München, PStslg. Inv. 1988, 3036
Die Lampe der typischen großen nordafrikanischen Form besteht aus Blei. Im Spiegel Delphin nach rechts, Schulterdekor unkenntlich. Patrize oder Probeguß?

239 Fragment von Meeres-Platte
Nordafrika
Zweite Hälfte 4. Jahrhundert n.Chr.
München, PStslg. Inv. 1988, 3017
Die Randscherbe zeigt einen von zahlreichen Darstellungen bekannten dicklichen Fisch nach rechts.

239a Zwei Fragmente von Meeres-Fries eines Tabletts
Nordafrika
Zweite Hälfte 4. Jahrhundert n.Chr.
Privatbesitz
Die Randscherben zeigen je einen Fisch nach rechts.

241 Fragment von Eroten-Teller
Nordafrika
Zweite Hälfte 4. Jahrhundert n.Chr.
München, PStslg. Inv. 1984, 3636
Zwei Appliken zeigen eine Meeres-Szene: links ein großer Fisch mit zwei Bauchflossen, rechts ein großes Segelboot mit mindestens vier Eroten. Der linke Putto beugt sich über Bord, sein Nachbar hält mit beiden Händen eine Angel oder das Haltetau eines Schleppnetzes; neben ihm steht ein weiterer Putto — vielleicht der Kapitän —, gefolgt von einem weiteren sitzenden Amor.

242 Fragment von Eroten-Teller
Nordafrika
Zweite Hälfte 4. Jahrhundert n.Chr.
München, PStslg. Inv. 1983, 1232
Auf einem großen, nach links schwimmenden Delphin mit
dreiflossigem Schwanz reitet ein recht großer Amor mit einer
dreiseitigen Leier im linken Arm.
Zum Typ (komplette achteckige Platte): L. Bakker, Bonner
Jahrb. 180, 1980, 625 Abb. 2.

245 Fragment von achteckiger Eroten-Platte
Nordafrika
4. Jahrhundert n.Chr.
München, PStslg. Inv. 1988, 5688
In einem Boot mit hohem Vordersteven stehen zwei Eroten
und ziehen zwei Fischernetze ein.

243 Fragment von Eroten-Teller
Nordafrika
Zweite Hälfte 4. Jahrhundert n.Chr.
München, PStslg. Inv. 1984, 3642
Mehrere Eroten in einem Boot. Im Vordergrund sitzt ein Putto und hält mit der Rechten das Haltetau eines Fischernetzes,
rechts daneben rudert ein etwas höher sitzender Putto. Links
vielleicht zwei weitere Eroten beim Einholen eines Fischernetzes.

246 Fragment von Eroten-Platte mit gebogenem Rand
Nordafrika
4. Jahrhundert n.Chr.
München, PStslg. Inv. 1984, 3629
Zwei Eroten ziehen eine in der Aufsicht ovale Reuse mit Fi-
schen aus dem Wasser.

244 Fragment von Eroten-Platte mit profiliertem Griff
Nordafrika
Zweite Hälfte 4. Jahrhundert n.Chr.
München, PStslg. Inv. 1988, 3008
Zwei Eroten stehen im Heck eines Segelbootes, dessen Mast
nach hinten umgelegt ist, und ziehen mit aller Kraft an den
Haltetauen eines Fischernetzes.
Zum Motiv: Atlante Taf. 8b,13 (Motiv 121).

247 Fragment von Eroten-Platte
Nordafrika
4. Jahrhundert n.Chr.
München, PStslg. Inv. 1988, 3019
Zwei Eroten rudern in einem winzigen Boot, dessen Seiten-
wand mit Schraffur verziert ist. Die gleiche Applike erscheint
auf der großen Meeresplatte Nr. 231.

Bukolische Szenen mit Eroten

Wie bei den maritimen Szenen bringen die Eroten auch bei Darstellungen aus dem Landleben eine heitere und unbeschwerte Note der Glückseligkeit ins Spiel; hier wird nicht harte Landarbeit bei Weinlese und Keltern dargestellt, sondern dies ist nur das Symbol für den Freizeitvertreib ländlicher Zerstreuung, wie ihn die privilegierte Oberschicht auf ihren Landgütern betreibt.

Auf Sarkophagen wird dieses sorgenfreie Leben prospektiv auf das Jenseits proiziert.

Auf nordafrikanischer Keramik begegnen einerseits Eroten auf den Rändern von großen Platten (Nr. 244—248), auf Tellern (Nr. 241—243) sowie auf Kannen (Nr. 186, 275), andererseits aber auch fast ornamental verwendet in einem dreiteiligen, im Rapport aneinandergereihten Fries einer Weinlese (Nr. 249). Speziell dieser Fries hat enge Beziehungen zur Sarkophagplastik der Mitte des 4. Jahrhunderts, etwa zum Porphyrsarkophag der Constantina, Tochter Constantins, aus Ägypten im Vatikan oder einem ähnlichen Porphyrsarkophag-Fragment in Istanbul.

Weinleseszenen von Eroten kommen auch auf Sarkophagen mit dem Schaftträger vor, etwa einem Exemplar des 4. Jahrhunderts im Lateranmuseum zu Rom: hier ist der bukolische Zusammenhang ganz eindeutig. Das gleiche gilt für ein Gewölbemosaik im Ambulatorium des Mausoleums Sta. Costanza der 354 verstorbenen Constantina.

248 Fragment von Eroten-Teller
Nordafrika
Zweite Hälfte 4. Jahrhundert n.Chr.
München, PStslg. Inv. 1988, 3007
Hart unterhalb des Tellerrandes ist eine Applike angebracht, die zwei Eroten bei der Weinlese zeigt. Nach links laufend halten sie einen großen Korb zwischen sich, der mit frisch gelesenen Trauben gefüllt ist, an denen teilweise noch Weinlaub hängt. Der rechte Putto hält mit der Linken einen weiteren, kleineren Korb mit Trauben auf der linken Schulter. Reste von zwei weiteren Appliken lassen sich nicht eindeutig bestimmen.

249 Fragment von Eroten-Fries
Nordafrika
Zweite Hälfte 4./erste Hälfte 5. Jahrhundert n.Chr.
München, PStslg. Inv. 1987, 993
Die Tablett-Randscherbe zeigt den Rapport eines aus drei Motiven bestehenden Frieses mit Eroten bei der Weinlese, verbunden durch eine medaillonartig geführte Weinrebe. Das Relief ist zwar recht hoch, die Einzelheiten sind jedoch ziemlich verwaschen.
Man sieht zuoberst einen frontal dargestellten Putto, die Rechte zu den Trauben der Ranke erhoben, in der Linken eine gepflückte Traube. Darunter bückt sich ein Putto nach rechts, einen Korb in den Händen. Unten hält ein frontal dargestellter, nach halblinks blickender Putto in der Rechten eine Traube und in der Linken einen Korb.

250 Amor-Lampe
Nordafrika
Ende 4./Anfang 5. Jahrhundert n.Chr.
L 13,6 cm
Privatbesitz
Im Spiegel stehender Amor mit Amulett an Halskette, in der Rechten Palmwedel, in der Linken Früchtekorb.
Auf den Schultern abwechselnd gefüllte Kreise und Quadrate, an den Enden zur Schnauze Buckel.
Terra Sigillata Nr. N 88. — Zum Typ: Ennabli Nr. 200—201.
M. Mackensen, Archäol. Anzeiger 1981, 529 Abb. 2,2 und 535 f. Abb. 3.

Pegasus und die Musen

Die Musen sind Töchter des Zeus und der Mnemosyne. Ursprünglich hatte jeder Dichter eine eigene Muse als Göttin. Mit der Vielzahl der Dichter kommt es zur Vielzahl der Musen. Neben der Zahl zwei sind drei, vier, fünf, sieben, acht und neun Musen überliefert. Schließlich hat sich die von anderen Gruppen wie den Chariten (die drei Grazien Aglaia, Euphrosyne und Thalia) und den Horen (Eunomia, Dike, Eirene) bekannte Dreizahl in der Zahl 3 x 3 = 9 durchgesetzt, wobei die feste Zuordnung zu bestimmten Kunstgattungen erst in der römischen Kaiserzeit erfolgte.

Hesiod überliefert in seiner Theogonie die Namen der Musen in der folgenden rhythmischen Reihenfolge:

Κλειώ τ᾿ Εὐτέρπη τε Θάλειά τε Μελπομένη τε Τερψιχόρη τ᾿ Ἐρατώ τε Πολύμνιά τ᾿ Οὐρανίη τε Καλλιόπη ϑ᾿.

Später — d.h. aufgrund der Zuordnung der römischen Kaiserzeit — ergibt sich das folgende Bild:

1. Kalliope	Saitenspiel, Schriftrolle	Muse der Heldensage (Epik)
2. Klio	Kithara, Schreibtafel	Muse der Geschichtsschreibung
3. Melpomene	Tragische Maske	Muse der Tragödie
4. Euterpe	Flöte	Muse der Instrumentalmusik und Elegie
5. Erato	Lyra, Kithara	Muse der Lyrik
6. Terpsichore	Lyra	Muse des Tanzes
7. Urania	Himmelskugel	Muse der Astronomie
8. Thaleia	Komische Maske	Muse der Komödie
9. Polyhymnia	Barbiton (Saiteninstrument)	Muse der Pantomime

Die Musen tanzen bei den Festen der Götter auf dem Olymp. Sie werden auf dem Parnass bei Delphi mit der Quelle der Kastalia verehrt, aber auch auf dem Helikon in Boeotien bei der Quelle der Hippokrene, die nach der Sage durch den Huftritt des Pegasus entstanden ist.

Von dieser Quelle im Musental ist die moderne Bedeutung des Pegasus als „Dichterroß" entstanden. Nach antiker Vorstellung entsprang dieses Flügelroß dem Rumpf der Medusa, nachdem Perseus ihr das Haupt abgeschlagen hatte. Sein Vater war der Meergott Poseidon, der ihm später den Bellerophon schickte. Dieser fing ihn mit Athenas Hilfe, zähmte ihn und bezwang — auf seinem Rücken reitend — die Chimaira. Als er auf dem Pegasus in den Himmel reiten wollte, warf dieser ihn ab und flog allein auf den Olymp.

Vgl. auch S.102 Die Darstellung der Tränkung und Striegelung des Pegasus durch drei Musen auf nordafrikanischen Keramiktabletts nimmt Bezug auf die beschriebenen Verbindungen zwischen der Quelle Hippokrene, ihrem Wasser, ihrem Erzeuger Pegasus und ihren Nutznießern, den Nymphen. Es ist eine entspannte, gelöste Atmosphäre, und die Szene ist offensichtlich ebenfalls den Darstellungen zuzuzählen, welche eine friedvolle, bukolische Stimmung beim Betrachter assoziieren sollten.

Etwas davon sollten auch die Darstellungen der Musen auf spätantiken Sarkophagen für die Reise der Toten als trödtliche Botschaft vermitteln. Von Musen umgeben, führt der gebildete Tote sein bisheriges Leben und Schaffen weiter; die Musen garantieren seinen Nachruhm.

Ein solches Leben als angesehener Dichter oder Philosoph in klassischer Tradition war auch für einen Christen erstrebenswert. Man hat daher in der Forschung die Ansicht vertreten, daß die Bestattung eines Toten in einem solchen Musensarkophag keineswegs beweise, daß der Verstorbene ein Heide war. Auch dieses Motiv ist demnach von Christen aus dem klassischen Erbe ohne weiteres übernommen worden. Andere spätantike Darstellungen von Musen und Dichtern finden sich auf Elfenbeinplatten. Ein vergoldeter Silberkrug mit einem offiziellen Kontrollstempel von Konstantinopel auf der Unterseite zeigt die Gruppe der neun Musen mit ihren Instrumenten und darübergeschriebenen Namen. Er wurde um 400 n.Chr. hergestellt (heute in Moskau).

Das Vorbild der Tablettdarstellung dürften Darstellungen der neun Musen beim Schmücken des Pegasus vermittelt haben, wie sie durch ein Mosaik in der Nil-Villa von Leptis Magna im Museum Tripoli (Libyen) faßbar wird. Die Szene ist seitenverkehrt, die drei unmittelbar mit Pegasus beschäftigten Musen sind mit ähnlich lose flatternden Gewändern dargestellt, und die Szene auf den Tabletts erweckt den Eindruck, man habe dieses Mittelstück der Musenversammlung aus dem Mosaik herausgenommen.

251 Model für das Mittelfeld eines Pegasus-Tabletts
Nordafrika
Zweite Hälfte 4. Jahrhundert
L 32, B 26, D 63 cm
München, PStslg. Inv. 1988, 5684
Die aus Gips bestehende Model diente zur Verzierung des Mittelfeldes von Tabletts, der dort erhaben auftretende Dekor ist somit hier negativ, außerdem sind die Seiten verkehrt. Die Model wurde von einer positiven Patrize oder einem kompletten Tablett abgenommen.
Die Beschreibung erfolgt nach einem Abdruck: In der Mitte führt ein Putto mit Palmzweig das geflügelte Pferd an einer aus Blumen geflochtenen Kette nach rechts, während eine Nymphe Pegasus aus einer flachen Schale tränkt oder füttert, eine zweite,

kniende Nymphe sein vorderes Standbein frottiert, striegelt oder bandagiert und links eine dritte Nymphe aus einer getriebenen Metallkanne Wasser über seinen Schweif gießt.
Lose fallende Chitone betonen die sonstige Nacktheit der Nymphen, die als einzigen Schmuck Perlenhalsketten tragen (die mittlere Nymphe hat eine zweireihige Kette). Die Gewänder haben verzierte Säume, die bei der mittleren und hinteren Nymphe aus den gleichen aneinandergereihten Kreispunzen wie bei den Perlen bestehen, während es sich bei der vorderen Nymphe um Punktpunzen handelt. Die gleiche Kreispunze wie für die Perlen wurde auch für die Brustwarzen der Nymphen benutzt (was auf dem ausgeformten Tablett zu einer vertieften statt erhabenen Wiedergabe führt).
Die bukolische Szene spielt auf die Quelle Hippokrene („Pfer-

191

dequelle") am Helikon an, die Pegasus durch einen Hufschlag hatte entstehen lassen und die den Musen heilig war.

Die schrägen Kanten der Model (entsprechend der Tablettschräge) zeigen teilweise am Ende Bruchkanten, die als Reste der hier ursprünglich ansetzenden Horizontalrandes aufzufassen sind. Wie die meisten Pegasus-Model und -Tabletts zeigt auch dieses Stück ein recht flaches Relief.

Garbsch 1989, 244 ff. Taf. 23. — Zum Typ vgl. Age of Spirituality Nr. 144 mit Lit. (S.R. Zwirn); Atlante Taf. 79,5—6 (Motiv D XIV).

252 Pegasus-Tablett

Carnuntum, Niederösterreich (aus den Thermen der Zivilstadt)

Erste Hälfte 5. Jahrhundert n.Chr.

B 35 cm, L etwa 45 cm

Bad Deutsch Altenburg, Museum Carnuntinum

Das Mittelfeld zeigt den von Amor geführten Pegasus und die drei Musen. Über der Szene ist — nach der Ausformung, aber vor dem Brand des Tabletts bzw. der zugrundeliegenden Patrize — als zusätzlicher Dekor eine Weinranke mit Trauben über zwei Kantharoi eingeritzt.

Den Rand verziert an der Schmalseite eine dreiteilige Tafel: links der sitzende Odysseus mit gezogenem Schwert, in der Linken einen Becher haltend, im Hintergrund zwei seiner in Schweine verwandelten Gefährten, rechts die zu Tode erschrockene, niederknieende Kirke, in der Mitte eine gleicharmige Waage und ein Gefäß, in dem die Zauberin wohl den Zaubertrank gemischt hatte, darüber ihr griechischer Name KIPKH (Circe). Die Darstellung nimmt Bezug auf die Szene im 10. Gesang der Odyssee, wo Odysseus auf Rat des Hermes mit gezogenem Schwert die Rückverwandlung seiner Gefährten erzwingt (321 ff.).

Der Langseitenfries ist nur teilweise erhalten. In einer Ecke ist Victoria mit Siegeskranz und Palmwedel dargestellt, auf der gegenüberliegenden Ecke ebenfalls mit Palmwedel, dazu eine weitere weibliche Gestalt und eine fackeltragende Ceres.

Das Tablett ist das bisher nördlichste Zeugnis des Handels mit solchen Produkten des römischen Nordafrika.
J. Zingerle, Tonschüssel aus Carnuntum. Österr. Jahreshefte 10, 1907, 330 ff. Taf. 8; M. v. Groller, Der römische Limes in Österreich 9 (1908) 71 ff. Abb. 31 f.; Hayes 85 f. Nr. 14; Garbsch 1980, 167 ff. Abb. 7; 193.

Fragmente von Pegasus-Tabletts

253 Mittelfeldscherbe: Kopf der rechten Nymphe, darüber rechtes Drittel einer Tafel mit Odysseus und Kirke.
Privatbesitz
Garbsch 1981, 107 Nr. 1 Taf. 7.1,1.

254 Mittelfeldscherbe: Hinterteil des Pegasus zwischen Nymphen.
Privatbesitz
Garbsch 1981, 107 Nr. 2 Taf. 7.1,2.

255 Mittelfeldscherbe: Oberkörper der mittleren Nymphe.
Privatbesitz
Garbsch 1981, 107 Nr. 3 Taf. 7.1,3.

256 Mittelfeldscherbe: Oberkörper der rechten Nymphe, darüber eingeritzte Inschrift (PE)GASI.
München, PStslg. Inv. 1970, 1795
Während auf Modeln und Tabletts der Kopf der rechten Nymphe stets frontal und plastisch wiedergegeben ist, zeigt diese Scherbe ihn und die übrigen Körperdetails in Ritz- und Punztechnik.
Da die Scherbe nicht völlig plan ist, könnte man sie in Anbetracht dieser Dekortechnik auch einer großen runden Platte mit Ritz- und Stempeldekor zuweisen. Dafür fehlt aber das entscheidende Indiz der Drehrillen, und umgekehrt ist auch bei Tabletts gelegentlich eine Unebenheit des Mittelfeldes nachzuweisen.
So könnte man den abweichenden Dekor mit einer lokalen Beschädigung der Tablettmodel erklären: die abgenutzte oder ausgebrochene Partie wurde mit Gips gefüllt und anschließend die Nymphe in Ritz- und Punztechnik (Auge als Rhombus, Haaransatz und Perlenketten mit Punktpunzen) eingearbeitet. Wie dem auch sei, das Stück steht jedenfalls am Ende der Entwicklung des Pegasus-Motivs auf nordafrikanischer Keramik. Dies geht auch aus der Beifügung einer Beschriftung hervor: Man konnte nicht mehr mit allgemeiner Kenntnis des dargestellten Mythos rechnen. Zum Genetiv PEGASI ist wohl am ehesten in der linken Bildhälfte ein Substantiv zu erwarten, welches die Pflege oder Betreuung durch die Nymphen ausdrückt.
Garbsch 1980, 161 Nr. 4 Taf. 17,4.

257 Dichter- und Musen-Diptychon

Seit etwa 900 n.Chr. im Domschatz von Monza
Um 500 n.Chr.
H 34 cm
Monza, Tesoro del Duomo (Nachbildung Frauenchiemsee, Torhalle)

Die beiden Elfenbeintafeln zeigen in einem jeweils durch Architektur, Möblierung und Vorhänge angedeuteten Innenraum einander zugekehrt Muse und Dichter: der Dichter lauscht dem Spiel der Muse.

Die Muse in eng gefältelter Tunica und über den Kopf gezogenem Mantel trägt einen Blütenkranz im Haar und hält mit der Linken die auf einem Postament aufstehende elfsaitige Leier, welche sie mit dem Plektron in der Rechten schlägt.

Der Dichter sitzt im Himation auf einem kissengepolsterten Hocker, das linke Bein über das rechte geschlagen, den rechten Fuß auf einen Schemel gestützt. In der Rechten hält er eine Buchrolle, eine weitere liegt vor dem Schemel am Boden, rechts daneben ein Codex oder Diptychon.

Den Dichter hat man mit Boethius, Ennius, Ausonius oder Claudius Claudianus identifizieren wollen, doch ist sicher kein solcher individueller Bezug beabsichtigt.

Volbach Nr. 68 mit Lit.; H. Dannheimer, Torhalle auf Frauenchiemsee ²(1981) 110 Nr. C 13 Taf. 59.

Kat.-Nr. 258—259

Tribunal und Arena

Tribunal-Tabletts zeigen — ähnlich einer Reihe von Elfenbein-Diptychen, welche als unmittelbare Vorbilder gedient haben dürften — in einem festen Schema in zwei Registern oben den oder die Spielgeber (meist mit Begleitern) hinter der hermengeschmückten Balustrade der Ehrenloge und darunter das Geschehen in der Arena, deren bauliche Details bis hin zu den Zwingertüren angegeben sind.

Meist ist eine Jagd (venatio) oder ein Tierkampf dargestellt, wobei die Bandbreite vom unblutigen Zirkusspiel bis zur blutigen Tierhatz reicht. Die Teilnehmer (venatores, bestiarii) tragen meist eine lederne Weste, die den linken Arm und den Oberkörper schützend bedeckt, dem rechten Arm aber volle Bewegungsfreiheit läßt. Auch Akrobaten, welche die Tiere nur zu reizen und zu narren suchen, werden gezeigt. Nach dem Verbot der Gladiatorenspiele durch die christlichen Kaiser war nur dieser Nervenkitzel in der Spätantike erlaubt. Die Darstellung all dieser Spiele dient zunächst der Selbstdarstellung der illustren Veranstalter und Stifter dieser Volksbelustigungen, deren Ansehen und Einfluß auch auf diesem

Wege gemehrt werden sollte, waren doch die Kosten für die beliebten Zerstreuungen der städtischen Volksmassen enorm: vom Fang und Transport der Tiere in fernen Provinzen über das Engagement von Tierkämpfern bis zur Stiftung der beträchtlichen Siegespreise (die gelegentlich auch im Bild gezeigt werden). Daneben kann eine solche Darstellung aber auch verstanden werden als Illustration der Überlegenheit des Menschen über die Natur. Diese immanente Tendenz verbindet solche Darstellungen z.B. mit den Taten des Hercules als Verkörperung der römischen virtus.

Die Beliebtheit der Veranstaltungen findet ihren Niederschlag auf zahlreichen Mosaiken in Italien und Nordafrika, aber auch auf Elfenbeindiptychen der Spätantike.

258 Fragment eines Tribunal-Tabletts
Nordafrika
Um 400 n.Chr.
München, PStslg. Inv. 1970, 1796
Die Mittelfeldscherbe zeigt in ursprünglich hochrechteckigem, von kleinen eingestempelten Rhomben gerahmten Feld zwei der ehemals drei auf dem Tribunal sitzenden bärtigen Männer, darüber eine eingeritzte *tabula ansata* mit dem Inschriftrest ERE (und zwei Hirseähren oder Zweige), was zu MVNERE zu ergänzen ist. Rechts ist der Kopf des bärtigen Mannes erhalten, der den Siegespreis über die Brüstung in die Arena hängen läßt.
Garbsch 1980, 162 Nr. 6 Taf. 18,6. — Zum Motiv: Atlante Taf. 79,9 (Motiv C X).

259 Fragment eines Tribunal-Tabletts
Nordafrika
Um 400 n.Chr.
München, PStslg. Inv. 1970, 1797
Die Mittelfeldscherbe zeigt als Fortsetzung der vorangehenden Nr. 258 nach unten einen Teil der Balustrade mit hermengekröntem Pfeiler und Gitter, hinter der die Magistrate sitzen, links die Säule, welche den Mittelteil des Tribunals von der linken Seitenloge trennt (hier saß ein weiterer Mann als Begleiter der Beamten). Unterhalb der Balustrade sind durch Ritzung die Bogen der Tore zur Arena angegeben. Von den dort tätigen Akteuren ist nur der Oberkörper eines Venators mit nach rechts eingelegtem Spieß erhalten.
Garbsch 1980, 162 Nr. 7 Taf. 18,7.

260 Zwei Fragmente von Tierkampf-Tablett
Nordafrika
Ende 4./erste Hälfte 5. Jahrhundert n.Chr.
Privatbesitz
Die beiden Scherben vom Mittelfeld (ein Stück vom rechten oberen Rand und ein Stück aus dem unteren Bereich) zeigen mehrere Reihen von jeweils zwei Tieren, die spielerisch oder kämpferisch gegeneinander anspringen: auf dem rechten Stück sind von oben nach unten vier Tiere übereinander zu erkennen (hintere Pfote eines Tiers nach links, Bär nach rechts, der mit dem Maul nach dem darunter nach links laufenden Bären schnappt, und der Rücken eines weiteren Bären), auf dem unteren Stück springt von links ein Bär auf den Rücken eines Stiers, der durch eine breite Leibbinde als Opfertier charakterisiert ist.
Garbsch 1981, 108 Nr. 8—9 Taf. 7.1,8—9. — Zum Motiv: Atlante Taf. 79,1 (Motiv C IX).

261 Fragment von achteckiger Tierkampf-Platte
Nordafrika
Zweite Hälfte 4. Jahrhundert n.Chr.
München, PStslg. Inv. 1988, 3005
Auf der Randscherbe ist ein kniender Venator in gegürteter Tunica nach links dargestellt, der einen runden bzw. oval wiedergegebenen Rahmen eines großen Netzes mit beiden Armen hinter sich hochhält. Mit dem linken, sandalen- oder beinschienbewehrten Bein kniet er innerhalb des Netzrandes.

262

262 Fragment von Tierkampf-Platte
Nordafrika
Zweite Hälfte 4. Jahrhundert n.Chr.
München, PStslg. Inv. 1988, 5687
Die Randscherbe zeigt einen Venator in gegürteter langärmliger Tunica nach rechts. Er hält in der Linken einen rechteckigen Schild mit profiliertem Rand, Eckbeschlägen und Schildbuckel.
Zum Motiv: Atlante Taf. 85,4 (Motiv 96).

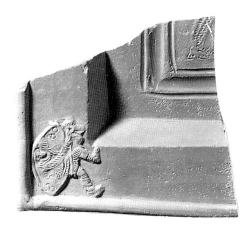

265 Fragment von Tierkampf-Tablettfries
Nordafrika
Zweite Hälfte 4. Jahrhundert n.Chr.
Privatbesitz
Die Eckscherbe zeigt in der Ecke einen Venator mit erhobenem Ovalschild und eingelegter Lanze nach rechts. Im Mittelfeld war wohl eine Szene in der Arena dargestellt (Bein eines Venators).
Zum Typ: Garbsch 1980, 172 Abb. 10.

263 Fragment von Tierkampf-Platte
Nordafrika
Zweite Hälfte 4. Jahrhundert n.Chr.
München, PStslg. Inv. 1984, 3635
Die Randscherbe, die unterhalb des Umbruchs mit von außen spitzoval eingedrückten Buckeln verziert ist, zeigt einen großen Panther, der mit gesenktem Kopf zähnefletschend nach rechts schaut.

264 Fragment von achteckiger Tierkampf-Platte mit eingezogenen Seiten
Nordafrika
5. Jahrhundert n.Chr.
München, PStslg. Inv. 1988, 3008
Die buckelverzierte Randscherbe zeigt von links ein Pferd und einen Löwen nach rechts, denen ein Reiter in Tunica mit eingelegter Lanze in der Rechten von rechts entgegenspringt.

266 Model für Antilopen-Lampe
Nordafrika
Erste Hälfte 5. Jahrhundert n.Chr.
L 18,4 cm
München, PStslg. Inv. 1970, 1789
Im Spiegel Säbelzahnantilope nach links, auf der Schulter Pelten.
Mackensen 222 Nr. 2 Taf. 21; Terra Sigillata Nr. N 78.

267 Fragment von Tierkampf-Fries eines Tabletts
Ägypten (wohl Alexandria)
Etwa 375/440 n.Chr.
München, Staatl. Sammlung Ägyptischer Kunst Inv. 4216
(T 1003)
Die Eckscherbe zeigt einen Venator in kurzärmeliger Tunica
mit eingelegter Lanze nach rechts, darüber die Vorderpranke
eines nach rechts springenden Löwen. Zwei kleine Löcher be-
weisen, daß das Tablett einmal mit Hilfe von Bleiklammern re-
pariert wurde.
M. Mackensen, Archäol. Anzeiger 1981, 536 Nr. 4 Abb. 1,3.
— Zum kompletten Fries vgl. Garbsch 1980, 171 Abb. 9 (Pega-
sus-Tablett) und 179 Abb. 17 (Arena-Tablett). — Zum Venator: Atlante Taf. 85,2 (Moti 95).

268 Kleine Tierkampf-Lampe
Nordafrika
5. Jahrhundert n.Chr.
L 11,5 cm
München, PStslg. Inv. 1976, 113
Im Spiegel Bestiarius nach rechts, auf den Schultern abwech-
selnd Blattmotive und Rauten(?).
Mackensen 224 Nr. 6 Taf. 24,1; Terra Sigillata Nr. N 91.

Wagenrennen im Circus

In den Kreis von Arena und Circus als Unterhaltung für das
Volk gehört auch das Wagenrennen. Es sind zahlreiche Cir-
cus-Darstellungen aus der Antike auf Reliefs, Mosaiken und
Münzen überliefert (meist der Circus Maximus in Rom mit
seiner *spina,* der Mittelteilung, und den *metae,* den beiden
Wendepunkten der Rennbahn).
Besonders ausführlich ist ein Mosaik von Anfang des 4. Jahr-
hunderts in der kaiserlichen Villa von Piazza Armerina auf
Sizilien.
Noch häufiger wird jedoch der siegreiche Wagenlenker mit
seinem Gespann, der *quadriga,* gezeigt. Speziell aus El Djem
in Tunesien sind zahlreiche Zeugnisse der Rennbegeisterung
der Bevölkerung für die vier berühmten Rennfahrerdynas-
tien bekannt. Aber auch in Rom läßt sich der Konsul Junius
Bassus im Jahr 331 in einem Rennwagen als Führer der
Rennfahrer auf einer Marmorintarsie abbilden.
In der Ausstellung werden als spätantike Belege der Renn-
geisterung ein Teller mit der Darstellung eines siegreichen
Wagenlenkers mit seiner Quadriga (Nr. 269) sowie die
Scherbe eines Tabletts mit einer entsprechenden Darstellung
(Nr. 270) gezeigt. Typisch ist die Siegesgeste mit Siegerkranz
bzw. Peitsche in der Rechten und der Sieger-Palme im linken
Arm. Die vier Pferde werden in übertriebener Perspektive
paarweise auseinanderstrebend gezeigt.
In diesem Fall ist es gewiß verfehlt, einen über die Darstellung des Siegers hinausgehenden tieferen Bezug suchen zu
wollen: das Thema ist traditionell und kann allenfalls allgemein als säkularisierte Form jenes Heroenbildes aufgefaßt
werden, für das Achill und Hercules aufgrund ihrer Leistun-
gen zu Prototypen wurden. Aus diesem Grund wird auf
Münzen und Gemmen auch der Kaiser auf einen Rennwagen
als triumphierender Sieger gezeigt: Das Siegesmotiv verheißt
Glück.
Immerhin vergleicht aber der Apostel Paulus das menschliche Leben mit dem Wettlauf im Zirkus, an dessen Ende Preis
oder Strafe stehen (2. Brief an Timotheus 4,7—8, vgl. auch
Hebräer 12,1—2).

269 Quadriga-Teller
Nordafrika
Zweite Hälfte 4. Jahrhundert n.Chr.
Dm 19 cm
Mainz, RGZM Inv. 0.39581
Eine große Applike füllt mehr als die Hälfte des Tellers: Auf
einer waagrechten Bodenlinie ist eine Quadriga dargestellt, de-
ren vier Pferde je zu zweit nach außen auseinanderstreben. Sie
sind im Trab fast in Seitenansicht wiedergegeben (so daß sie

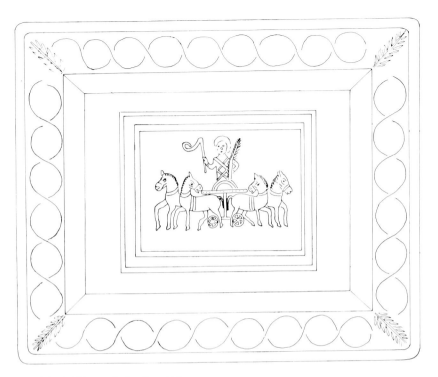

Quadriga-Tablett mit Ranken-Fries

eigentlich den Wagen auseinanderreißen müßten). Die acht-
speichigen Räder des leichten Wagens sind jeweils zwischen
den Vorderbeinen der inneren (vorderen) Pferde sichtbar.
Hinter der gebogenen Brüstung des Wagens steht der Wagenlenker. Er blickt nach halblinks und hält in der Rechten den
Siegeskranz, in der Linken den Palmzweig als weiteres Sieges-
zeichen.
Auch der unter dem Viergespann liegende breite Palmzweig ist
vielleicht als eine betonte Wiederholung des Siegermotivs zu
verstehen.
Age of Spirituality Nr. 98 (R. Brilliant) mit Abb.

Die Scherbe vom Mittelfeld des Tabletts zeigt den nach halblinks blickenden Wagenlenker. Er hält in der Rechten die Peitsche, in der Linken den Palmzweig als Zeichen des Sieges. Von
der Quadriga sind nur die zurückgewandten, also nach innen
zueinander blickenden Köpfe der beiden mittleren Pferde erhalten.
Garbsch 1981, 108 Nr. 10 Taf. 7.2,10. — Zum Motiv: Atlante
Taf. 78,4 (Motiv C IV; seitenverkehrt abgebildet).

270 Fragment von Quadriga-Tablett
Nordafrika
Zweite Hälfte 4. Jahrhundert n.Chr.
Privatbesitz

Die Jagd

Jagddarstellungen sind im 4. Jahrhundert auf Sarkophagen äußerst häufig, aber auch in anderen Medien wie Mosaiken und kleineren Objekten, etwa polychrom mit Silber und Kupfer eingelegten Bronzebeschlägen, Silbergefäßen, textilen Darstellungen und Elfenbeinpyxiden.

Die Jagd ist seit jeher ein Privileg des Herrschers und der Oberschicht. So gehört sie im 4. Jahrhundert zu den Vergnügungen der Großgrundbesitzer und des Kaisers, wie Mosaiken z.B. in der kaiserlichen Villa von Piazza Armerina auf Sizilien oder in den Villen Tunesiens zeigen. Unbelastet von den kostspieligen Verpflichtungen der Hauptstadt kann man hier jagen, in bukolischer Umgebung tafeln oder maritimen Vergnügungen wie Bootfahren, Fischen und Angeln nachgehen.

So findet sich denn auch die ausführlichste überlieferte Jagddarstellung (bis hin zum Transport der Tiere auf vierrädrigen Spezialwagen und ihrer Einschiffung zum Transport nach Rom) auf einem fast 60 m langen Mosaik in der kaiserlichen Villa von Piazza Armerina in Sizilien (Anfang 4. Jahrhundert). Hier ist u.a. auch das Einfangen einer Säbelzahnantilope wiedergegeben, wie sie auf der Lampe Nr. 266 dargestellt ist (dort zusammen mit Bison und Tigerweibchen).

Auf Tablett-Randfriesen kommen Jagdszenen in verschiedenen Kombinationen vor; die Abbildungen S. 201 und 203 zeigen zwei Beispiele mit Pegasus und den Musen.

272 Fragment von Jagd-Platte
Nordafrika
Zweite Hälfte 4. Jahrhundert n.Chr.
München, PStslg. Inv. 1988, 3018
Auf der Randscherbe stürmt ein Eber mit mächtigen Hauern nach links.

272a Fragment von Jagd-Platte(?)
Ägypten, wohl Alexandria
4. Jahrhundert n.Chr.
München, Staatl. Sammlung Ägyptischer Kunst Inv. 4210
Die Randscherbe zeigt einen Widder nach rechts.
M. Mackensen, Arch. Anzeiger 1981, 535 Nr. 2 Abb. 1,2.

271 Fragment von Jagd-Platte
Nordafrika
Zweite Hälfte 4. Jahrhundert n.Chr.
München, PStslg. Inv. 1988, 5691
Die Randscherbe zeigt drei Männer und ein Wildschwein, das sie mit Hilfe eines Netzes gefangen haben. Zwei Männer in langärmliger Tunica und kniehoch geschnürten Schuhen schleppen es nach rechts, während der dritte, ebenfalls in breit gegürteter Tunica, im Hintergrund beide Arme freudig hochreißt.

272b Fragment von Jagd-Teller(?)
Ägypten, wohl Alexandria
Zweite Hälfte 4. Jahrhundert n.Chr.
München, Staatl. Sammlung Ägyptischer Kunst Inv. 4208
Die Bodenscherbe zeigt einen sitzenden Leoparden nach links.
M. Mackensen, Arch. Anzeiger 1981, 536 Nr. 3 Abb. 1,3.

Jagd-Fries auf Pegasus-Tablett

273 Fragment von Jagdfries eines Tabletts
Nordafrika
Zweite Hälfte 4./erste Hälfte 5. Jahrhundert n.Chr.
München, PStslg. Inv. 1988, 5685
Die Eckscherbe zeigt links einen — wegen der Größe der Ap-
plik schräggestellten — Mann in strich- und punktverzierter,
an der rechten Schulter von einer Fibel geschlossenen Tunica.
Er hält einen langen Palmzweig in der Rechten. Anschließend
läuft ein Wildschein nach rechts. Auch diese Applike ist an
sich zu hoch für den verfügbaren Raum des Randes.

274 Fragment vom Jagdfries(?) eines Tabletts
Nordafrika
Zweite Hälfte 4./erste Hälfte 5. Jahrhundert n.Chr.
München, PStslg. Inv. 1988, 5686
Die Eckscherbe zeigt einen — wegen seiner Größe schrägge-
stellten — Mann in gegürteter kurzärmliger Tunica im Lauf
nach links. Er hat beide Arme erhoben. Es kann sich um einen
Treiber bei der Jagd handeln.

Händen eine Deckeldose; darüber Blatt; stehende nackte Venus, ein über den linken Unterarm gelegtes, hinter dem Rücken geführtes Tuch mit der Rechten haltend; Blatt; auf einer Pyxis sitzender Eros nach rechts, mit der Rechten eine Schale hochhaltend; Blatt; auf der gegenüberliegenden Seite ein Hund mit Halsband und Öse nach links, der einen Hasen im Maul hält; eine bacchische Gruppe: zwei jugendliche Satyrn mit Pedum in der Linken flankieren eine Mänade mit Stab; bärtiger stehender Silen mit nach links gewandtem Kopf und Stab in der Linken und Resten einer Hundeleine in der Rechten; Blatt.

In der mittleren Reihe treibt ein Reiter sein Pferd mit ausholendem linken Arm an, dem voransprengenden Reiter mit Rundschild und geschwungenem Speer zu folgen; dazwischen ist wieder der Hund mit Halsband und Hase dargestellt, darüber ein Wildschwein; auf der zweiten Seite wiederum der Reiter mit Schild und Speer, wobei hier deutlicher zu erkennen ist, daß er noch drei Reservespeere mit sich trägt; an der Spitze des Zuges Hund mit Halsband ohne Öse und Hase, darüber ein nach rechts springender Hase. Ganz links als Lückenfüller stehende Venus der oberen Reihe, halb in die untere Reihe ragend, wo der auf dem Früchtekorb sitzende Amor wiederholt ist.

In der unteren Reihe ist der Zug seitenverkehrt: rechts zunächst der Reiter mit Schild und Speeren, vor ihm Hund mit Halsband ohne Öse und Hase, darüber der entgegengesetzt laufende Hase, anschließend oben Löwe nach rechts, darunter Antilope nach rechts. Auf der anderen Seite sind die beiden Reiter der mittleren Zeile in umgekehrter Reihenfolge wieder-

275 Jagd-Kanne (Farbtafel S. 163 links)
Nordafrika, Werkstatt des Navigius
Um 270/320 n.Chr.
H 26 cm
München, PStslg. Inv. 1977, 1000
Die zweihenklige zylindrische Kanne trägt eine dreizonige Verzierung auf den beiden Seiten. In der oberen Zone sind mythische Figuren dargestellt, in den beiden unteren Registern dominieren Jagdszenen (nur zwei der oberen Figuren sind — wohl als Raumfüller — wiederholt). Da die Jagd auf beiden Kannenseiten von rechts nach links geht, werden die Friese jeweils durchgehend, nicht nach der jeweils sichtbaren Seite getrennt beschrieben, und zwar von rechts nach links, da sich die Füllmotive jeweils am linken Ende befinden.
Die obere Reihe zeigt ein senkrecht gestelltes Kerbmuster (Blatt?) als Figurenteiler, stehende Diana mit Bogen in der Linken; Blatt; Eros nach links auf Fruchtkorb sitzend, in den

Kat.-Nr. 276

Jagd-Fries auf Pegasus-Tablett

holt: zuerst der Jäger mit Schild und Speeren (darüber, die Trennungslinien überlappend ein Löwe nach rechts), davor der unbewaffnete Reiter, und abschließend links der schon erwähnte Amor.

Auf der Schulter der Kanne eingeritzte Herstellersignatur **EX (O)FCI / NAIGIVS** (teilweise mit Ton überschmiert). Die Herstellung aus mehreren Teilmodeln entspricht der Orpheus-Kanne Nr. 186.

Bisher sind fünf modelgleiche Stücke bekannt.

J. Garbsch, Zwei Navigius-Kannen in der Prähistorischen Staatssammlung. Bayer. Vorgeschichtsbl. 46, 1981, 191 f. Taf. 19—22 mit Lit.; Terra Sigillata Nr. N 26 Farbtaf. S. 16. — Zum Typ: Atlante Taf. 91,3 und 92,2; 154.

276 Jagd-Lagynos
Nordafrika, Werkstatt des Navigius
Etwa 270/320 n.Chr.
H 16,8 cm
München, PStslg. Inv. 1983, 1222

Die Kanne besteht aus einem linsenförmigen Körper, dessen reliefverzierte obere und untere Hälfte aus zwei Modeln gewonnen wurden, und einem ebenfalls aus zwei Modeln gewonnenen zylindrischen Hals in Form eines Frauenkopfes, an dessen Rückseite ein dreistabiger Henkel angesetzt ist. Über dem Kopf erweitert sich die Tülle leicht konisch; hier ist an der Vorderseite die Töpfermarke **NABIGIVS** in erhabenen Buchstaben zu lesen.

Die Unterseite des Körpers bildet ein Kelch aus 20 Zungenblättern, auf der Unterseite traben sieben, sich teilweise überlappende Reiter im Uhrzeigersinn nach links: dreimal der von der Jagd-Kanne Nr. 275 bekannte, mit Speer und Schild bewaffnete und viermal der dort ebenfalls auftretende unbewaffnete Reiter. Rechts neben dem Henkel faucht ein nach rechts gewandter Panther mit zurückblickendem Kopf die vorbeigaloppierenden Pferde an.

Auf anderen Lagynoi der gleichen Werkstatt sind auch die anderen Tiere der Jagd-Kanne Nr. 275 vertreten.

Die Überlappung der Reiter dokumentiert die Entstehungsgeschichte der Model, aus der diese Gefäßhälfte gewonnen wurde. Am Anfang stand eine gedrehte Kanne, auf welche — von links nach rechts im Gegenuhrzeigersinn fortschreitend — die einzelnen Appliken aufgeklebt wurden. Von dieser Patrize wurden dann die Modelhälften abgenommen.

Terra Sigillata Nr. N 32. — Zum Typ: Atlante Taf. 92,1.

277   278

Jagd-Lämpchen
Nordafrika
5. Jahrhundert n.Chr.
L 11,5 cm
München, PStslg. Inv. 1985, 866
Im Spiegel Mann in gegürteter Tunica nach links, in der Rechten Vogel, in der Linken Hase. Auf der Schulter abwechselnd gefüllte Kreise und Dreiecke.
Zum Typ: Ennabli Nr. 221.

278 **Jagd-Lämpchen(?)**
Nordafrika
5./6. Jahrhundert n.Chr.
L 10 cm
München, PStslg. Inv. 1988, 3025
Im Spiegel laufender Mann in gegürteter Tunica nach links. Hinter den Beinen des Mannes ist ein Fisch nach links dargestellt. Kein Schulterdekor.

279 **Jagd-Lampe**
Nordafrika
5. Jahrhundert n.Chr.
L 14,5 cm
Privatbesitz
Im Spiegel ein Mann (Jäger, Wächter, Einsiedler?) in einem Baumhaus. Er sitzt mit herabhängenden Beinen im Eingang der Bretterbude, die einem Baumstamm aufgesetzt ist, und spielt auf einer Flöte (besser zu erkennen auf der Lampe Nr. 280). Auf dem Dach hockt links ein nach rechts blickender Vogel. Neben dem Stamm ist links unter dem Haus ein Mann in Tunica, rechts ein von einem Hund gejagter Hase wiedergegeben. Auf den Schultern Weinranke.
Zum Typ: Ennabli Nr. 76—79.

279

280 **Kleine Jagdlampe**
Fundort unbekannt (Nordafrika?)
5. Jahrhundert n.Chr.
L noch 11 cm (Schnauze abgebrochen)
München, Staatl. Antikensammlung Inv. 7016
Im Spiegel ein flötenspielender Mann in einem Baumhaus. Es handelt sich um die gleiche Applike wie bei der Lampe Nr. 279. Aufgrund der kleineren Lampenmaße ist kein Platz für weitere Figuren.
Auf den Schultern abwechselnd gefüllte Kreisscheibe und ein unkenntliches Ornament.
Zum Typ: Ennabli Nr. 83—91.

281 **Tier-Lämpchen**
Unbekannt
5. Jahrhundert n.Chr.
L noch 10 cm
München, PStslg. Inv. 1988, 3025
Im Spiegel Hahn nach rechts, auf der Schulter Kreise.

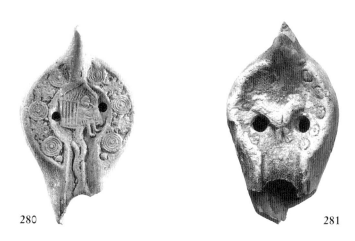

280   281

282 Tier-Lämpchen
Unbekannt
5. Jahrhundert n.Chr.
L noch 9 cm
München, PStslg. Inv. 1988, 3026
Im Spiegel Hahn nach links, auf der Schulter Kerben.

283 Tier-Lämpchen
Unbekannt
5. Jahrhundert n.Chr.
L noch 8 cm
München, PStslg. Inv. 1988, 3025
Im Spiegel Nashorn oder Elefant nach rechts, auf der Schulter Kreise.

284 Tier-Lämpchen
Unbekannt
5. Jahrhundert n.Chr.
L noch 8,8 cm
München, PStslg. Inv. 1988, 3026
Im Spiegel Hase nach links quer, auf der Schulter Kerben.

Darstellungen ohne gesicherten Zusammenhang

Der Vollständigkeit halber sollen abschließend einige Darstellungen vorgestellt werden, bei denen das Fehlen von ergänzenden Appliken eine eindeutige Zuweisung zu bestimmten Themen nicht erlaubt.

Reizvoll ist die Darstellung eines Kamels mit Wassersäcken (Nr. 285). Das Kamel kommt im Alten und im Neuen Testament vor, beginnend beim Knecht Abraham, der mit zehn Kamelen nach Mesopotamien zog (1. Mose 24,10), bis zu den sprichwörtlichen Vergleichen Matth. 19,24 „Es ist leichter, daß ein Kamel durch ein Nadelöhr gehe denn daß ein Reicher ins Reich Gottes komme" und Matth. 23,24 „Mücken seihen und Kamele verschlucken".

Ein Fresko in der Katakombe an der Via Latina in Rom zeigt die Kinder Israel beim Durchzug durch das Rote Meer. Die Darstellung aus dem 4. Jahrhundert läßt auch Kamele mitziehen. In der Wiener Genesis, einer Handschrift des 6. Jahrhunderts, werden Eliezer und Rebekka mit einer Kamelherde an der Quelle abgebildet.

Daneben gibt es aber — speziell in Nordafrika — auch pagane Darstellungen. So zieht ein Kamel im bekannten dionysischen Zug eines Mosaiks von Thysdrus—El Djem (Tunesien) aus dem 3. Jahrhundert einträchtig mit Löwe und Panther, Satyrn, Mänaden und Silen dahin.

Somit wird das Kamel der Münchner Scherbe wohl auch eher einem paganen oder alltäglichen Thema zuzuordnen sein und nicht als das Symbol der Wahrnehmung, welches das „frische Wasser" von ferne spürt und der „Quelle des Lebens" entgegeneilt.

Ähnlich dürfte es mit der Heuschrecke der Scherbe Nr. 286 stehen. Die Wanderheuschrecken sind zwar im Alten Testament als achte der zehn ägyptischen Plagen überliefert (2. Mose 10,1—20): Mit dem Ostwind kamen die Tiere über Nacht, bedeckten das ganze Land und fraßen in kürzester Zeit alles ab, was die siebte Plage, der Hagel, übriggelassen hatte. Nach dem Sinneswandel und Einlenken des Pharao wurden sie durch Westwind ins Schilfmeer getrieben, wo sie alle umkamen.

In der christlichen Kunst wird das Tier als Sinnbild der Seele gedeutet, die sich durch mehrfaches Häuten von allem Irdischen befreit.

Der Vogel Greif der Scherbe Nr. 287 mit dem Leib eines Löwen, zwei Flügeln und einem Raubvogelschnabel begegnet schon in den alten orientalischen Kulturen, kommt über Mykene und Griechenland zu den Etruskern und wird in Rom zum Begleiter des Apollo. Später wird er als Sinnbild

Christi verstanden, da er in der Luft (im Himmel) und auf Erden unter den Menschen leben kann.

285 Fragment von Platte
Nordafrika
Zweite Hälfte 4. Jahrhundert n.Chr.
München, PStslg. Inv. 1988, 3009
Die Randscherbe zeigt ein nach rechts schreitendes Kamel, das mittels eines aufgeschnallten Stangengerüstes beidseits zwei Wassersäcke schleppt.
M. Mackensen, Frühkaiserzeitliche Kleinkastelle bei Nersingen und Burlafingen an der oberen Donau (1987) 134 Abb. 57.

286 Fragment von Platte
Nordafrika
Zweite Hälfte 4. Jahrhundert n.Chr.
München, PStslg. Inv. 1988, 3008
Die Randscherbe zeigt eine Heuschrecke (oder Grille?) nach links.
Die gleiche Heuschrecke auf einer zweischnauzigen Lampe: Atlante Taf. 162,4.

287 Fragment von Vogel Greif-Teller
Nordafrika
Zweite Hälfte 4. Jahrhundert n.Chr.
München, PStslg. Inv. 1983, 1234
Die Bodenscherbe zeigt den geflügelten Greif im Sprung nach rechts.

288 Fragment von Teller
Nordafrika
Zweite Hälfte 4. Jahrhundert n.Chr.
München, PStslg. Inv. 1988, 3004
Die Scherbe zeigt eine Truhe, deren Füße (nur der linke ist erhalten) und Ränder mit Metallbändern beschlagen sind. Die Vorderseite der Truhe ist mit reliefverzierten senkrechten Streifen verziert.
Der linke Streifen zeigt oben einen Stierkopf, darunter einen Löwenkopf, der zweite oben eine Oceanus-Maske nach halbrechts, darunter einen Vogel, im dritten Streifen ist oben ein menschliches Gesicht nach halblinks und darunter eine Ente zu erkennen. Vom abschließenden vierten Streifen ist nichts erhalten.
Eine Deutung der Truhe steht noch aus.

289 Fragment von Tablett oder Platte
Nordafrika
Zweite Hälfte 4./Anfang 5. Jahrhundert n.Chr.
München, PStslg. Inv. 1983, 1238
Das schmale Bruchstück vom Mittelfeld eines Tabletts oder einer Platte ist leicht gewölbt. Es zeigt einen Bildstreifen eines mehrzonigen Registers, der in Metopen geteilt ist: links eine unkenntliche Darstellung, anschließend die Büsten von vier jungen bartlosen Männern (der zweite von links wendet sich um und greift im Halbprofil nach links mit dem rechten Arm nach oben über den Bildrand hinaus in den oberen Bildstreifen), und als rechter Abschluß zwei Hähne nach links (vor, über und unter den Hähnen nicht zu deutende kleine Ornamente). Der obere Bildstreifen ist ungeteilt, beim unteren ist dies nicht zu entscheiden.
Es besteht eine gewisse Ähnlichkeit zur ‚Truhe' auf der vorangehenden Scherbe Nr. 288. Ähnliche Beschläge sind auch an Kästchen erhalten geblieben, z.B. einem Exemplar von Pula (Istrien) aus der ersten Hälfte des 5. Jahrhunderts n.Chr. (Volbach Nr. 120).
Andererseits ist auch an die von Sarkophagen belegten Darstellungen von Eroten beim Hahnenkampf zu erinnern.

Die Mysterien des Mithras

Der Mithraskult ist seit dem ausgehenden 1. nachchristlichen Jahrhundert der stärkste Konkurrent des Christentums, nicht zuletzt wegen mehrerer äußerer Ähnlichkeiten und trotz des elitären Anspruchs des Mysterienkultes, der Aufnahme und Aufstieg von Bedingungen abhängig machte (und Frauen nicht zuließ).

Mit dem ursprünglichen persischen Mithras, einem Gott der Bindung und des Vertrages, des Eides und des staatlichen Lebens, das auf persönlichen Treueverhältnissen und Bindungen beruht, sowie dem Kult, der nach dem Zerfall des persischen Großreiches griechische, religiöse und philosophische Vorstellungen aufnimmt, hat der römische Kult, der möglicherweise zur Zeit des Kaisers Nero von offizieller Seite eingeführt wurde, nur noch entfernte Ähnlichkeit: er war bei seiner Einführung auf die spezifischen römischen Bedürfnisse eines loyalen Kaiserkultes umgeformt worden.

Nach F. Cumont und M.J. Vermaseren hat R. Merkelbach die Deutung der Mithrasmysterien zu einem logischen Abschluß gebracht; er faßt ihr Wesen folgendermaßen zusammen: „Die Mithrasmysterien waren eine Sternenreligion. Die sieben Planeten des geozentrischen Systems waren in eine feste Beziehung zu den sieben Weihegraden der Mysterien gesetzt; dem Aufstieg des lebenden Mysten durch diese sieben Grade entsprach nach seinem Tod ein Aufstieg seiner Seele durch die Sphären der sieben Planeten zum Fixsternhimmel. Die Mithrasreligion ist also eine der Formen gewesen, in denen die kosmische Frömmigkeit der späteren Antike ihren Ausdruck gefunden hat.

Diese Vorstellungen sind uns von den Platonikern her geläufig. Aber es sind auch andere Elemente des Platonismus in die Mithrasmysterien eingegangen. Die Heiligtümer der Mithrasanhänger waren als Höhlen konstruiert und entsprachen jener Höhle in Platons Staat, in welcher die Menschen als Gefangene angekettet sitzen; ihre Aufgabe ist es, ihre Ketten zu zerbrechen, sich „umzuwenden" (conversio) und zum Licht aufzusteigen. Auch die Darstellung des Stieropfers,

welche in jedem Mithrasheiligtum zu sehen war, ist aus der platonischen Philosophie zu erklären. (. . .).

Man hat sich die Ausbreitung der Mithrasmysterien meist in Analogie zur Ausbreitung des Christentums gedacht. Diese Vorstellung ist falsch; die Mithrasmysten kamen aus ganz anderen sozialen Gruppen als die Christen. Sie haben sich nicht in Gegensatz zum Kult des Kaisers gestellt, sondern eine Religion der Loyalität ausgeübt. Der Großteil der Mithrasanhänger waren kaiserliche Funktionäre der unteren Schichten und Soldaten an den Militärgrenzen am Rhein, der Donau und am Hadrianswall in Britannien. Das Zentrum des Kultes wird man sich in Rom vorstellen müssen."

Wie bei allen antiken Mysterien gibt es *per definitionem* keine literarische Darstellung des Eingeweihten vorbehaltenen Kultes. Erfreulicherweise ist vieles aus Legende und Praxis durch Fresken, Reliefs und Mosaiken der Mithraeen überliefert.

Daraus ist eine „Leiter" von sieben Weihegraden und ihnen zugeordneten Planetengöttern zu erschließen, die durch die sieben Sphären der Planeten zum Tor des Fixsternhimmels führt. Hier sind auch platonische Ideen, ausgehend von „Timaios", „Staat" und „Phaidros", aufgenommen: Die „Leiter" ist auch auf die individuelle Seelenwanderung anzuwenden, die einzelne Seele steigt so wieder auf zu dem Fixstern, von dem sie ursprünglich ausgegangen war.

Aber auch das gesamte wissenschaftliche Weltbild der Zeit findet sich im Mithraskult wieder: Das Stieropfer als Kosmogonie, als Quelle des Lebens, Mithras als Sonne, Saturn und Chronos zugleich; die Entstehung der vier Elemente; von Bäumen und Pflanzen, von Winden und Himmelsrichtungen; die Harmonie der Sphären, die von den Planeten bestimmte Woche und die daraus resultierende Zeitrechnung; der Zodiacus und die zwölf Götter.

Die Vielfalt des Kultes läßt sich nicht in wenigen Sätzen schildern; daher werden die wichtigsten, aus den erhaltenen archäologischen Zeugnissen gewonnenen Indizien zum Schluß als Tabelle zusammengestellt:

	Weihegrad	Planetengott	Wochentag	Attribute	Symbole	Element	Mythos	Aufstiegsritual
1	Corax Rabe	Merkur	Mittwoch Mercredi Mercoledi	Kerykeion, Becher, Leier, Widder, Schildkröte	Rabe	Luft	Merkur und Leier	Ministrieren?

Weihegrad	Planetengott	Wochentag	Attribute	Symbole	Element	Mythos	Aufstiegsritual
2 Nymphus Raupe, (Bienen-) Puppe	Venus	Freitag Vendredi Venerdi	Diadem, Lampe, Taube, Bienenpuppe	Schlange	Erde	Wegtragen des geopferten Stiers	Transitus (Stiertragen)
3 Miles Soldat	Mars	Dienstag Mar(te)di	Helm, Speer, Schwert, Mütze	Skorpion	?	Felsgeburt des Mithras	Honigsalbung (Sündenreinigung), Übergabe des Donnerkeils, Schwert- und Kranzritual
4 Leo Löwe	Jupiter	Donnerstag Jeudi Giovedi	Blitzbündel/ Donnerkeil, Feuer- schaufel, Sistrum, Adler, Zypresse	Löwe, Hund	Feuer	Gigantomachie	Honigsalbung, Räucheropfer
5 Perses Perser	Luna	Montag Lun(e)di	Mondsichel, Abendstern, Akinakes, Eule, Sense, Nachtigall, Delphin, Dreizack	Cautopates/ Hesperus (gesenkte Fackel)	Wasser	Wasserwunder, Jagd, Hirtenleben, Ernte	Fahrt auf dem Sonnenwagen, Krönung mit Strahlenkranz, Auseinanderstemmen des Himmels
6 Heliodromus Sonnenläufer	Sol	Sonntag Sunday	Strahlen- kranz, Peitsche, Fackel, Globus, Hahn, Palme	Cautes/ Phosphoros/ Lucifer (erhobene Fackel)	Luft	Raub und Zähmung des Stiers	?
7 Pater Vater (geistliches Oberhaupt)	Saturn	Samstag Saturday	Mütze, Magierstab, Opferschale, Sichel	Mithras	Feuer	Tauroktonie	Kultmahl

(8 Fixsternhimmel)

290 Kultbild des Mithras   ▷
„Oberitalien"
H 75 cm
2./3. Jahrhundert n.Chr.
München, PStslg. Inv. E 1970,4 (Dauerleihgabe Bayer. Hypotheken- und Wechsel-Bank München)
Das allseitig leicht beschädigte Relief aus kristallinem Marmor zeigt die zentrale Kultszene, die Tauroktonie. Der jugendliche Gott, bekleidet mit gegürteter Tunica, wehendem Mantel, phrygischen Hosen und phrygischer Mütze, kniet auf dem Rücken des auf die Vorderbeine niedergebrochenen Stieres und reißt mit der Linken dessen Kopf zurück. Die Rechte stößt das Schwert tief in den Hals des Tieres. Aus dessen Fleisch und Blut entsteht neues Leben. Deshalb läuft der Schwanz des Stieres in Getreideähren aus, daher greift der Skorpion nach den Stierhoden, ringelt sich die Schlange der blutenden Wunde entgegen und springt der Hund an die Kehle des Stieres.

Die Szene wird flankiert von Cautes und Cautopates, den jugendlichen Begleitern des Gottes in phrygischer Tracht, die mit erhobener und gesenkter Fackel Licht und Dunkel, Tag und Nacht, im übertragenen Sinne Leben und Tod, Gut und Böse symbolisieren. Ort der Handlung ist eine Felsgrotte, die durch die Wölbung des Reliefgrundes angedeutet wird, Hinweis auf die Geburtsstätte des Gottes wie auf die entsprechend ausgebildeten Heiligtümer.
Links ist als Nachbildung ein Bruch an Bruch anpassendes Fragment aus dem Nationalmuseum Kopenhagen mit Darstellung des Cautopates angebracht.
Idole Nr. 99 mit Abb. S. 204/5 und Farbtaf. 54 (J. Garbsch).

291 Mithras-Schale
Nordafrika
Zweite Hälfte 4. Jahrhundert
Dm 18,5 cm
Mainz, RGZM Inv. 0.39580

Die Schale zeigt die Tauroktonie in der gleichen Form wie die vorangehende Nummer. Es handelt sich (wie bei einem weiteren bekannten Exemplar aus Città Livinia bei Rom) sogar um die selbe Applike — allerdings mit einem kleinen Unterschied: die Schale ist jünger als die beiden anderen Exemplare, denn das dort nach unten gebogene Schwanzende des Stieres fehlt, da offenbar die Model im Lauf der Zeit beschädigt worden war. Man hat sich durch ein gerades Verlängerungsstück zum Mantelende hin beholfen (es kann sich aber auch um ein Versehen beim Applizieren der Applik handeln; man hätte dann den abgebrochenen Schwanz nur teilweise wieder aufgebracht). Unterhalb des Stieres springt tatsächlich von links ein Hund heran, um das herabtropfende Blut des Tieres aufzufangen.

In der gegenüberliegenden Schalenhälfte ist — um 90° versetzt — eine weitere Szene aus dem Kult wiedergegeben: Mithras schleppt den toten Stier an den über seine Schultern gezogenen Hinterbeinen nach rechts. Auch hier findet sich wieder eine Veränderung des Stierschwanzes gegenüber dem intakten Stück von Città Livinia: das abgebrochene Ende ist nicht an der Bruchstelle neben dem Kopf des Mithras, sondern an der Schwanzwurzel wieder angeklebt, so daß das Tier nun zwei Schwänze besitzt.

Age of Spirituality Nr. 175 (R. Brilliant) mit Abb.; Spätantike Nr. 149 (M. Weber).

292 Hälfte eines Mithras-Tellers
Rom
Zweite Hälfte 4. Jahrhundert
Dm etwa 15 cm
Bonn, Akademisches Kunstmuseum Inv. 671
Die Darstellung zeigt die Tauroktonie etwas abweichend von der kanonischen Form: Mithras kniet nicht auf dem Rücken des Stieres, sondern steht neben ihm und stützt sich allenfalls mit dem linken Knie am Leib des Tieres ab. Auch die Proportionen sind nicht ganz getroffen: der Stier ist recht klein ausge-

fallen (dafür hat er aber mächtige Hörner). Aus der Wunde am Hals rinnt Blut in vier dünnen Streifen herab — vielleicht war im nicht erhaltenen Teil ein Hund dargestellt, der das Blut aufleckt.

Mithras ist sehr aufwendig gekleidet: eine große gefältete phrygische Mütze dominiert den Lockenkopf, der wehende Mantel wird auf der rechten Schulter von einer Scheibenfibel gehalten, die langärmlige Tunica ist an Schultern. Manschetten und Saum reich verziert, ebenso der Gürtel und die Seitennähte der Hose.

Spätantike Nr. 148 (D. Stutzinger) mit Lit.

293 Fragment einer Mithras-Schale
Nordafrika
Zweite Hälfte 4. Jahrhundert
München, PStslg. Inv. 1988, 5694
Die Scherbe zeigt einen jugendlichen, fast kindlichen Cautes mit erhobener Fackel. Der Knabe mit phrygischer Mütze und umgehängtem Mäntelchen ist frontal dargestellt und blickt nach rechts auf die (nicht erhaltene) Spitze der Fackel.

Das Motiv ist bisher ohne Vergleichsstück, aber aus der mithrischen Ikonographie heraus natürlich durchaus nicht überraschend. Als Pendant ist eine entsprechende Figur des nach links gewandten Cautopates mit gesenkter Fackel und niedergeschlagenem Blick zu erwarten. Damit kombiniert wäre am ehesten die Tauroktonie zu denken, wobei aus Platzgründen die Dadophoren sicher nicht zu beiden Seiten der Tauroktonie, sondern etwas tiefer angeordnet gewesen sein könnten, wie dies auch die Position der Cautes-Applike randlich der Mitte nahelegt.

Kat.-Nr. 294

Das Mithraeum von Mühlthal, Gde. Prutting, Ldkr. Rosenheim

Zeugnisse des Mithraskultes aus Bayern sind bisher relativ spärlich: am Main in Stockstadt und Obernburg, also in der an Mithraeen reichen Provinz Germania superior, in Raetien ein Heiligtum in Wachstein am Limes und einige isolierte Funde entlang der Donau sowie in Noricum — neben einem vereinzelten Fund von Höglwörth — das 1978—1980 ausgegrabene Mithraeum von Pons Aeni am Inn (heute Mühlthal).

Das Heiligtum liegt auf halbem Weg zwischen Nieder- und Hochterrasse des östlichen Innufers, knapp südlich der römischen Innbrücke, die dem bedeutenden Ort Pons Aeni den Namen gegeben hatte. Hier kreuzten sich die Fernstraße Augsburg—Salzburg und die Inntalstraße, die von Veldidena (Innsbruck—Wilten) kam und nach Norden weiterführte. Seit der Erbauung der Brücke scheint es hier zunächst allenfalls einige Siedler gegeben zu haben, vielleicht auch von Anfang an eine Zollstation, denn hier begann das *publicum portorium Illyricum,* ein von Augustus eingerichteter Zollbezirk, der das ganze Gebiet des rechten Donauufers vom Inn bis zur Mündung der Donau in das Schwarze Meer sowie das östliche Oberitalien samt seinen Adriahäfen umfaßte (westlich des Inn begann die *quadragesima Galliarum,* eine Abgabe in Höhe von 2,5% des Warenwertes). Vermutlich gab es in späterer Zeit hier auch eine Benefiziarierstation. Die Benefiziarier wurden von der nächstgelegenen Legion für jeweils rund halbjährige Kommandos abkommandiert, um an wichtigen Straßenkreuzungen für die Sicherheit zu sorgen, den Verkehr zu kontrollieren und speziell auch die Zollstationen zu überwachen. Bei der Ablösung (meist Ende Dezember oder Mitte Januar und Mitte Mai, Juni oder Juli) stifteten die Offiziere gerne Votivaltäre als Dank. Solche Steine sind — wohl von Postenkommandanten aus Pons Aeni — im Bedaius-Tempel von Seebruck am 15.5.219 und am 15.5.226 n.Chr. gesetzt worden, ein anderer am 14.5.230 von einem Kommandanten am zweiten Zollposten am Inn, der statio Boiodurensis in Passau.

Die Verwaltung des illyrischen Zolls war in Poetovio (Ptuj, Slowenien). Die Bediensteten der Zentrale wie der einzelnen Stationen waren Sklaven (seit etwa 180 n.Chr. kaiserliche Sklaven). Viele Zöllner waren Anhänger des Mithraskultes. So war um die Mitte des 3. Jahrhunderts der Pfaffenhofener Amtsvorsteher *(vilicus)* Charidemus ein Mithrasverehrer, wie die Inschrift eines für sein Wohlergehen von M. Antonius Celer im zweiten Mithraeum von Poetovio geweihten Steines meldet:

Deo Invicto Mithrae
PRO SALVTE
CHARIDEMI
AVGusti Nostri VILici STAtionis
ENENSIS
Marcus ANTONIVS
CELER Votum Solvit Libens Merito

Dem unbesiegten Gott Mithras!
Zum Wohl
des Charidemus,
stellvertretenden Leiters der kaiserlichen
Zollstation am Inn,
hat Marcus Antonius
Celer sein Gelübde gern gebührend erfüllt.

Auch für Passau sind im ausgehenden zweiten und im dritten Jahrhundert mehrere Zollbedienstete als Mithrasanhänger inschriftlich bezeugt: um 160 n.Chr. EYTYCHES IV-LIORum Conductorum Publici Portorii SERvus ContraSCRiptor STATIONIS BOIODVRensis (Eytyches, Sklave der Iulier, der Pächter des illyrischen Zolls, Gegenzeichner der Passauer Zollstation), ferner der *vilicus* Faustinianus (Faustinianus, Amtsvorsteher), der *contrascriptor ex vicario* Felix (Felix, Gegenzeichner, Ex-Stellvertreter des Vorstands) sowie der fragmentarisch überlieferte (Flo)rianu(s *scrvta)tor* (Florianus, Ermittler).
Das Heiligtum von Mühlthal ist parallel zum Fluß südnördlich ausgerichtet. Man betrat den knapp 9 m breiten und gut 12 m langen Tempel durch eine hölzerne Vorhalle. Hier war in Regalen das Kultgeschirr aufgestellt. Über zwei Stufen stieg man in das 3,60 m breite Mittelschiff hinab, an dessen Seiten sich zwei 0,50 m hohe Podien erhoben, auf denen die Gläubigen einst die vom „Vater" der Gemeinde zelebrierte Liturgie verfolgten. Vom Kultbild am Nordende des Tempels fand sich nur noch die Substruktion sowie das Marmorköpfchen des stiertötenden Mithras. Auf dem Estrich des Mittelschiffs muß ursprünglich ein Bretterfußboden gelegen haben, der zugleich die drei Opfergruben im Schiff abdeckte. An den Wänden waren kleine Votivtafeln aus Marmor angebracht, die von den Gemeindegliedern gestiftet worden waren. Auch hier war stets das zentrale Kultereignis, die Tauroktonie, abgebildet. Alle diese Votivgaben waren jedoch zerschlagen, ebenso etwa 18 Weihealtäre aus Marmor und Kalkstein, von denen nur eine einzige Inschrift teilweise rekonstruiert werden konnte (geweiht am 15. Oktober 258 n.Chr.). Diese Zerschlagung deutet auf eine bewußte Zerstörung des Mithraeums von Mühlthal.

Nach den etwa 570 hier gefundenen Münzen sowie den übrigen Kleinfunden war das Heiligtum offenbar seit dem 1. Jahrhundert n.Chr. in Betrieb. Das Ende wird um 400 n.Chr. anzusetzen sein.
Die in folgenden beschriebenen Funde werden in München, PStslg. unter Inv.Nr. 1980, 5251 ff. verwahrt und sind publiziert durch J. Garbsch, Das Mithraeum von Pons Aeni. Bayer. Vorgeschichtsbl. (im folgenden: BVbl.) 50, 1985, 355—462.

294 Kopf des stiertötenden Mithras (Farbtafel S. 210)
2./3. Jahrhundert n.Chr.
Höhe noch 11,5 cm
München, PStslg. Inv. 1980, 5610
Die Deutung des vollplastischen männlichen Kopfes mit phrygischer Mütze als Teil des Kultbildes aus Marmor beruht auf der typischen seitlichen Drehung und Rückwendung, welche eine Dadophorendarstellung (Cautes oder Cautopates) ausschließt. Die ursprüngliche Dreiviertelansicht des Kopfes wird zudem durch die summarische Behandlung der Rückseite zur Gewißheit, die einst sogar vielleicht mit dem Reliefgrund verbunden war. Ganz ähnlich war dies bei einem Marmorrelief aus Oberitalien gelöst (Nr. 290).
BVbl. 50, 1985, 392 f. Nr. B 1 Taf. B und 37.

295 Fragmente von Dadophorenstatuen (Abb. s.S. 213)
2./3. Jahrhundert n.Chr.
München, PStslg. Inv. 1980, 5611—5613
Zwei rundplastische Köpfe mit phrygischen Mützen und unterschiedlicher Haarbehandlung dürften von Marmorfiguren etwa halber Lebensgröße der beiden Begleiter des Mithras stammen, der Fackelträger Cautes und Cautopates. Letzterem ist auch das Fragment einer Hand mit gesenkter Fackel zuzuweisen. Ursprünglich standen die Figuren entweder an den Seiten des Kultbildes oder waren zu beiden Seiten des Mittelschiffes aufgestellt.
BVbl. 50, 1985, 393 Nr. B 2 Taf. 38.

296 Fragmente von Marmorvotiven (Abb. s.S. 213)
Größte Höhe noch 24 cm
München, PStslg. Inv. 1980, 5614—5619
Die etwa quadratischen Votivplatten aus grobkörnigem Marmor mit Darstellung der Tauroktonie und einer darunter angebrachten zweizeiligen Inschrift waren ursprünglich an den Wänden des Heiligtums befestigt. Es handelt sich um Teile von zwei oder drei Exemplaren.
Ein Stück ist durch die Nennung zweier Kaiser näher zu datieren auf die Zeit 198—209 (Septimius Severus und Caracalla als Augusti):
[.......SAL]VTI AVGG NN
[........ E]X VOTO POSVIT
[........] dem Heil unserer Kaiser
[........] hat nach seinem Gelübde aufgestellt.
BVbl. 50, 1985, 393 Nr. B 3—9 Taf. 39.

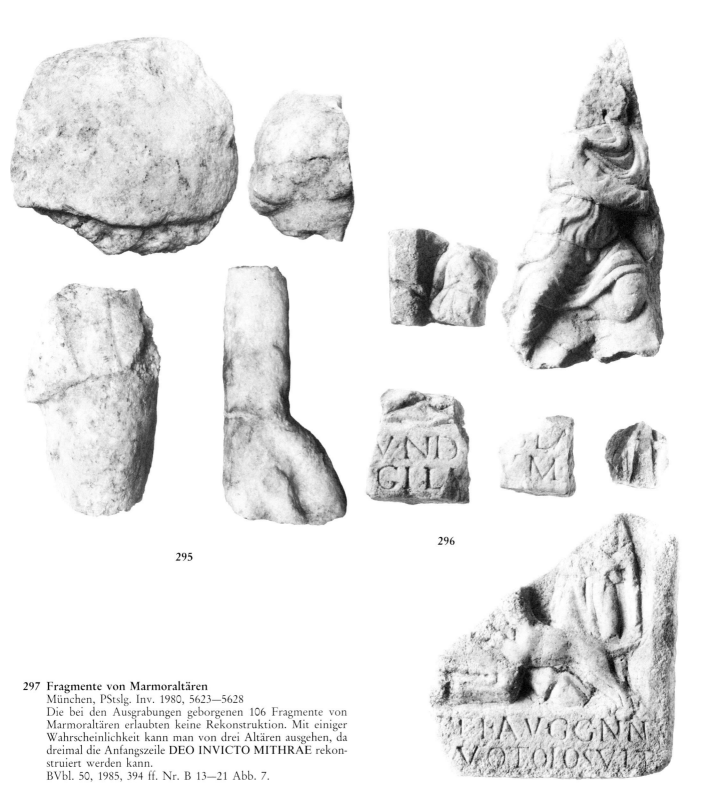

295

296

297 Fragmente von Marmoraltären
München, PStslg. Inv. 1980, 5623—5628
Die bei den Ausgrabungen geborgenen 106 Fragmente von
Marmoraltären erlaubten keine Rekonstruktion. Mit einiger
Wahrscheinlichkeit kann man von drei Altären ausgehen, da
dreimal die Anfangszeile **DEO INVICTO MITHRAE** rekon-
struiert werden kann.
BVbl. 50, 1985, 394 ff. Nr. B 13—21 Abb. 7.

Von dem überdimensionalen Sigillata-Becher der Form Drag. 54 sind nur etwa 23% des Umfangs in der Nähe des östlichen Regals in der hölzernen Eingangshalle gefunden worden. Am oberen Rand ist als Weihinschrift eingeritzt **DEO INVICTO MITRE MARTINVS** (vielleicht auch **MATERNINVS**; es folgte möglicherweise die abgekürzte Weiheformel Votum Solvit Libens Merito o.ä.).

Von dem in Barbotintechnik ausgeführten Bildschmuck ist nur die Tauroktonie fast vollständig erhalten: Mithras (mit phrygischer Mütze, Tunica, Hosen und wehendem Mantel) kniet auf dem Rücken des niedergebrochenen Stieres, reißt mit der Linken den Kopf des Stieres vom Maul her zurück und stößt gleichzeitig mit der Rechten den Dolch (bzw. das Kurzschwert oder den persischen Akinakes) tief in die Brust des Tieres (bzw. in die Halsschlagader). Von rechts springt ein Hund zur Wunde empor, darunter liegt ein Löwe, lings ringelt sich eine Schlange über einem Kantharos, auf dem zwei kugelige Gegenstände (Stierhoden?) liegen. In die Hodenregion des Stieres hat sich ein Skorpion verbissen. Links vom Kopf des Mithras ist ein Dekorationsrest wohl als sitzender oder auffliegender Rabe zu deuten.

Von den zwei oder drei weiteren Szenen der Darstellung haben sich nur kleine Reste erhalten, die aber auch noch zur Tauroktonie gehört haben können. Sie wären dann als die beiden Dadophoren auf kleinen Felshügeln rechts und links des Gottes sowie Büsten des Sol und der Luna links und rechts oben zu deuten.

Das Gefäß ist ein Einzelstück. Der Fundort und die für Pons Aeni belegten Töpfernamen Martinus bzw. Materninus lassen an die Herstellung in Pons Aeni, d.h. in den Betrieben von Westerndorf oder Pfaffenhofen denken.

BVbl. 50, 1985, 398 ff. Nr. C 1 Abb. 8—9 Farbtaf. C; Terra Sigillata Nr. I 29 Farbtaf. S. 12; Idole Nr. 89 Farbtaf. 55.

298 Unterteil eines Votivaltars vom 15. Oktober 258 n.Chr.
Höhe noch 40 cm
München, PStslg. Inv. 1980, 5643
Die Trümmer des Altars wurden im Schiff gefunden. Sie sind teilweise schon in der Antike durch Feuereinwirkung beschädigt worden. Das Material — Lithotamnienschuttkalk — steht im Inntal bei Neubeuern an und wurde gewiß auf dem Wasserweg etwa 20 km herangeschafft.
Das Datum ist gesichert durch die beiden letzten Zeilen des Textes:
[IDIB]VS OCTOBRIBVS
ALBINO ET MVMIO COnSulibus
an den Iden des Oktober
als Albinus und Mummius Konsuln waren
Für die Ergänzung der teilweise erhaltenen vorangehenden drei Zeilen gibt es mehrere Möglichkeiten. Eine davon besagt, daß es sich um die Stiftung einer Statue mit Sockel für das Heiligtum handelt.
BVbl. 50, 1985, 396 Nr. B 22 Taf. 40.

299 Kultgefäß (Farbtafel S. 215) ▷
3. Jahrhundert n.Chr.
Höhe 27 cm (Fuß ergänzt)
München, PStslg. Inv. 1980, 5539

300 Rand eines Kultgefäßes mit Schlangenauflage
3. Jahrhundert n.Chr.
München, PStslg. Inv. 1980, 5291
Es handelt sich um einen Krater aus oxidierend rot gebranntem, grob gemagertem Ton, wohl ein Erzeugnis einer lokalen Töpferei. Der Bezug der Schlange zum Mithraskult liegt auf der Hand, obwohl solche Gefäße u.a. auch im Sabazioskult zu belegen sind.
BVbl. 50, 1985, 402 Nr. C 3 Abb. 10,3.

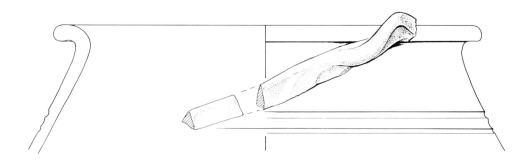

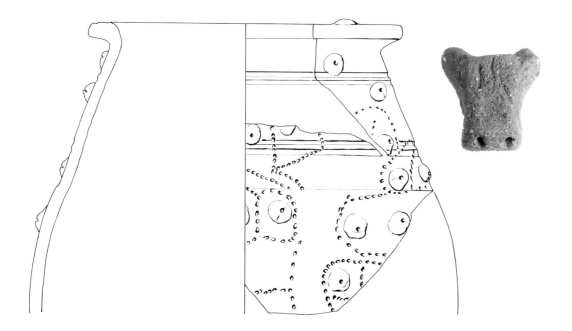

301 Oberteil eines Kultgefäßes mit Stierprotome
3. Jahrhundert n.Chr.
München, PStslg. Inv. 1980, 5251
Der hohe Krater zeigt Warzen- und Einstichdekor. Die kleine

Stierprotome lugte einst über den Rand — ähnliche Gefäße gibt es auch mit Raben und Löwen am Rand. Der Ton ist braun und mittelgrob gemagert.
BVbl. 50, 1985, 404 Nr. C 5 Abb. 10,5.

302 Altar-Lampe
2./3. Jahrhundert n.Chr.
L 9,3 cm
München, PStslg. Inv. 1980, 5351
Im Spiegel der sog. raetischen Lampe ein Altar oder eine Cista mit Deckel. Ein ähnliches Stück ist aus Burghöfe bekannt, weitere Parallelen aus Carnuntum und Pannonien.
BVbl. 50, 1985, 434 Nr. M 5 Abb. 28,5.

303 Kerzenständer
3. Jahrhundert n.Chr.
H 7 cm
München, PStslg. Inv. 1980, 5568
Der Kerzenständer aus Eisen in der Art eines Eierbechers gehörte — wie eine Parallele im englischen Mithraeum von Carrawbrough am Hadrian's Wall zeigt — zum Inventar des Heiligtums. Die Form ist auch in Bronze belegt.
BVbl. 50, 1985, 437 f. Nr. Q 1 Abb. 30,1.

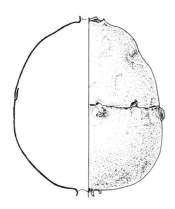

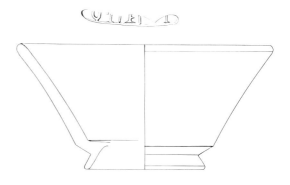

305 Sigillata-Tasse
2./3. Jahrhundert n.Chr.
H 6,8 cm
München, PStslg. Inv. 1980, 5301.5475
Die konische Tasse der Form Drag. 33 mit unleserlichem Herstellerstempel im Boden wurde im Schiff des Heiligtums gefunden und gehörte wohl zum Kultgeschirr.
BVbl. 50, 1985, 408 Nr. D 86 Abb. 13,86.

304 Hülse eines Schwertknaufs
3. Jahrhundert n.Chr.
H 6,8 cm
München, PStslg. Inv. 1980, 5570
Die aus zwei Hälften zusammengesetzte birnförmige Bronzeblechkapsel mit Ziernieten kann die Verkleidung eines Laufgewichts einer Schnellwaage aus Blei sein, eher jedoch der Überzug eines aus Holz gedrechselten Schwertknaufs, und zwar wohl von einem jener in der Mitte gebogenen „Theaterschwerter", wie sie bei den Einweihungsriten verwendet und in einem Exemplar im Mithraeum von Riegel gefunden wurden.
BVbl. 50, 1985, 435 f. Nr. P 1 Abb. 29,1.

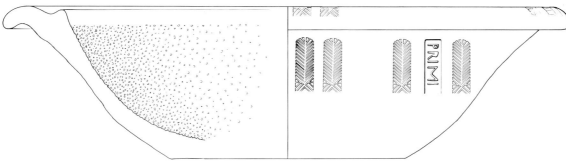

306 Reibschale
2./3. Jahrhundert n.Chr.
H 12 cm
München, PStslg. Inv. 1980, 5261
Die Reibschale trägt auf dem Kragen Tannenzweig- und Herstellerstempel des Töpfers Primus. Möglicherweise diente sie bei den rituellen Mahlzeiten zum Anrichten von Soßen (die Innenfläche ist mittels eingestreuter Steinchen mörserartig aufgerauht).
BVbl. 50, 1985, 420 Nr. G 35 Abb. 19,35.

307 Schrankverschluß
3. Jahrhundert n.Chr.
L 58 cm
München, PStslg. Inv. 1980, 5584
Die Eisenstange war mittels Splintscharnier an einem Ende beweglich an einem Schrank befestigt und sicherte als Vorlage
dessen Tür (das Ösenende zur Aufnahme eines Stiftes, an dem
ein Vorhängeschloß befestigt werden konnte, ist nicht erhalten). Der Schrank — am ehesten wohl jener, der neben dem
Eingang in der südlichen Vorhalle des Heiligtums das Kultgeschirr bei Nichtbenutzung aufnahm — muß somit etwa 60 cm
breit gewesen sein. Nach der Fundstelle der Vorlage stand der
Schrank links vom Eingang.
BVbl. 50, 1985, 438 Nr. Q 10 Abb. 30,10.

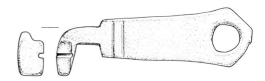

308 Schlüssel
2./3. Jahrhundert n.Chr.
L 7,6 cm
München, PStslg. Inv. 1980, 5337
Der kleine Bronzeschlüssel wurde auf dem Estrich des Schiffs
gefunden. Wegen der geringen Größe kann es sich nicht um
den Schlüssel der Eingangstür handeln; vielleicht stammt er
von einer Truhe oder einem anderen Behälter.
BVbl. 45, 1980, 437 Nr. P 6 Abb. 29,6.

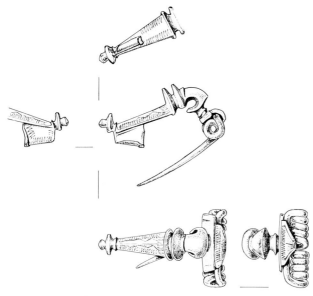

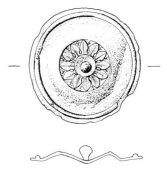

309 Verzierte Fibel
2. Jahrhundert n.Chr.
L 5 cm
München, PStslg. Inv. 1980, 5362
Die völlig intakte Bronzefibel weist keinerlei Gebrauchsspu-
ren auf, könnte also eine Opfergabe darstellen oder zu den rituell verwendeten Requisiten gehört haben. Dafür spricht
auch die reiche Verzierung mit Tremolierstich.
BVbl. 45, 1980, 437 Nr. P 3 Abb. 29,3.

310 Deckel
2./3. Jahrhundert n.Chr.
Dm 4,4 cm
München, PStslg. Inv. 1980, 5569
Der profilierte kleine Deckel aus Bronze hat einen Mittel-
knopf, um den kleine Spitzblätter einen Blütenkelch bilden.
BVbl. 45, 1980, 437 Nr. P 2 Abb. 29,2.

Kybele und Attis, Isis und Sol

Der Kult der Kybele, einer altanatolischen Muttergottheit, kam über Griechenland nach Rom. Die große Göttermutter wurde hier als Mater Deum Magna verehrt, begleitet von einem Löwen oder auf einem Wagen thronend, der von zwei Löwen gezogen wird: die Herrin der Tiere herrscht auch über den König der Tiere. So wird sie auch königlich thronend dargestellt. Sie ist Herrin über die Fruchtbarkeit, zugleich Ärztin und Heilerin.

In hellenistischer Zeit entwickelt sich ihr Kult zur Mysterienreligion. Im Jahr 204 v.Chr. wurde ihr schwarzer Kultstein, wohl ein Meteorit, aus Pessinus nach Rom überführt. Sie galt hier als Patronin der trojanischen Ahnen Roms. Dichter wie Lukrez, Catull, Vergil und Ovid zollten ihr Tribut, und noch der Kaiser Julian feierte ihre Rolle als Göttermutter in der Mitte des 4. Jahrhunderts in einer Rede.

Der Kult war in der ganzen antiken Welt verbreitet, bis nach Germanien, Gallien, Britannien, Spanien und Nordafrika. So kann das einzige raetische Zeugnis ihrer Verehrung aus Gauting durchaus ein echter Bodenfund sein, auch wenn die Marmorstatuette schon im 19. Jahrhundert gefunden worden sein soll und mangels genauerer Beobachtungen der Fundort nicht über alle Zweifel erhaben ist.

Attis als der jugendliche Geliebte der Göttin symbolisiert Werden und Vergehen, Leben, Tod und Auferstehung zu neuem Leben. Dieses Geschehen wurde alljährlich in phrygischen Riten ihrer Priester gefeiert, beginnend jeweils am 15. März. Später kam als eine Art Bluttaufe das Taurobolium, ein Stieropfer, hinzu: der Priester begibt sich in eine mit Brettern abgedeckte Grube, über der ein Stier geschlachtet wird, dessen Blut über den Priester kommt. Dieser ist dadurch religiös gereinigt.

Aus Ägypten übernahm Rom den Kult der Isis und ihres Gatten Osiris bzw. Sarapis, wie er sich unter griechischem Einfluß in den letzten vorchristlichen Jahrhunderten herausgebildet hatte. In den Mysterien dieser Religion wurde Leben, Tod und Auferstehung des Osiris dargestellt. Bei der Aufnahme unter die Eingeweihten vollzieht der neue Myste in einer Nacht rituell die Reise des Sonnengottes in die Unterwelt nach: am nächsten Morgen erscheint er wie der Gott neugeboren. Hinfort wird er ein vergeistigtes, auf einer höheren Stufe stehendes Leben führen.

Nach einem langsamen Niedergang im 3. Jahrhundert beginnt mit Diokletian eine gewisse Renaissance des Kultes: er baute in Rom ein *Iseum et Serapeum*. Iulians Gleichsetzung seiner Person mit Sol-Sarapis (und der Kaiserin Helena mit Isis) war dem Kult ebenfalls förderlich, und für das Jahr 376 ist durch eine Inschrift die Restaurierung des Iseums von Porto bei Ostia durch die Kaiser Valens, Gratian und Valentinian II bezeugt.

Der Sonnengott Sol ist römischen Ursprungs und mit dem griechischen Sonnengott Helios zu vergleichen. Im 3. Jahrhundert n.Chr. kam aus Syrien ein anderer Sonnengott nach Rom, allerdings unter dem alten Namen Sol. Er wurde durch den Kaiser Elagabal bei seinem Regierungsantritt 218 als *Invictus Sol Elagabal* propagiert, denn der neue Kaiser war zuvor Priester des Sonnengottes im syrischen Emesa gewesen. Mit der Ermordung Elagabals im Jahr 222 war es auch mit diesem Kult vorbei, bis Kaiser Aurelian 274 (wohl einem anderen syrischen) *Deus Sol Invictus* einen Tempel in Rom weihte. Der Stiftungstag am 25. Dezember wurde als Jahresfest des Gottes begangen. Auch dieser Kult nahm unter Konstantin und Iulian nochmals einen Aufschwung.

311 Isis-Teller
Nordafrika
Zweite Hälfte 4. Jahrhundert n.Chr.
Dm 18,2 cm
Köln, Römisch-Germanisches Museum Inv. KL 551

Die Darstellung besteht aus drei Appliken: oben eine Barke mit kastenartigem Mittelteil und hochgezogenem abgesetzten Vorder- und Hintersteven, darunter links ein großer Fisch mit neun Rückenflossen, rechts ein kleiner Fisch.

Im hinteren Schiffsteil thront rechts Isis, am Sistrum in der Rechten und dem Kalathos auf dem Kopf sowie dem Isisknoten des Mantels zu erkennen. Links neben ihr steht auf einem Podest eine Statue des ihr heiligen Rindes, davor ist eine Ciste mit konischem Deckel zu erkennen. Rechts hinter Isis steht eine weibliche Gestalt mit Trommel (?). Im Vorderteil der Barke stehen der Göttin gegenüber eine Flötenspielerin und eine Sängerin mit Rolle.

Salomonson 151 Nr. 601 Taf. 60,2; Spätantike Nr. 132 (D. Stutzinger).

312 Fragment von Sol-Platte
Nordafrika
5. Jahrhundert n.Chr.?
München, PStslg. Inv. 1988, 3019
Die Randscherbe zeigt in einem Kreis von 3,9 cm Durchmesser die Büste des Sonnengottes mit der Strahlenkrone. Er trägt eine auf der rechten Schulter von einer Fibel geschlossene Tunica, der Blick geht nach halblinks.

313 Kybele-Statuette
Angeblich bei Gauting, Ldkr. Starnberg, Oberbayern 1868 gefunden
2./3. Jahrhundert n.Chr.
H 18,5 cm
München, Staatliche Antikensammlung Inv. 10076
Die Marmorstatuette zeigt die thronende Göttermutter mit einem kleinen Löwen im Schoß, auf dem Kopf eine Mauerkrone, in der Rechten eine Schale, die Linke auf einer (nicht erhaltenen) Handtrommel.
Leider sind die Fundangaben zu vage, als daß man das Stück guten Glaubens als echten Gautinger Bodenfund zweifelsfrei akzeptieren könnte. Zumindest solange keine weiteren Belege für den Kult der Kybele im römerzeitlichen Bayern vorliegen, wird man Skepsis walten lassen müssen.
F. Wagner, Denkmäler und Fundstätten der Vorzeit Münchens und seiner Umgebung (1958) 99 Nr. 7.

314 Kybele- und Attis-Platte
Parabiago, Provincia di Milano, Italien (gefunden 1907 in römischem Friedhof)
Dm 39 cm, Gewicht 3,5 kg
Ende 4. Jahrhundert n.Chr.
Milano, Soprintendenza Archeologica della Lombardia Inv. ST 5986 (Abguß Mainz, RGZM Inv. N 40061)
Die Silberschale (mit Resten von Vergoldung an den Figuren) zeigt in der Mitte Kybele und Attis auf dem verzierten Thron eines zweirädrigen Kultwagens, der von vier Löwen nach rechts gezogen wird, wo ein bis zum Bauch in der Erde steckender nackter Jüngling den mit den Sternzeichen ge-

Kat.-Nr. 314

schmückten Tierkreis (Zodiacus) emporstemmt, in dem der jugendliche Aion als Symbol von Zeit und Ewigkeit mit erhobenem rechten Arm und Szepter in der Linken steht. Vor dem Tierkreisträger sind eine Heuschrecke (oder Grille bzw. Zikade) und eine Eidechse dargestellt. Ganz rechts windet sich eine Schlange um einen Obelisken auf dreistufiger Basis.

Kybele hat den Mantel über den Kopf gezogen und stützt den rechten Arm samt Szepter auf das mitgeführte Tympanon, ihr Geliebter Attis trägt phrygische Tracht und hält den Hirtendtab *(pedum)* in der Linken, die Hirtenflöte *(syrinx)* in der Rechten. Um den Wagen herum tanzen drei junge gestiefelte Krieger mit Helm, Kurzschwert und Rundschild.

Über der Hauptszene ist links der Sonnengott Sol in der aufsteigenden Quadriga dargestellt, rechts die Mondgöttin Luna in absteigender Rinder-Biga, jeweils von Phosphorus, der Per-

sonifizierung des Morgensterns, mit erhobener Fackel bzw. Hesperus als Verkörperung des Abendsterns mit gesenkter Fackel geleitet.

Unter der Hauptszene sind in der Mitte der Meeresgott Oceanus-Neptun mit Steuerruder, Fischen und Nereide dargestellt, links ein Flußgott (der Nil) mit Schilf- oder Papyrusblatt, Urne und Quellnymphe und rechts die Erdgöttin Tellus mit Füllhorn und zwei Kindern, darüber die vier Jahreszeiten als Kinder: von links der Sommer mit Sichel und Garbe, der Herbst mit einer Traube, der Frühling mit einem Lamm und der Winter mit zwei Enten und einem Zweig.

Age of Spirituality Nr. 164 (K.J. Shelton); Spätantike Nr. 138 (D. Stutzinger) mit Lit. L. Musso, Manifattura suntuaria e commitenza pagana nella Roma del IV secolo: indagine sulla Lanx di Parabiago (Roma 1983).

Geschnittene Steine mit Amulettcharakter

Noch Ende des 4./Anfang des 5. Jahrhunderts wetterte der Kirchenvater Hieronymus in einem seiner Briefe: „. . . Um die Sinne unwissender Männer und unbedarfter Frauen zu verwirren, geben sie vor, Armazel, Barbelo, Abraxas, Balsamus und einen lächerlichen Leusiboras aus hebräischen Quellen abzuleiten, dazu noch weitere — mehr Scheußlichkeiten, denn Namen — mit diesem barbarischen Getön das einfache Volk in Schrecken versetzend, auf daß es um so mehr bewundere, was es nicht begreifen kann" (Hieronymus, Epistulae 75,3.1). Gemeint sind jene Häretiker und An-

hänger einer bunt gemischten Magie, die aus christlich-jüdischen, ägyptischen und persischen Vorstellungen einen mystischen Aberglauben schufen. In Amuletten aus Metall oder Stein haben sich diese abergläubischen Vorstellungen erhalten, meistens einen Schutzzauber darstellend, oft die Götter verschiedener Religionswelten beschwörend. Einige dieser meist als Talisman um den Hals oder im Ring getragenen Steine sollen hier als Teil spätantiken Lebens und seiner Religionsvorstellungen präsentiert werden.

Katalog

M 2:1

A1 Heliotrop, oval, 18 x 14,2 mm, 5,2 mm Dicke, ca. 3. Jh. n.Chr.
AGDS München 2903
Vs: Der im Panzer dargestellte Anubis kniet auf einer Grundlinie und hebt mit beiden Armen eine Mumie in die Höhe; im Feld Zweige und das Lebenszeichen Ankh
Rs: ΦE/NMEN/THⲰHP/TANXNO/VΦIBAIN/XⲰⲰⲰ/X
Am abgeschrägten Rand: ABPAΘI. .Ⲱ
Die Bilddarstellung ist gänzlich dem ägyptischen Sagenkreis, der Auferstehung des Osiris, entnommen. Der Gott ist hier als Mumie dargestellt, getragen vom Totengott Anubis. Das magische Amulett mit seinen für uns — wie früher dem abergläubischen Träger von damals — weitgehend unverständlichen Beschwörungsformeln sollte möglicherweise den Übergang in ein jenseitiges Leben sichern. Die Beschwörungsinschrift umfaßt wohl Götternamen, da uns der hier vorkommende Bainkhoookh als oberster der Götter der Magie auch sonst überliefert ist.
Vgl. Delatte/Derchain 89 ff.

M 2:1

M 2:1

A2 Gelber Jaspis, oval, Seiten schwach konvex, 15,6 x 12,9 mm, 4,2 mm Dicke, ca. 3. Jh. n.Chr., AGDS München 2899
Vs: Aufgerichteter hundsköpfiger Gott, die Vorderpfoten im Gebetsgestus erhoben, auf dem Kopf die Uräusschlange
Rs: OΘHNIAHΩ/PΩΣIAΘBAΛ/AΛAYXAXAPN/ AIBAΩΣ

Der hundsköpfige Gott entstammt auch der ägyptischen Mythologie und ist wohl mit Thot gleichzusetzen. Im magischen Zusammenhang steht auch er für das Fortleben im Jenseits, da er auch mit dem Sonnenkult und somit dem ständigen Wiederaufgehen der Sonne verbunden ist. Die magische Inschrift ergibt für uns keinen Sinn. Er sollte wohl auch für den Träger in mystisches Dunkel gehüllt sein.
Vgl. Delatte/Derchain 151 f.

A4 Heliotrop, oval, 18,1 x 14,3 mm, 3,9 mm Dicke, abgeschrägter Rand, ca. 3. Jh. n.Chr., AGDS München 2907
Vs: Schlangenbeiniger Gott im Muskelpanzer mit dem Kopf eines Hahns, Rundschild und Peitsche haltend; im Felde seitenverkehrtes A—L, unten unleserliches Kryptogramm, oben Stern
Rs: Stern über Mondsichel, darunter IAΩ

Dieser sehr typische und häufige Amulett-Typ zeigt auf der Vorderseite eine machtvolle Mischgottheit, durch den Vogelkopf Sonne und Himmel, durch die Schlangenfüße der Erde verbunden. Die Gestirnssymbolik der Rückseite steht über dem Namen des einen Gottes, den darzustellen verboten ist, Iαω, oder Jahwe, der jüdischen Religion entnommen, auf Zauberpapyri und anderen Amuletten auch ausführlicher als Iαω Σαβαωϑ Αδωναι, Jahwe der Heerscharen, Herr benannt.
Bonner, Magical Amulets 27—30; Delatte/Derchain 23—25

A3 Dunkelgrüner Jaspis, oval, 30,5 x 18 mm, 5 mm Dicke, Rand schräg abfallend, ca. 3./4. Jahrhundert n.Chr., AGDS München 2915
Vs: Wolfsköpfiger Gott mit Schwert und Palmzweig, gepanzert, aus einem großen Krater emporwachsend, im Feld Stern und Mondsichel
Rs: AZAZ/ARAΘ

Auch das Motiv dieses Amuletts entstammt dem mythischen Umkreis des Osiris. Es zeigt den wolfsköpfigen Makedon, Bruder des schakalköpfigen Anubis. Die Inschrift auf der Rückseite ist uns vollständiger nach anderen Quellen als **AZAZAPAΘ BAXYX** überliefert, ohne daß wir sie deshalb näher erklären könnten.
Vgl. Delatte/Derchain 30, Nr. 19; Bonner, Magical Amulets, 111

A5 Weißer Chalzedon, oval, 25 x 21 mm, 5 mm Dicke, flache Bildseiten, abgeschrägter Rand, ca. 3. Jh. n.Chr., AGDS München 2910
Vs: Der schlangenfüßige, hahnenköpfige Gott im Panzer mit Peitsche und Schild zwischen vier Sternen
Rs: IAΩ/ЄICAN/IAKΩ

Auch hier wird neben Unverständlichem Jahwe — Iαω beschworen.

A6 Grüner Jaspis, Fragment, ursprünglich oval, die Hälfte des Steins fehlt, konvexe Bildseiten, Rand abgeschrägt, noch 27 x 18 mm, 6,5 mm Dicke, 3. Jh. n.Chr., AGDS München 2911

Vs: Der hahnenköpfige und schlangenfüßige Gott mit Peitsche und Rundschild, um ihn herum (ursprünglich 12 Sterne), ...ⲈⲤⲈⲒⲀ..., zu ergänzen zu ⲤⲈⳘⲈⲤⲈⲒⲀⲀⳘ

Rs: Der Sonnengott Sol mit der Strahlenkrone, die Rechte erhoben, in der Linken Peitsche, umgeben von zwölf Gestirnen. Der Gott stand ursprünglich auf einem Löwen als Sonnensymbol, doch ist dieser Bildteil nicht erhalten, ΦΡΗΝ ΑΒⲖΑΝΑ... zu ergänzen zu ΑΒⲖΑΝΑΘΑΝΑⲖΒΑ

Die Verbindung des hahnenköpfigen Gottes zum Himmel ist hier deutlich durch die Kombination mit dem Sonnengott und den Gestirnen dokumentiert. Der Name Semeseilam wird auch sonst mit ihm in Zusammenhang genannt. Die palindrome, von beiden Seiten gleichermaßen dasselbe Wort ergebende, Formel Ablanathanalba wird im gleichen Zusammenhang öfter verwendet. Phre bedeutet im Ägyptischen die Sonne.
Delatte/Derchain, 23 und Nr. 312

M 2:1

A7 Grüner Jaspis, oval, 17 x 13 mm, 4 mm Dicke, flache Bildseiten, Rand abgeschrägt, ca. 3. Jh. n.Chr., AGDS München 2902

Vs: Isis mit Granatapfel und Szepter, unter ihr der hahnenköpfige und schlangenfüßige Gott mit Schild und Peitsche, ΙΑⲰ ΑΒΡΑΧΑΞⲖΑⲰΤ/ΣΕⲖΙ-ΜⲖΙ

Rs: Die drei Grazien, ΑΒⲖΑΝΑΘΑΝΑⲖΒ(Α)

Isis und der hahnenköpfige Gott sind hier mit dem Zeichen Ιαω und Abrasax — Abraxas verbunden. Letzteres steht für den Oberherrn der 365 Äonen oder Himmel im religiösen System des Gnostikers Basileides, in dem astronomische, heidnische und christlich-häretische Vorstellungen sich zu einer merkwürdigen Theologie verbunden hatten. Es wäre aber zu weit gegangen, wollte man den hahnenköpfigen Gott direkt mit Abraxas identifizieren. Die drei Grazien kommen immer wieder in Zauberpapyri und Amuletten vor und hatten wohl erotische Bedeutung im Sinne von Liebeszauber.
Delatte/Derchain 200 f.; Bonner, Magical Amulets 123 ff.

A8 Hämatit, oval, 36,2 x 24,1 mm, 5,9 mm Dicke, flache Bildseiten, abgeschrägter Rand, stark bestoßen, 3. Jh. n.Chr., AGDS München 2913

Vs: König Salomon mit Krone und Mantel nach rechts galoppierend, einen unter dem Pferde liegenden Dämonen niederstoßend, Schriftreste, die wohl den Namen CO-ⲖΟΜⲰΝ ergeben

Rs: CΦΡ/ΑΓΙ/CΘⲈ/Οⳙ

Daß Salomon, weisester und mächtigster der Könige der Juden, Umgang mit und Macht über die Geister und Dämonen hatte, galt in der Antike als sicher. Entsprechendes berichtete schon Flavius Josephus im 1. Jh. n.Chr. (Antiquitates Judaicae 8,45—48). Der König hier in der Siegerpose des den Feind Niederreitenden wiedergegeben, wobei dieser Feind meist als weiblicher Dämon gekennzeichnet ist. Meist wird dieser weibliche Dämon als Lilith oder als Druj, Geist der Falschheit in der persischen Dämonologie, interpretiert. *Sphragis theou*, Siegel Gottes, ist eine Bezeichnung, wie sie auch schon in der Apokalypse (7,2; 9,4) vorkommen, und so mögen Amulette dieser Art sowohl von Heiden wie von Juden und Christen getragen worden sein. Die Ähnlichkeit zum St. Georgs-Motiv und ihre Ableitung von der Salomons-Ikonographie liegt natürlich auf der Hand.
Bonner, Magical Amulets 208—212; Delatte/Derchain 261—264

Alle bisher vorgestellten Steine waren Amulette mit ausgesprochen heidnisch-magischem Charakter, selbst dann, wenn jüdische Symbole darin eine Rolle spielten. Auch der Salomonsstein ist ein ausgesprochenes Schutzamulett, entsprang daher der abergläubischen Vorstellung, Macht über die vermeintliche Welt der Dämonen zu gewinnen.

Es gibt nun auch eine Gruppe von Steinen mit eindeutig christlichen Darstellungen. Wenn auch bisweilen die Idee des Talismans, Amuletts auch hier eine Rolle gespielt haben mag, so sind diese Stücke in ihrer Gesamtheit dennoch wohl aus anderem Blickwinkel zu betrachten.

A9 Roter Jaspis, achteckiger Ringstein, ca. 10,5 x 9 mm, 3,9 mm Dicke, Bildseite flach, Randabschrägung, 3./4. Jh. n.Chr., AGDS München 2887

A9

A10

A11

A12

A13

Alle
M 2:1

Ganz eindeutig ist dieses Bild das der Verkündigung. Das bestätigt auch die Inschrift XAIP(E), „freue Dich".

A11 Grüner braungefleckter Jaspis, 17,9 x 16,2 mm, 3 mm Dicke, flache Bildseiten, ca. 4./6. Jahrhundert, AGDS München 2889

Vs: Auf schiffsartig gestalteter Grundlinie mit hochgezogenen Enden thront Christus (?) im langen Gewand, ein Kreuz in der Rechten, die Linke im Segensgestus erhoben.

Rs: XPIC/TOC

Das Bild des Thronenden ist nicht mit letzter Sicherheit als Christus ansprechbar, doch legt die Inschrift „Christos" der Rückseite diese Identifikation und zwar als thronender Weltenherrscher sehr nahe. Die beidseitige Gravierung des Steins macht seine Verwendung als Anhänger und damit als christliches Amulett wahrscheinlich.

A12 Glaspaste aus honigfarbenem Glas, leicht queroval, mit breiter Öse, ca. 4./5. Jh. n.Chr., AGDS München 3539, Darstellung einseitig eingepreßt; 23,5 x 18,5 mm (mit Öse), 2,9 mm Dicke

Bild: Nach rechts auf Bodenlinie schreitender Löwe, über ihm gleichschenkliges Kreuz

Einerseits ist der Löwe altes heidnisches Sonnensymbol und Sternzeichen, andererseits verwendet genau dieses Motiv mit dem Kreuz der byzantinische Kaiser Leo I. (457/474) als gewissermaßen redendes Wappen und macht dies heidnisch-christliche Motiv damit „hoffähig". Auf die frühchristliche Symbolik im Zusammenhang mit der Geschichte von Daniel in der Löwengrube des Alten Testaments wurde schon eingegangen.

Glaspasten dieser Art sind ein billiger, in Massenfabrikation leicht und billig herstellbarer Ersatz für die teureren geschnittenen Steine.

B. Overbeck, Zur Datierung einiger spätantiker Glaspasten, Jahrbuch für Numismatik und Geldgeschichte 21, 1971, 132—135

A13 Glaspaste aus honigfarbenem Glas, rund, Öse abgebrochen, ca. 4./5. Jh. n.Chr., AGDS München 3541, Darstellung einseitig eingepreßt, 18,7 x 18,1 mm, 2,9 mm Dicke

Bild: Vor einem brennenden Altar steht Abraham in kurzem Gewand, den Dolch in der erhobenen Rechten. Zwischen ihm und dem Altar steht der kleine Isaak, zum Opfer bereit. Abraham wendet seinen Kopf zu der neben ihm erscheinenden Hand Gottes, die auf den Widder unter einem Busch deutet.

Vgl. S. 118

Es wäre Unsinn, diese Szene als eigentlich „frühchristlich" zu bezeichnen, ist sie doch rein alttestamentarischen Inhalts (vgl. 1. Mose 22,1—14). Ein geschnittener Stein ist uns überliefert, der die gleiche Szene zeigt, verbunden mit einer hebräischen bzw. aramäischen Inschrift. So ist dieser Anhänger mehr Ausdruck jüdischer Tradition und Frömmigkeit, wenn auch die bildliche Darstellung als solche der orthodox jüdischen Tradition widerspricht. Die Szene hat freilich auch im frühchristlichen Zusammenhang ihren Platz, wurde doch das Opfer Isaaks als Parallele zum Opfertod Christi gesehen.

Vgl. Bonner, Magical Amulets 28 f.

Vs: Langkreuz, an einem Querbalken hängt jeweils links und rechts ein Fisch, senkrecht mit dem Kopf nach oben.

Rs: leer

Der Fisch als christliches Symbol ist seit dem 2. Jahrhundert geläufig. Einerseits mit der Taufe in Zusammenhang stehendes Symbol, war er auch für die Heiden aus ihren mythologischen Vorstellungen her verständlich, kam in den Sibyllinischen Orakeln und in gnostischen Quellen vor. Als magisch angewandter Name kommt IXΘYΣ = Fisch sogar auf Amuletten vor. Wann genau die Bedeutung des IXΘYΣ als Abkürzung für Ἰησοῦς Χριστός Θεοῦ Υἱὸς Σωτήρ, „Jesus Christus, Sohn Gottes, Erlöser", aufkommt, ist umstritten. Feststeht bei unserem Stein sein christlicher Sinngehalt. Er wurde wohl zum Siegeln benutzt.

Delatte/Derchain, 285—287

A10 Bergkristall, petschaftartige Pyramide, 12,5 x 10,6 mm Bildfläche, 21,4 mm Höhe, oben gebohrt, ausgebrochen; ca. 4.—6. Jh. n.Chr., AGDS München 2888

Bild: Der Erzengel Gabriel mit Stab, die Hand zum Gruß erhoben, ihm gegenüber im langen Gewand Maria, darüber (spiegelverkehrt) XAIP(E)

Anhang

Hinweise zur Benutzung des Kataloges

Im Katalog sind die Objekte des Schatzfundes von S 1—S 10 durchnumeriert, desgleichen die Münzen M 1—M 155 und die Amulette A 1—A 13. Die archäologischen Ausstellungsstücke tragen die Nummern 1—314 ohne Zusatz eines Buchstabens. Alle Münzen und Amulette sind im Besitz der Staatlichen Münzsammlung München, wenn nicht anders vermerkt. Die Abbildungen im Katalog sind im Maßstab 1 : 1 (natürliche Größe) gehalten, sofern nicht anders angegeben. Bei den übrigen Objekten bedeutet die Abkürzung „München, PStslg." München, Prähistorische Staatssammlung und „Mainz, RGZM" Mainz, Römisch-Germanisches Zentralmuseum. Bei der Keramik sind Teller, Lampen und Scherben im Maßstab 1 : 2 (halbe natürliche Größe) abgebildet, während Platten und Tabletts wegen ihrer Übergröße stärker verkleinert werden mußten. Die Rekonstruktionsskizzen von Tabletts sind einheitlich im Maßstab 1 : 3 (ein Drittel natürlicher Größe) wiedergegeben.

Für alle übrigen Objekte sind die Maßangaben im Katalog maßgeblich (als Abkürzungen werden verwendet B Breite, D Dicke, Dm Durchmesser, H Höhe und L Länge).

Literatur zum Thema der Ausstellung

Die folgende Bibliographie kann zu jedem Bereich der Ausstellung nur eine Auswahl wichtiger Bücher nennen. Bevorzugt werden neuere zusammenfassende Darstellungen, in denen der Leser in der Regel die älteren Spezialuntersuchungen verzeichnet findet. **Halbfett** oder (eingeklammert) sind die im Katalog verwendeten abgekürzten Titel gedruckt.

Die beiden grundlegenden Ausstellungskataloge zum Thema (mit zahlreichen Einzeluntersuchungen über die einzelnen Bereiche) sind:

K. Weitzmann (Hsg.), **Age of Spirituality.** Late Antique and Early Christian Art, Third to Seventh Century. Catalogue of the exhibition at The Metropolitan Museum of Art, November 19, 1977, through February 12, 1978 (1979)

H. Beck und P.C. Bol (Hsg.), **Spätantike** und frühes Christentum. Ausstellung im Liebieghaus, Museum alter Plastik, Frankfurt am Main, 16. Dezember 1983 bis 11. März 1984 (1983)

Einzelaspekte der Ausstellung werden in folgenden Katalogen behandelt:

W. Kuhn (Hsg.), **Frühchristliche Kunst** aus Rom. 3. September bis 15. November 1962 in Villa Hügel Essen (1962)

J.W. Salomonson (Hsg.), Romeinse Mozaieken uit Tunesie. Rijksmuseum van Oudheden, Leiden. 21. December 1963—15. Maart 1964 (1963)

P. La Baume — J.W. **Salomonson,** Römische Kleinkunst. Sammlung Karl Löffler. Wissenschaftliche Kataloge des Röm. Germ. Museums Köln 3 (1976)

A. Oliver Jr. (Hsg.), Silver for the Gods. 800 Years of Greek and Roman Silver. The Toledo Museum of Art (1977)

J.P.C. Kent und K.S. Painter (Hsg.), **Wealth of the Roman World** AD 300—700 (1977)

K. Dietz u.a., **Regensburg zur Römerzeit** (1979)

K. Weidemann (Hsg.), **Gallien in der Spätantike.** Von Kaiser Constantin zu Frankenkönig Childerich (1980)

De Carthage à Kairouan. 200 ans d'art et d'histoire en Tunisie. Musée du Petit Palais de la Ville de Paris, 20 octobre 1982 — 27 février 1983 (1982)

J. Garbsch, **Terra Sigillata.** Ein Weltreich im Spiegel seines Luxusgeschirrs. Ausstellungskataloge der Prähistorischen Staatssammlung 10 (1982)

H. Dannheimer (Hsg.), **Idole.** Frühe Götterbilder und Opfergaben. Ausstellungskataloge der Prähistorischen Staatssammlung 12 (1985)

Die Römer in Schwaben. Jubiläumsausstellung 2000 Jahre Augsburg (1985)

H. Dannheimer und H. Dopsch (Hsg.), **Die Bajuwaren.** Von Severin bis Tassilo 488—788. Gemeinsame Landesausstellung des Freistaates Bayern und des Landes Salzburg (1988)

F. Baratte (Hsg.), **Trésors d'orfèvrerie gallo-romains.** Musée du Luxembourg, Paris 8 février — 23 avril 1989, Musée de la civilisation gallo-romaine Lyon 16 mai — 27 août 1989 (1989)

Regionale Materialeditionen für Bayern:

F. **Vollmer,** Inscriptiones Baivariae Romanae (1915)

Corpus Signorum Imperii Romani (Corpus der Skulpturen der Römischen Welt). Deutschland Band 1,1. Raetia (Bayern südlich des Limes) und Noricum (Chiemseegebiet). Bearbeitet von G. Gamer und A. Rüsch (1973) (CSIR)

G. **Winkler,** Die römischen Straßen und Meilensteine in Noricum-Österreich (1985)

Darstellungen und Untersuchungen zur spätantiken Geschichte und verwandten Gebieten:

A. Alföldi, A Conflict of Ideas in the Late Roman Empire (Oxford 1952)

A. Alföldi, Studien zur Geschichte der Weltkrise des 3. Jahrhunderts n.Chr. (Darmstadt 1967)

A. Alföldi, Die monarchische Repräsentation im römischen Kaiserreiche (Darmstadt 1970)

H. Bengtson, Römische Geschichte. Republik und Kaiserzeit bis 284 n.Chr. Handbuch der Altertumswissenschaft III, 5, 1 (München 1970)

J. Burckhardt, Die Zeit Constantins des Großen. Hrsg. v. B. Wyss (Bern 1950)

R. Cagnat, Cours d'epigraphie latine (Paris ⁴1914)

S.A. Cook, F.E. Adcock, M.P. Charlesworth, N.H. Baynes (Hrsg.): The Cambridge Ancient History, Vol. XII. The Imperial Crisis and Recovery (Cambridge 1965, 1. Aufl. 1939)

A. Demandt, Die Spätantike. Römische Geschichte von Diocletian bis Justinian 284—565 n.Chr. Handbuch der Altertumswissenschaft III, 6 (München 1989)

E. Gibbon, The History of the Decline and Fall of the Roman Empire. London 1776—1788 (neu hrsg. von J.B. Bury. London 1896—1900)

A.H.M. Jones, The Later Roman Empire, 3 Bände, 1 Kartenteil (Oxford 1964)

A.H.M. Jones, J. Martindale, J. Morris (Hrsg.), Prosopography of the Later Roman Empire (Cambridge 1971)

J. Karayannopoulos, Das Finanzwesen des frühbyzantinischen Staates (München 1958)

J. Karayannopoulos, G. Weiss, Quellenkunde zur Geschichte von Byzanz (324/1453) (Wiesbaden 1982)

E. Kornemann, Geschichte der Spätantike (München 1978)

A. Lippold, Theodosius der Gr. und seine Zeit (Stuttgart 1968)

F.G. Maier, Die Verwandlung der Mittelmeerwelt. Fischer-Weltgeschichte Band 9 (Frankfurt/Hamburg 1968)

A. Momigliano (Hrsg.), The Conflict between Paganism and Christianity in the Fourth Century (Oxford 1963)

G. Ostrogorsky, Geschichte des byzantinischen Staates (3. Aufl. München 1963)

A. Piganiol, L'Empire chrétien (325—395) (Paris 1947)

O. Seeck, Geschichte des Untergangs der antiken Welt (3. bzw. 2. Aufl. Berlin 1920—1921)

E. Stein, Histoire du Bas-Empire, Band I, 1—2, hrsg. von J.-R. Palanque (ohne Ort 1959)

J. Vogt, Constantin d. Gr. und sein Jahrhundert (2. Aufl. München 1960)

G. Walser, T. Pekáry, Die Krise des römischen Reichs (Forschungsbericht) (Berlin 1962)

Der Silberschatz der Licinius-Zeit:

B. Overbeck, Argentum Romanum — Ein Schatzfund von spätrömischem Prunkgeschirr (München 1973)

B. Overbeck, Schatzfund silberner Prunkgefäße, Treasure Trove of Silver Vessels, in: Die Kunstsammlung der Bayerischen Hypotheken- und Wechsel-Bank AG (München o.J.) 18—23

Spätantike Toreutik und Metrologie:

D. Aladjov, Novi nachodki ot decennaljata na imperator Licinii, Archeologija 3 (Sofia 1961) 47—50.

J.W. Brailsford, The Mildenhall Treasure (London 1964)

E. Cruikshank Dodd, Byzantine Silver Stamps (Washington 1961)

H.U. Instinsky, Der spätrömische Silberschatzfund von Kaiseraugst (Abhandl. Akad. Wissensch. Lit., Geistes- u. sozialwiss. Kl. 5) (Wiesbaden 1971)

A. Jeločnik, The Sisak Hoard of Argentei of the Early Tetrarchy (Situla 3) (Ljubljana 1961)

R. Laur-Belart, Der spätrömische Silberschatz von Kaiseraugst (Aargau) (Basel 1967)

L. Matzulewitsch, Byzantinische Antike (Berlin 1929)

R. Noll, Vom Altertum zum Mittelalter (Wien 1958, 2. Aufl. 1976)

L. Ognenova, Plats en argent du décennaire de l'empereur Licinius, Sbornik Gavril Kačarov (Bulletin de l'Institut Archéologique Bulgare) 19, 1955, 233—243

E. Schilbach, Byzantinische Metrologie (Handbuch der Altertumswissenschaften 12/14) (München 1970)

D.E. Strong, Greek and Roman Gold and Silver Plate (London 1966)

R. Zahn, Spätantike Silbergefäße. Amtl. Ber. aus den königlichen Kunstsammlungen (Berliner Museen) 38, Nr. 11, Berlin 1917, 296 ff.

Allgemeine Werke zur spätantiken Kunstgeschichte:

W.F. Volbach — M. Hirmer, Frühchristliche Kunst. Die Kunst der Spätantike in West- und Ostrom (1958)

F. Gerke, Spätantike und frühes Christentum. Kunst der Welt (1967)

A. Grabar, Die Kunst des frühen Christentums. Universum der Kunst (1967)

A. Grabar, Christian Iconography. A Study of its Origins (1969)

R. Bianchi Bandinelli, Rom. Das Ende der Antike. Universum der Kunst (1971)

P. du Bourguet, Die frühe christliche Kunst (1973)

B. Brenk (u.a.), Spätantike und frühes Christentum. Propyläen Kunstgeschichte, Supplement Band 1 (1977)

A. Effenberger, Frühchristliche Kunst und Kultur. Von den Anfängen bis zum 7. Jahrhundert (1986)

F. Winkelmann — G. Gomolka-Fuchs, Frühbyzantinische Kultur (1987)

Literatur zu spätantiken Sarkophagen:

J. Wilpert, I sarcofagi cristiani antichi 1—3 (1929; 1932; 1936)

A. Rumpf, Die Meerwesen auf den antiken Sarkophagreliefs (1939)

F. Gerke, Die christlichen Sarkophage der vorkonstantinischen Zeit (1940)

G. Bovini, I sarcofagi paleocristiani: Determinazione della loro cronologia mediante l'analisi dei ritratti (1949)

F. Benoit, Sarcophages paleochrétiens d'Arles et de Marseille (1954)

H. Wiegartz, Kleinasiatische Säulensarkophage (1965)

M. Wegner, Die Musensarkophage. Die antiken Sarkophagreliefs 5, 3 (1966)

G. Bovini — H. Brandenburg, Rom und Ostia. Repertorium der christlich-antiken Sarkophage (Hsg. F.W. Deichmann) 1 (1967)

N. Himmelmann, Typologische Untersuchungen an römischen Sarkophagreliefs des 3. und 4. Jahrhunderts n.Chr. (1973)

Zu den spätantiken Kaiserporträts:

R. **Delbrueck**, Spätantike Kaiserporträts. Studien zur spätantiken Kunstgeschichte 9 (1933)

R. Calza, Iconografia romana imperiale da Carausio a Giuliano (287—363 d.Chr.) (1972)

Zur Numismatik:

F. Gnecchi, I medaglioni Romani, 3 Bände (Mailand 1912) (Gnecchi)

R. Göbl, Der Aufbau der römischen Münzprägung, 5. Gallienus, 1. Teil, Numismatische Zeitschrift 74, 1951, 8 ff. — 6. Gallienus, 2. Teil, Numismatische Zeitschrift 75, 1953, 5 ff.

J.P.C. Kent, B. Overbeck, A.U. Stylow, M. Hirmer, Die römische Münze (München 1973) (KOSH)

H. Mattingly, E.A. Sydenham (auch Hrsg.), The Roman Imperial Coinage (London 1923 ff) (RIC)

Die folgenden Einzelbände sind zitiert, seit 1966 hrsg. von R.A.G. Carson und C.H.V. Sutherland; in Klammern sind jeweils die Autoren angegeben, sofern diese nicht mit den Herausgebern identisch sind:

V,1. Valerianus to Florianus, 1927 (P.H. Webb)

V,2. Probus to Amandus, 1933 (P.H. Webb)

VI. From Diocletian's Reform (A.D. 294) to the Death of Maximinus (A.D. 313), 1967 (C.H.V. Sutherland)

VII. Constantine and Licinius. A.D. 313—337, 1966 (P.M. Bruun)

VIII. The Family of Constantine I. A.D. 337—364, 1981 (J.P.C. Kent)

IX. Valentinianus I. to Theodosius I., 1951 (J.W. Pearce)

B. Overbeck, Rom und die Germanen. Das Zeugnis der Münzen (Stuttgart 1985) (B. Overbeck, Germanen)

K. Pink: Der Aufbau der römischen Münzprägung in der Kaiserzeit, VI/1. Probus, Numismatische Zeitschrift 73, 1949, 13 ff. (Pink, Aufbau)

B. Schulte: Die Goldprägung der gallischen Kaiser von Postumus bis Tetricus. Typos VI (Aarau/Frankfurt a.M./Salzburg 1983) (Schulte)

Zu Mosaiken:

G.V. Gentili, Die Villa Erculia in Piazza Armerina. Die figürlichen Mosaiken (1959)

A. Driss, Tunis. Alte Mosaiken. Unesco-Sammlung der Weltkunst (1962)

W. Dorigo, Late Roman painting. A study of pictorial records 30 BC—AD 500 (1971)

J. Wilpert — W.N. Schumacher, Die römischen Mosaiken der kirchlichen Bauten vom 4.—13. Jahrhundert (1976)

G. Fradier, Mosaiques de Tunisie (1976)

Zur Katakombenmalerei:

J. Wilpert, Die Malereien der Katakomben Roms (1903)

W. Dorigo, Late Roman painting. A study of pictorial records 30 BC—AD 500 (1971)

A. Nestori, Repertorio topografico delle pitture delle catacombe romane (1975)

Zu Elfenbeinarbeiten:

R. Delbrueck, Die Consulardiptychen und verwandte Denkmäler. Studien zur spätantiken Kunstgeschichte 2 (1929)

R. Delbrueck, Probleme der Lipsanothek in Brescia (1952)

W.F. **Volbach**, Elfenbeinarbeiten der Spätantike und des frühen Mittelalters ³(1976)

Zur nordafrikanischen Keramik (einschließlich Lampen):

H. **Menzel,** Antike Lampen im Römisch-Germanischen Zentralmuseum zu Mainz ²(1969)

J.W. Salomonson, Late Roman Earthenware with Relief Decoration Found in Northern Africa and Egypt. Oudheidkundige Mededelingen 43, 1962, 53—95

M. **Graziani Abbiani,** Lucerne fittili paleocristiane nell'Italia settentrionale (1969)

J.W. Salomonson, Spätrömische rote Tonware mit Reliefverzierung aus nordafrikanischen Werkstätten. Entwicklungsgeschichtliche Untersuchungen zur reliefgeschmückten Terra Sigillata C. Bulletin antieke Beschaving 44, 1969, 4—109

J.W. Salomonson, Kunstgeschichtliche und ikonographische Untersuchung zu einem Tonfragment der Sammlung Benaki in Athen. Bulletin antieke Beschaving 48, 1973, 3—82

J.W. **Hayes,** Late Roman Pottery (1972)

J.W. Hayes, A supplement to LRP (1980)

A. **Ennabli,** Lampes chrétiennes de Tunisie (1976)

Atlante delle forme ceramiche I Ceramica fina Romana nel bacino mediterraneo (medio e tardo impero) (1981)

M. **Mackensen,** Spätantike nordafrikanische Lampenmodel und Lampen. Bayer. Vorgeschichtsbl. 45, 1980, 205—224

J. **Garbsch,** Spätantike Sigillata-Tabletts. Bayer. Vorgeschichtsbl. 45, **1980**, 161—197

J. **Garbsch,** Some fragments of North African Red Slip dishes, in: A.C. & A.S. Anderson (Hsg.), Roman Pottery Research in Britain and North-West Europe. Papers presented to Graham Webster. British Archaeol. Reports Internat. Ser. 123 (**1981**) 107—121

J. **Garbsch,** Zwei Model und eine Patrize für Mittelfelder spätantiker nordafrikanischer Tontabletts. Bayer. Vorgeschichtsbl. 54, **1989,** 243 ff.

Zu Mithras:

M.J. Vermaseren, Corpus Inscriptionum et Monumentorum Religionis Mithriacae (1956)

R. Merkelbach, Mithras (1984)

C. Pavia, Roma Mitraica (1986)

I. Huld-Zetsche, Mithras in Nida-Heddernheim. Archäologische Reihe Museum für Vor- und Frühgeschichte Frankfurt am Main 6 (1986)

Zu geschnittenen Steinen und Amuletten:

E. Brandt, A. Krug, W. Gercke, E. Schmidt, Antike Gemmen in Deutschen Sammlungen. Band I, Staatliche Münzsammlung München. Teil 3, Gemmen und Glaspasten der römischen Kaiserzeit sowie Nachträge (München 1972) (AGDS München)

C. Bonner, Studies in Magical Amulets (Ann Arbor/London/Oxford 1950) (Bonner, Magical Amulets)

A. Delatte, Ph. Derchain, Les Intailles Magiques Gréco-Egyptiennes (Paris 1964) (Delatte/Derchain)

Verzeichnis der wichtigsten Abkürzungen auf spätrömischen Münzen

AVG	*Augustus, Augusta*
A(VR), AVR(EL)	*Aurelius*
B(A)EATISS	*beatissimus,* allerglücklichster
C	*Caius* oder *Caesar*
CAES	*Caesar*
CL	*Claudius*
CONS	*Conservator,* Erhalter (im Sinne von Beschützer)
COS	*Consul*
DIV	*divus,* vergöttlicht
D N	*dominus noster,* unser Herrscher
EXERC(IT)	*exercitus,* Heer
F	*fidelis,* getreu
F(EL)	*felix, feliciter* (Adverb), glücklich
FELICISS(IMVS)	*felicissimus,* allerglücklichster
F(IL)	*filius, filia,* Sohn, Tochter
FL(AV)	*Flavius, Flavia*
GAL(ER)	*Galerius, Galeria*
GER(M)	*Germanicus, -a,* Besieger der Germanen, germanisch
IMP	*imperator*
IVL	*Iulius*
LEG	*legio,* Legion
LIC(IN)	*Licinianus*
M	*Marcus*
MAX	*maximus,* der größte (oft in Verbindung mit einem Siegesnamen), Maxima (als Name)
N	*noster,* unser
NOB	*nobilissimus, -a,* alleredelster, -e
OF	*officina,* Werkstätte
P	*pius, -a,* fromm
PERP	*perpetuo,* auf immer, ständig
P P	*pater patriae,* Vater des Vaterlandes
PP	*perpetuo,* auf immer, ständig
P(ONT) M(AX)	*pontifex maximus,* höchster Priester
POP ROM	*populus Romanus,* Volk von Rom
PROCOS	*proconsul*
PROPVG	*propugnator,* Vorkämpfer
P R	*populus Romanus,* Volk von Rom
PRINC	*princeps,* Herrscher
PT AVGG	*pater Augustorum,* Vater der Kaiser
SAEC	*saeculum,* Jahrhundert
S C	*senatus consulto,* auf Senatsbeschluß
S M	*sacra moneta,* kaiserliche Münzstätte
S P Q R	*senatus populusque Romanus,* der Senat und das römische Volk
TR(IB) P(OT)	*tribunicia potestas,* tribunizische (Amts-)Gewalt
VAL(ER)	*Valerius, Valeria*
VIC(T)	*victoria, victor, victrix,* Siegesgöttin, Sieger, siegreiche (z.B. Legion)
VIRT	*virtus,* (militärische) Tugend, Tapferkeit
VO(T)	*vota* (Plural), die Gelübde
VOT X MVLT XX	*votis decennalibus multis vicennalibus,* die 10-Jahresgelübde vermehrt auf 20-Jahresgelübde

Verzeichnis aller Münzen, nach Kaisern geordnet

Zeittafel
von 250 n.Chr. bis zum Ausgang des 4. Jahrhunderts

250   Beginn der Christenverfolgungen unter Kaiser Traianus Decius.

251   Traianus Decius fällt bei Abrittus in Moesien gegen die Goten.

253   Valerianus und sein Sohn Gallienus zu Kaisern proklamiert.

252/254   Invasionen der Alamanni, Marcomanni, Goten und anderer germanischer Völker. — Der Limes ist praktisch vollständig zerstört.

254   Der Sasanidenkönig Shapur erobert Nisibis.

257   Neuerlicher Angriff der Sasaniden. Neue Christenverfolgungen unter Valerianus.

258/59   Gallienus schlägt die Alamannen, die bis vor Mailand vorgedrungen waren.

259/60   Kaiser Valerianus vom Sasanidenkönig Shapur gefangengenommen. — Gallienus Alleinherrscher, Ende der Christenverfolgungen. — Zahlreiche Thronusurpationen im ganzen Reich, dabei Abfall Galliens unter Postumus.

262   Odenathus kämpft von Palmyra aus erfolgreich gegen die Perser.

268   Bei der Belagerung von Mailand wird Gallienus ermordet. — Claudius II. wird zum Kaiser ausgerufen. — Ermordung des Postumus im gallischen Teilreich, nach kurzen Interimsregierungen von Laelianus und Marius wird Victorinus Kaiser.

269   Sieg des Claudius II. über die Goten bei Naissus. Er führt den Triumphalnamen *Gothicus Maximus*.

270   Tod des Claudius II. durch die Pest. Nach kurzer Regierung des Quintillus kommt Aurelianus an die Macht. — Palmyrener unter Zenobia erobern Alexandria. — Tod des neuplatonischen Philosophen Plotinus.

271   Beginn des Baus der Aurelianischen Mauer um Rom. Die Provinz Dacia wird aufgrund des gotischen Drucks von den Römern geräumt. Alamannen vor Pavia von Aurelianus geschlagen.

272   Sieg des Aurelianus über das palmyrenische Teilreich und Zenobia.

274   Tetricus I., letzter Herrscher des gallischen Teilreichs, ergibt sich dem Aurelianus. Damit ist die Aufspaltung des Reichs beendet. — Vollendung des aurelianischen Tempels des Sonnengottes Sol.

275   Ermordung des Aurelianus; nach kurzem Interregnum wird Tacitus zum Kaiser ausgerufen.

276   Tod des Tacitus, Florianus wird sein Nachfolger, stirbt jedoch kurz darauf. Probus wird Kaiser des gesamten Reichs.

276/280   Kämpfe in Gallien, den germanischen Provinzen und Raetien gegen germanische Invasoren.

282   Ermordung des Probus, Carus wird Kaiser.

283   Nach dem Tod des Carus regieren Carinus im Westen, Numerianus im Osten.

284   Nach dem Tod des Numerianus wird Diocles, von nun an Diocletianus genannt, im Osten zum Kaiser ausgerufen.

285   Nach dem Tod des Carinus ist Diocletianus alleiniger Herrscher.

286   Diocletianus ernennt Maximianus Herculius zum Mitkaiser. Loslösung Britanniens unter dem Usurpator Carausius vom Reich.

293   Umfassende Reichsreform des Diocletianus: Ende der bisherigen „Principats"-Herrschaft, Einführung der absoluten Herrschaft des „Dominats". Constantius I. Chlorus und Galerius werden zu Caesares ernannt.

296   Wiedereroberung Britanniens durch Constantius I. Chlorus.

303   In Nicomedia beginnt die große diocletianische Christenverfolgung.

305   Abdankung von Diocletianus und Maximianus Herculius, Ernennung von Constantius I. Chlorus und Galerius zu Augusti und von Maximinus Daia und Severus zu neuen Caesares.

306   Tod des Constantius Chlorus, Constantinus I. wird im Westen zum Kaiser ausgerufen. Auch Severus wird zum Augustus erhoben. In Rom wird Maxentius Kaiser, sein Vater Maximianus Herculius wird Mitkaiser.

307   Tod des Severus in der Gewalt des Maxentius.

308   Kaiserkonferenz zu Carnuntum. Licinius wird zum Kaiser ernannt.

310   Tod des Maximianus Herculius in Gallien, wohin er geflohen war, nach einem Putschversuch gegen Constantinus.

311   Tod des rangältesten Kaisers Galerius.

312   Am 28. Oktober siegt Constantinus I. über Maxentius in der Schlacht an der Milvischen Brücke. Erstmals verwendet er das Monogramm Christi als sein Schildzeichen.

313	Licinius besiegt den Maximinus Daia, der kurz darauf stirbt. In diesem Jahr stirbt auch der Altkaiser Diocletianus. — Verständigung des Constantinus mit Licinius, der die Schwester des Constantinus, Constantia heiratet. Auch die bisherige Religionspolitik, Toleranz gegenüber den Christen, wird bestätigt. — Etwa um diese Zeit publiziert Eusebius seine Kirchengeschichte.
315	Jahr des Triumphes des Constantinus, der Constantinsbogen zu Rom ist vollendet. — Aufdeckung der Verschwörung des Bassianus gegen Constantinus.
316	Ausbruch des 1. Kriegs zwischen Constantinus und Licinius.
317	Friede von Serdica: Licinius I. muß Gebiete an Constantinus I. abtreten. Am 1. März werden Crispus, Constantinus II. und Licinius II. zu Caesares ernannt.
321/322	Die *vota quinquennalia* der Caesares ab 1. März 321. Etwa um diese Zeit Spannungen zwischen den beiden Kaisern. Licinius I. benachteiligt in seinem Territorium immer mehr die Christen.
323	Abwehr der Goten durch Constantinus in Thrakien löst den 2. Krieg zwischen Licinius I. und Constantinus I. aus.
324	Sieg des Constantinus I. bei Adrianopel am 3. Juli, die Schlacht bei Chrysopolis am 18. September besiegelt die Niederlage des Licinius I., der kapituliert. Vermutlich um diese Zeit wurde der hier vorgestellte Schatzfund von Silberobjekten vergraben.
325	Hinrichtung des abgesetzten Licinius I.
326	Constantinus I. läßt seinen ältesten Sohn Crispus und seine Gemahlin Fausta hinrichten.
330	Einweihung der neuen Hauptstadt Constantinopolis.
337	Tod des Constantinus I. Er wird erst auf dem Sterbebett getauft. Seine Söhne Constantinus II., Constantius II. und Constans teilen das Reich unter sich auf.
340	Tod des ältesten Herrschers Constantinus II.
350	In Gallien usurpiert Magnentius den Kaiserthron, Constans wird auf der Flucht ermordet.
353	Nach anfänglichen großen Erfolgen des Magnentius wird dieser nun endgültig von Constantius II. besiegt. Damit ist die Reichseinheit nochmals wiederhergestellt.
355	Hinrichtung des kurzzeitigen Caesars Constantius Gallus.
360	Das gallische Heer ruft Julianus (Philosophus) zum Augustus aus.
361	Nach dem Tod des Constantius II. wird Julianus allgemein als Kaiser anerkannt. — Er drängt den christlichen Glauben zugunsten heidnischer Kulte und Philosophie zurück.
363	Tod des Julianus Philosophus auf seinem Feldzug gegen die Perser. Jovianus wird zum Kaiser ausgerufen.
364	Nach dem frühen Tod des Jovianus übernehmen Valentinianus I. und sein Bruder Valens die Regierung.
367	Gratianus wird Mitregent.
375	Tod des Valentinianus I. Der junge Valentinianus II. wird zum Augustus ernannt.
378	Valens fällt in der Schlacht bei Adrianopel im Kampf gegen die Goten.
379	Theodosius I. wird zum Kaiser des Ostens ernannt.
383	Rebellion des Magnus Maximus im Westen und in ihrem Verlauf Ermordung des Gratianus. — Arcadius, sechsjähriger Sohn des Theodosius, wird zum Mit-Augustus ernannt.
388	Hinrichtung des Magnus Maximus, nachdem er von Theodosius I. besiegt worden war.
391	Theodosius I. verbietet alle heidnischen Kulte, das Christentum wird Staatsreligion.
392	Tod des Valentinianus II.
393	Honorius, neunjähriger Sohn des Theodosius, wird ebenfalls Kaiser.
394	Eugenius, Vertreter der heidnischen Reaktion und Gegenkaiser, wird von Theodosius I. besiegt. — Damit ist das Reich nochmals unter Theodosius I. geeint, mit Arcadius und Honorius als Mitregenten.
395	Tod des Theodosius I., des Großen. Honorius regiert den Westen, Arcadius den Osten des Reiches.

AUSSTELLUNGSKATALOGE
DER PRÄHISTORISCHEN STAATSSAMMLUNG

Bd. 1 PRÄHISTORISCHE IDOLKUNST
KULTBILDER UND OPFERGABEN AUS UNGARN
1973. XII u. 51 S., 15 Textabb., 31 Taf. (vergriffen)

Bd. 2 URARTU
EIN WIEDERENTDECKTER RIVALE ASSYRIENS
1976. 120 S., 67 Textabb., 14 Taf. (vergriffen)

Bd. 3 Rudolf und Elisabeth Naumann
TAKHT-I SULEIMAN
AUSGRABUNGEN DES DEUTSCHEN
ARCHÄOLOGISCHEN INSTITUTS IN IRAN
1976. 71 S., 32 Textabb., 12 Taf. (vergriffen)

Bd. 4 FUNDE DER BRONZEZEIT AUF ZYPERN
1977. 51 S., 16 Textabb., broschiert DM 6.—

Bd. 5 PADUA VOR DEN RÖMERN
VENETIEN UND DIE VENETER IN DER VORZEIT
1977/78. 114 S., 2 Textabb., 32 Taf., 1 Farbtafel
(vergriffen)

Bd. 6 Hermann Dannheimer
STEINMETZARBEITEN DER KAROLINGERZEIT
NEUFUNDE AUS ALTBAYERISCHEN KLÖSTERN
1953—1979.
1980. 73 S., 60 Textabb. (vergriffen)

Bd. 7 Hilke Hennig
DAS DONAUTAL BEI REGENSBURG
VOR 3000 JAHREN
NEUFUNDE DER URNENFELDERZEIT
1980. 83 S., 45 Textabb. (vergriffen)

Bd. 8 Louis Vanden Berghe
LURISTAN
VORGESCHICHTLICHE BRONZEKUNST
AUS IRAN
1981. 111 S., 27 Textabb. (vergriffen)

Bd. 9 Hans-Jörg Kellner
EIN MÜNZSCHATZ DES 14. JAHRHUNDERTS
AUS SCHONGAU
1981. 42 S., 3 Textabb., 10 Taf., broschiert DM 16.—

Bd. 10 Jochen Garbsch
TERRA SIGILLATA
EIN WELTREICH IM SPIEGEL
SEINES LUXUSGESCHIRRS
1982. 109 S., 168 Textabb., davon 4 farbig, broschiert
DM 15.—

Bd. 11 Gisela Zahlhaas
FINGERRINGE UND GEMMEN
SAMMLUNG DR. E. PRESSMAR
1985. 74 S., 143 Textabb. (vergriffen)

Bd. 12 Hermann Dannheimer (Herausgeber)
IDOLE
FRÜHE GÖTTERBILDER UND OPFERGABEN
1985. 216 S., 156 Textabb., 61 Farbtafeln, DM 28.—

Bd. 13 Jochen Garbsch
MANN UND ROSS UND WAGEN
TRANSPORT UND VERKEHR
IM ANTIKEN BAYERN
1986. 108 S., 77 Textabb., 25 Farbtafeln, DM 17.50

Bd. 14 Leo Trümpelmann
PERSEPOLIS
EIN WELTWUNDER DER ANTIKE
1988. 103 S., 58 Textabb., 17 Farbtafeln, DM 24.—

Bd. 15 Hermann Dannheimer
BYZANTINISCHE GRABFUNDE AUS SIZILIEN
Erscheint 1989.

Bd. 16 Florentine Mütherich — Andreas Weiner
ILLUMINIERTE HANDSCHRIFTEN
DER AGILOLFINGER-
UND FRÜHEN KAROLINGERZEIT
Erscheint 1989.